루소의
사회계약론

DU
CONTRACT SOCIAL;
OU,
PRINCIPES
DU
DROIT POLITIQUE.

Editor
배용구

1758~août 1761, Bibliothéque publique et universitaire de Geneve (première version); "Le manuscrit contenant la version définitive du Contrat social qui a été imprimée a disparu." le Pléiade édition t. III, p.1866. Publication, Amsterdam, février-mars 1762, Marc Michel Rey, etc.; le Pléiade édition t. III, pp. 347~470, 1866~1874. = Du Peyrou/Moultou 1780~1789 quarto édition; t. I, pp. 187~360 (1782).

1758~1761년 8월, 제네바 공공 및 대학 도서관(첫 번째 버전); "인쇄되었던 사회계약서의 최종본이 담긴 원고가 사라졌습니다."
플레이아드 에디션 t. III, p.1866. 출판물, 암스테르담, 1762년 2월~3월, Marc Michel Rey 등; 플레이아드 에디션 t. III, pp. 347~470, 1866-1874. = Du Peyrou/Moultou 1780~1789 4절판; 티. 나, pp. 187~360(1782).

루소의 사회계약론

초판 인쇄	2025년 04월 15일
초판 발행	2025년 04월 25일
저자	루소
편집인	배용구
펴낸곳	NEXEN MEDIA
우편번호	04559
주소	서울시 중구 마른내로 102
전화	070_7868_8799
팩스	02 _ 886_5442
등록	제2020-000159호 / 2009년 한터미디어로 등록
ISBN	979-11-93796-16-0(03300)

ⓒ 2025, 넥센미디어

※ 값은 뒤표지에 표시되어 있습니다.
※ 잘못된 책은 구입처에서 교환해 드립니다.

1762년 초판 표지

DU
CONTRACT SOCIAL;
OU,
PRINCIPES
DU
DROIT POLITIQUE.

PAR J. J. ROUSSEAU,
CITOYEN DE GENEVE.

Dicamus leges. —— fœderis æquas
Æneid. XI.

A AMSTERDAM,
Chez MARC MICHEL REY.
MDCCLXII.

일러두기

이 짧은 논문은 이전에 내 군대와 상의하지 않고 시작되어 오래 전에 버려진 보다 광범위한 작업에서 발췌한 것입니다. 행해진 것으로부터 이끌어 낼 수 있는 다양한 조각들 중에서, 이 작품이 가장 주목할 만하며, 내가 보기에는 대중에게 제공되기에 가장 가치가 없는 것처럼 보였다. 나머지는 이미 사라졌습니다.

서문 ─ 책을 펼치면 루소가 보인다

 루소의 『사회계약론』은 프랑스혁명의 이론적 기반이 됐으며 민주주의의 교과서이기도 합니다. 국민투표에 의한 직접민주주의 방식과 주권재민, 그리고 의회제와 같은 근대 민주주의 정치 원리가 이 책에서 비롯됐습니다. 오늘날 지방자치제를 통한 참여 민주주의의 중요성이 부각되고 있는 시점에서 '사회계약'을 통한 '일반의지'의 실현이라는 루소의 제안은 국민의 참여를 통한 민주주의 실현의 가능성과 한계를 가늠할 수 있는 지침이 될 수 있습니다.

 『사회계약론』은 사회가 개인과 집단 간의 계약을 통해 성립되었다고 봅니다. 개인은 자연 상태의 대립을 막기 위해 자신의 권리를 공동체에 양도합니다. 국가는 양도받은 공동의 힘을 통해 구성원 각자의 신체와 재산을 보호하며 사회계약설 아래 왕권신수설에 기반을 둔 절대주의는 부정되고, 국가의 주권은 국민에게 속하게 됩니다.

 민주주의에서 권력의 근원은 인민의 '일반의지'에 있습니다. 일반의지는 국민 전원의 찬성이라는 만장일치에 기반을 두고 있습니다. 국민투표는 다수결의 원칙을 따르지만, 다수결의 정당성은 투표의 결과에 따르겠다는 구성원 전체의 일반의지에 의해서만 인정됩니다. 따라서 국가를 구성하는 법률은 일반의지의 표현이어야 하고, 정부는 법률이 정한 범위 안에서만 통치권을 행사할 수 있습니다.

만약 정부의 통치가 일반의지에 반할 경우, 국민은 언제든 의회를 소집해 행정가를 소환할 수 있습니다. 루소에 따르면 정부는 주권자인 인민의 권리를 대행하는 것에 불과합니다. 따라서 정부의 정책이 인민의 재산권을 침해한다고 판단될 경우 '국민은 원할 때 행정가에 대한 임명과 퇴임'을 결의할 수 있습니다. 주민소환제는 지방정부의 행정이 지역 주민의 이익에 부합하는지를 따지는 것입니다. 지역 행정가의 소환을 통해 국민의 정치 참여를 보장한다는 점에서 주민소환제는 민주적인 방식이라 볼 수 있습니다.

그러나 국민에 의한 행정가의 소환은 일반의지에 합치될 때에만 정당성을 지닐 수 있습니다. 주민소환제 역시 지역 주민의 이익뿐만 아니라 사회 전체의 일반의지를 대변한다고 판단될 때에만 민주적인 실천이 될 수 있습니다. 최근의 사례처럼 혐오시설을 유치했다는 이유로 행해진 주민소환은 지역이기주의적인 발상으로 사회 전체의 일반의지와는 거리가 있을 수 있습니다.

　루소가 무엇보다 경계했던 것이 지역이기주의입니다. 루소는 당파의 등장을 반기지 않았는데, 사회 전체의 의견이 당파 수만큼 제한될 것이라는 염려 때문이었습니다. 국가의 정책이 몇 개 당파의 이익에 좌우된다면, 국민 전체의 합의에 기반을 둔 일반의지의 보편성은 훼손될 것입니다.

　『사회계약론』은 장자크 루소의 대표적 저술 가운데 하나로 1762년에 출판된 책입니다. 1755년 무렵부터 백과전서파와의 사이가 나빠지기 시작한 루소가 파리의 살롱 생활에서 은퇴할 생각으로 그 이전에 완성시킨 것이 『사회계약론』입니다.

　『에밀』과 함께 루소의 대표적인 저서 중 하나로, 자유의지를 가진 개인들이 모여 사회계약이라는 형태로 공동체를 이룬 것이므로 사회 공동체는 계약에 따라 개인의 자유와 평등을 보장해야 한다고 주장합니다. 따라서 통치자도 사회계약 속의 한 개인으로서 법 위에 군림할 수 없다는 내용을 담고 있습니다. 국민 주권과 혁명권을 인정하는 내용으로 프랑스혁명의 사상적인 기반이 되었습니다. 또한, 근대 민주주의의 필수적인 고전으로 인정받고 있습니다.

　『사회계약론』의 기본적인 사고방식은 인간 불평등 기원론과 다를 바가 없으나 전자에는 새로운 사회의 적극적인 구상이 제시되었다는 점에서 후자를 발전시킨 것이라고 말할 수 있겠습니다. 전체는 4편으로 나뉘는데 이론적인 기본은 '일반의지'론과 '사회계약'론의 둘이다. '일반의지'란 자유와 평등을 지향하는 인간의 의지를 말합니다. 루소는 사회 상태에서 그것을 실현시키려 했으나 그는 그것을 인간의 의지 속에서 발견한다. 인간의 일반의지야말로 주권의 기초이며 법이나 정부도 여기서 나옵니다. 이 국민의 일반의지는 절대적이며 그르친다는 예외도 없고, 타인에게 양도나 분할도 불가하다. 따라서 주권 또한 절대적입니다. 루소의 인간주권론은 가장 철저한 인간주권론이며, 더구나 그는 거기서 인간주권의 절대성이라는 결론을 끌어냅니다. 따라서 루소가 구상한 국가는 의회주의 국가가 아니라 직접민주제의 국가입니다. 국민의 일반의지에 바탕을 둔 국가를 형성하는 순서 또는 절차를 제시한 것이 '사회계약'론입니다. 각 개인은 자유와 평등을 최대한으로 확보하면서 공동 이익을 지키기 위해 하나의 약속을 하고 국가를 형성합니다. 이 약속이 사회계약입니다. 그것은 주권자인 개개인 상호간의 약속이며, 지배자에 대한 국민의 복종을 뜻하는 것이 아닙니다.

어머니가 루소를 낳다가 죽자 가난한 시계공이었던 아버지가 그를 키웠습니다. 아버지가 칼을 휘두른 일 때문에 가족이 제네바로 도망쳐 6년 동안 외가에서 가난하게 살다가 16세 때 모험가의 삶을 꿈꾸며 제네바를 떠났습니다. 그러나 사보이 지방에서 후원자인 바랑 남작 부인을 만나 집사로 일하면서 철학자·문인·음악가가 되기 위한 공부를 할 기회를 얻었습니다.

30세 때 파리에 도착하여, 문필가로서 야망을 지닌 드니 디드로를 운좋게 만났습니다. 두 사람은 곧 디드로가 편집자로 임명되었던 프랑스 『앙시클로페디(*L'Encyclopédie*)』를 중심으로 모인 지식인 집단인 철학자들에서 중심 역할을 했습니다. 급진적·반교권적 견해를 발표하는 주요 수단이었던 『앙시클로페디』 기고자들은 대개 철학자이자 개혁가·구습 타파주의자였습니다. 이 가운데 루소는 가장 독창적이고 강렬하면서도 유려한 글솜씨를 지녔다. 뿐만 아니라 오페라 「마을의 점쟁이(*Le Devin du village*)」 (1752)를 작곡하여 왕과 왕실로부터 인정받습니다. 그러나 그는 칼뱅주의적 기질 때문에 이러한 세속의 영화를 거부합니다.

37세 때 반종교적 성향의 글로 구속된 디드로를 만나기 위해 뱅센으로 가는 도중, 훗날 『고백록(*Confessions*)』에서 밝혔듯이 '빛'을 보았으며, 그 빛은 당시의 진보가 인간을 개선하기는커녕 타락시키고 있다는 '무서운 섬광'으로 다가왔고 이러한 통찰은 뒤이어 쓴 디종 아카데미 현상 논문 「학예론(*Discours sur les sciences et les arts*)」(1750)의 골격을 이루고 있습니다. 이 논문은 "인간은 본래 선하지만 사회와 문명 때문에 타락했다."는 그의 사상의 중심 주제를 잘 보여주고 있습니다. 많은 로마 가톨릭 작가들도 유럽 문화가 중세 이래 타락했다고 지적했지만, 루소는 인간이 본래 선하다고 본 점에서 독특합니다.

첫 논문이 출판된 후 루소는 몇 년 간 음악을 전문 분야로 삼아 『앙시클로페디』 기고가로 활발하게 활동했습니다. 1752년 당시 파리에서 페르골레시, 스카를라티, 빈치, 레오 등의 이탈리아 오페라가 상연되기 시작하자 사람들은 이탈리아 오페라 지지자와 프랑스 전통 오페라 지지자로 나눠졌는데, '백과전서파'인 달랑베르·디드로·올바크·루소 등은 이탈리아 오페라를 지지했습니다.

루소는 당시 유명한 작곡가 라모와 이 문제를 두고 논쟁을 벌였습니다. 이 논쟁은 음악적일 뿐 아니라 철학적 성격을 띤 것이었습니다. 라모는 화음을 중시하여 합리적·지성적 규칙을 지키는 것이 예술의 필수조건이라고 주장한 반면, 루소는 멜로디가 화음에 우선해야 한다는 원칙을 내세우면서 이탈리아 오페라가 프랑스 전통 오페라보다 우월하다고 주장했습니다.

그는 예술에서 창조 정신을 자유롭게 표현하는 것이 형식적 규칙과 전통적 절차를 지키는 일보다 중요하다고 봄으로써 낭만주의 사상의 기반을 닦았습니다. 루소는 음악에서 자유를 옹호한 해방자였습니다.

루소는 가톨릭교에서 프로테스탄트교로 개종하기 위해 칼뱅주의도시인 제네바로 돌아가면서 당시 사귀었던 세탁소 여종업원 테레즈 르바쇠르를 동행해 사람들을 놀라게 했으며 구설수도 있었으나 그는 별탈 없이 칼뱅주의파 교회에 재가입했고 문필가로서의 명성 덕분에 큰 환영을 받았습니다.

루소는 디종 아카데미의 질문에 답하는 2번째 논문 『인간 불평등기원론(*Discours sur l'origine de l'inegalité parmi les hommes*)』(1755)을 완성했습니다. 그 질문은 "인간들 사이의 불평등의 기원은 무엇이며, 그것은 자연법에 의해 정당화될 수 있는가?"였습니다.

이 물음에 대해 그는 자연 상태의 인간은 선했지만 이후 타락했다는 주장을 발전시킴으로써 첫 논문인 「학예론」의 맥을 잇고 있습니다. 『인간 불평등기원론』은 이 주장을 더 가다듬어 자연적 불평등과 인위적 불평등을 구별했습니다. 자연적 불평등은 건강·지성 등의 차이에 따른 불평등이고, 인위적 불평등은 사회를 지배하는 규율에 의해 생긴 불평등이라고 했습니다. 그가 문제삼은 것은 인위적 불평등입니다.

그는 인간 불평등의 기원을 탐구하는 나름대로의 과학적 방법으로 인류생활의 초기단계를 재구성했습니다. 그는 최초의 인간은 사회적 존재가 아니라 고독한 존재였다고 보는 점에서 홉스의 자연 상태에 관한 설명에 동조합니다. 그러나 자연 상태의 인간 생활이 '가난하고 불결하고 거칠고 부족한' 것이라고 본 영국 비관론자와 달리 최초의 인간이 건강하고 행복하고 착하고 자유롭다고 주장했습니다.

루소는 악의 출현과 관련해서 자연은 책임이 없으며 사회에 문제가 있다고 주장합니다. 사회는 인간이 남녀 공동생활을 용이하게 하기 위해 처음으로 거주지를 만들면서 형성되었습니다. 가족이 형성되고 이웃과 교제하는 생활방식이 생겼습니다.

이러한 초기 사회는 실로 인간의 황금시기로서 그것이 지속되는 동안은 좋았으며 그 시기는 오래 갈 수 없었습니다. 사랑의 감정과 함께 질투의 파괴적 감정이 일어나고, 사람들은 자신의 능력과 성취물을 다른 이와 비교하기 시작했습니다. 이것이 "불평등을 향한 첫걸음이자 악을 향한 첫걸음이었다." 인간 각자가 다른 이보다 나은 사람이 되기를 열망하면서부터 때묻지 않은 자기 사랑은 자만심으로 바뀌어 갔습니다.

재산의 출현으로 재산을 보호하기 위해 법과 정부를 만드는 일이 필요해짐에 따라 불평등은 더욱 심해졌습니다.

루소는 토지가 누구에게도 속하지 않은 상태를 벗어난 데서 비롯된 끔찍한 사태를 묘사하면서 재산이라는 치명적인 것이 생겨난 상태를 한탄했습니다. 그러나 과거는 어떤 방식으로든 보존될 수 없고 황금 시기로 돌아갈 수도 없습니다.

시민사회는 2가지 목적, 즉 모든 사람에게 평화를 제공하는 한편 재산에 대한 권리를 보장하기 위해 등장합니다. 시민사회는 모든 사람에게 이익을 주지만 주로 부자에게 이익을 줍니다. 왜냐하면 기존의 소유권을 적법한 것으로 정착시킴으로써 가난한 자를 계속 무소유 상태로 만들기 때문입니다.

정부를 세우는 일은 가난한 자가 부자보다 얻는 것이 적은 한 어떤 의미에서는 정당하지 못한 사회계약입니다. 그렇지만 사회 속의 인간은 결코 만족을 모르기 때문에 가난한 자 못지않게 부자도 행복하지는 않습니다. 사회 속에서 사람은 각자의 이해관계 때문에 끊임없이 갈등하며, 적개심을 친절이라는 가면 뒤에 숨긴 채 서로 미워합니다. 루소는 인간 불평등을 별개의 독자적 문제로 보지 않고 인간이 자연과 순진무구함으로부터 소외되어 온 오랜 역사과정의 부산물로 보았습니다.

『인간 불평등기원론』을 제네바 공화국에 바치기 위해 쓴 헌정사에서 루소는 이 도시 국가가 '자연이 인간들 사이에 설정한 평등과 인간이 그들 사이에서 제도화한 불평등' 간의 이상적 균형을 이루었다고 찬사를 보냈습니다.

그가 제네바에서 눈여겨본 것은 최선의 사람이 시민에 의해 선출되고 최고의 지위까지 올라갈 수 있는 점이었습니다. 플라톤과 마찬가지로 그는 모든 사람이 자신에게 알맞은 자리에 있는 것이 공정한 사회라고 보았습니다. 인간이 어떻게 자유를 잃어버렸는가를 설명하기 위해 『인간 불평등기원론』을 쓴 루소는 인간이 앞으로 어떻게 자유를 되찾을 수 있는가를 문제로 『사회계약론(*Du Contrat social ou principes du droit politique*)』(1762)을 썼습니다.

『사회계약론』은 "인간은 자유롭게 태어났으나 모든 곳에서 사슬에 매여 있다."는 유명한 문장으로 시작해서 인간이 사슬에 묶여 있을 필요가 없다는 주장으로 나아갑니다. 『인간 불평등기원론』에서 묘사된 부정한 사회계약과 반대로 시민사회나 국가가 참된 사회계약에 바탕을 두고 있다면, 인간은 자연 상태의 독립을 희생한 대가로 더 나은 자유, 즉 참된 정치적 자유를 얻을 수 있습니다.

그러한 자유는 스스로 부과한 법에 복종함으로써 찾을 수 있습니다.

루소가 정의한 정치적 자유에는 문제가 있습니다. 개인은 단일한 의지를 지닌 존재이기 때문에 스스로 정한 규칙에 복종함으로써 자유로울 수 있습니다.

그에 반해서 사회는 서로 다른 의지를 가진 개인들의 집합이기 때문에 개별의지들 사이에는 갈등이 있습니다. 이 문제에 대해 루소는 시민사회를 일반의지에 의해 통합된 인위적 존재라고 답합니다. 루소가 말하는 공화국은 비록 개인적 이익 때문에 가끔 갈등을 일으키기도 하지만 일반의지의 창조물입니다. 일반의지는 결코 각 구성원의 의지로 흩어지지 않으며, 공적·국가적 이익을 지향하는 의지입니다.

시민사회 구성원이 되겠다는 협약 아래 모든 사람은 자신과 자신의 모든 권리를 남김없이 공동체에 양도해야 한다고 본 점에서 루소는 토머스 홉스와 비슷합니다.

그러나 루소는 이러한 양도를 시민권을 갖기 위해 자연권을 포기하는 일종의 권리교환으로 이해합니다. 이 거래는 다음과 같은 이유에서 유리합니다. 즉 포기하는 권리는 전적으로 개인 자신의 힘으로 실현되기 때문에 불분명한 가치를 지닌 데 반해, 대가로 얻은 권리는 공동체의 집합적 힘에 의해 강화되는 합법적 권리이기 때문입니다.

루소는 참된 법과 실정법을 근본적으로 구별한다.『인간 불평등기원론』에서 묘사되듯이 실정법은 단순히 현상태를 보호하는 것에 지나지 않습니다.

그러나『사회계약론』에서 서술하는 참된 법은 정당한 주권자인 민중의 집합적 능력에 의해 만들어졌을 뿐 아니라 다 같은 시민인 민중이 복종하기 때문에 정당한 법입니다. 루소는 어떤 민중도 자신에게 부당한 법을 만든다고는 볼 수 없으므로 그 법은 부당할 수 없다고 확신했습니다.

그런데 루소는 민중이 반드시 가장 지성적인 시민을 대표로 선출하지는 않는다는 사실 때문에 고민했습니다.

실제로 그는 플라톤과 마찬가지로 대부분의 민중이 어리석다는 점을 인정했습니다. 일반의지는 도덕적으로 항상 건전하지만 때로는 잘못을 범할 수 있습니다. 그래서 루소는 민중에게는 솔론, 리쿠르고스, 칼뱅과 같이 헌법이나 법률체계를 구상하는 훌륭한 정신을 소유한 입법자가 필요하다고 제안했습니다.

루소는 마키아벨리를 매우 칭송했으며, 마키아벨리가 공화국정부를 옹호한 점에 공감했습니다. 마키아벨리의 영향은 시민종교에 관한 서술에서 더 두드러지게 나타납니다. 루소에 따르면 그리스도교는 보이지 않는 세계를 지향하기 때문에 시민에게 국가에 봉사하는 데 필요한 용기·남성다움·애국심 등의 덕목을 가르치지 않으므로 공화국 종교로서는 쓸모가 없습니다. 마키아벨리처럼 이교적 제례 의식의 부활까지 주장하지는 않았지만 루소는 군사적 덕목의 개발을 강화하기 위해 최소한의 신학적 내용을 가진 시민 종교를 제창했습니다.

이전처럼 백과전서파와 어울렸지만, 점차 이러한 세속적 생활에 짜증이 났고 동료 철학자들과 다투기 시작했습니다. 루소는 다시 파리를 떠나 자연에 파묻혀 생활하기 위해 몽모랑시 근처에 있는 친구 에피네 부인의 시골 영지에서 머물다가 얼마 뒤

마레샬 드 뤽상부르의 보호 아래 '몽루이'라는 근처 별장으로 은둔했습니다. 그러나 높은 지위에 있는 이 친구도 1762년 교육에 관한 저서 『에밀(*Émile*)』이 출판되어 프랑스 의회의 독실한 얀센주의자들이 분노했을 때에는 루소를 도와줄 수 없었습니다.

얀센주의자들은 이 책을 불태우게 했고 저자를 체포하도록 했습니다. 루소는 피난처를 이리저리 옮겨 다니면서 여생을 보냈습니다.

몽모랑시에서 지낸 몇 년 동안은 가장 창조적으로 저술 활동을 한 시기였습니다. 『사회계약론』과 『에밀』에 이어 『신 엘로이즈(*Julie : ou, la nouvelle Héloïse*)』(1761)가 1년 안에 나왔는데, 이 세 작품은 모두 독창적입니다.

『신 엘로이즈』는 소설로 『사회계약론』이나 『에밀』과 달리 검열을 받지 않았습니다. 이 소설은 널리 읽혔고 루소의 생애 동안 가장 많은 사람에게 칭찬받았으며 음악에 관한 글들과 마찬가지로 다른 어떤 문학작품보다 더 낭만주의를 발전시켰습니다. 또한 『사회계약론』과 『에밀』이 치안판사와 목사를 적으로 만든 것과는 달리, 특히 교양 있는 여성들을 중심으로 많은 독자를 친구로 만들었습니다. 그래서 루소가 박해를 받을 때면 볼테르나 디드로와는 달리 많은 여성이 그를 위기에서 구해 주었습니다.

그는 말년에 정신적 평온을 얻었고 프랑스 대귀족 콩티 공과

지라르댕 후작의 영지로 피신했다가 세상을 떠났습니다.

평생 루소의 초상화를 서재에 걸어놓고 그를 흠모했다는 칸트는 "나는 인식에 대한 무한한 갈증을 느낀다. 그것만이 인류에게 명예를 줄 수 있다고 믿었다. 그런 나를 루소가 옳은 길로 인도했다."고 합니다.

2025년 3월 편집인

목차

제1권

01. 첫 번째 책의 주제에 관하여 ········ 24
02. 초기 사회에 관하여 ········ 26
03. 가장 강한 자의 권리에 관하여 ········ 33
04. 노예 제도에 관하여 ········ 36
05. 우리는 항상 첫 번째 대회로 돌아가야 한다 ········ 45
06. 사회 협약에 관하여 ········ 47
07. 주권자에 관하여 ········ 53
08. 정치 상태에 관하여 ········ 58
09. 소유권에 관하여 ········ 61

제2권

01. 주권은 양도할 수 없다 ········ 68
02. 주권은 분할 될 수 없다 ········ 71
03. 일반의지가 잘못될 수 있다면 ········ 76
04. 주권적 권력의 한계에 관하여 ········ 80
05. 삶과 죽음의 권리에 관하여 ········ 87
06. 법률에 관하여 ········ 91
07. 입법자(국회의원)에 관하여 ········ 98
08. 국민에 관하여(1) ········ 106

09. 국민에 관하여(2) ········ 110
10. 국민에 관하여(3) ········ 115
11. 다양한 입법 체계에 관하여 ········ 121
12. 법의 분류에 관하여 ········ 126

제3권

01. 정부 일반에 관하여 ········ 130
02. 다양한 형태의 정부를 구성하는 원칙에 관하여 ········ 140
03. 정부의 분류에 관하여 ········ 146
04. 민주정에 관하여 ········ 149
05. 귀족정에 관하여 ········ 153
06. 군주제(왕정)에 관하여 ········ 158
07. 혼합 정부에 관하여 ········ 169
08. 모든 정부 형태가 모든 나라에 적합한 것은 아니다
········ 172
09. 좋은 정부의 징후에 관하여 ········ 182
10. 정부의 권력남용과 그 타락 경향에 관하여 ········ 185
11. 정치체의 죽음에 관하여 ········ 194
12. 주권적 권위는 어떻게 유지되는가 (1) ········ 197
13. 주권적 권위는 어떻게 유지되는가 (2) ········ 200
14. 주권적 권위는 어떻게 유지되는가 (3) ········ 204
15. 대의원 또는 대표에 관하여 ········ 206
16. 정부 설립은 결코 계약이 아니다 ········ 214
17. 정부 설립에 관하여 ········ 217

18. 정부의 찬탈을 방지하는 수단에 관하여 ········ 220

제4권

01. 일반의지는 파괴될 수 없다 ········ 226
02. 투표에 관하여 ········ 231
03. 선출에 관하여 ········ 238
04. 로마 민회에 관하여 ········ 243
05. 호민관 제도에 관하여 ········ 264
06. 독재관 제도에 관하여 ········ 268
07. 감찰관 제도에 관하여 ········ 274
08. 시민 종교에 관하여 ········ 278
09. 결론 ········ 298

장 자크 루소의 삶 ········ 300
- 가장 독창적인 사상가로 평가받다 / 300
- 제네바에서 시계공의 아들로 태어나다 / 301
- 아버지가 루소를 버리고 제네바를 떠나다 / 302
- 음악에 관심을 가지다 / 305
- 부퐁논쟁에 뛰어들다 / 309
- 계몽주의를 비판한 계몽주의자였다309
- 공작 가문의 후원으로 저술에만 몰두하다 / 315
- 1778년 7월 2일 파리 교외의 에름농빌에서 세상을 떠나다 / 323
- 자연 상태에서 인간의 감성적인 모습에 초점을 맞추다 / 325
- 루소는 전체주의의 시조인가? / 328

- 루소의 사상은 직접민주주의인가? / 333
- 루소는 다수결을 무조건 옳다고 생각했는가? / 338
- '빵이 없으면 케이크를 먹으면 되지'의 유포자였나? / 341
- 루소의 사상은 사회에 준 영향은 엄청나게 크다 / 342
- 『에밀』은 서구 교육에 가장 큰 영향을 미쳤다 / 349
- 16살 때 갑자기 알 수 없는 충동에 휩싸이다 / 355
- 5명의 자식을 고아원에 버리다 / 357
- 루소는 여성혐오주의자였나? / 360
- 자연으로 돌아가라? / 364
- 종교 개혁에 관한 평가는 비판적이었다 / 365
- 19세기의 대표적 작가로서 계몽사상가 중 한 사람이었다 / 365
- 루소의 저서 / 366
- 루소의 어록 / 367

제 1권

나는 시민 질서 안에 사람들을 있는 그대로 받아들이고, 법을 있는 그대로 받아들이는 합법적이고 안전한 행정의 규칙이 존재할 수 있는지 묻고 싶다. 나는 이 조사에 있어서 법이 허용하는 것과 이해관계가 규정하는 것을 일치시키기 위해 항상 노력할 것이며, 그리하여 정의와 효용이 분열되지 않도록 할 것이다.

나는 내 주제의 중요성을 증명하지 않고 그 문제에 들어간다. 나는 정치에 대해 글을 쓰는 왕자인지 아니면 입법자인지에 대한 질문을 받을 것입니다. 나는 그렇지 않다고 대답하며, 그것이 내가 정치에 대해 글을 쓰는 이유이다. 만약 내가 왕자나 입법자였다면, 나는 무엇을 해야 하는지 말하느라 시간을 낭비하지 않았을 것이다.

자유로운 국가의 시민으로 태어났고, 주권자의 일원이었기 때문에, 나의 목소리가 공적인 문제에 미치는 영향력이 아무리 적다 하더라도, 그 주제에서 투표할 권리는 나에게 그것에 대해 배울 권리를 부여하기에 충분하다. 정부에 대해 명상할 때마다, 항상 내 연구에서 내 나라를 사랑해야 할 새로운 이유를 발견하는 것은 행복한 일이다!

01.
이 첫 번째 책의 주제에 관하여
Sujet de ce premier Livre

인간은 자유롭게 태어났지만, 어디에서나 사슬에 묶여 있습니다. 어떤 사람은 자신이 다른 사람의 주인이라고 생각하지만, 그럼에도 불구하고 그 사람은 다른 사람보다 노예에 가깝습니다. 어떻게 이런 변화가 생겼나요? 모르겠습니다. 무엇이 그것을 합법적으로 만들 수 있습니까? 나는 이 문제를 해결할 수 있다고 믿습니다.

내가 힘과 그 힘에서 파생되는 효과만 고려한다면 다음과 같이 말할 것입니다. 사람들이 복종하도록 강요받고 복종하는 한, 그들은 잘됩니다. 그가 멍에를 떨쳐버리자마자 그는 훨씬 더 나은 일을 합니다. 왜냐하면 그에게서 자유를 빼앗아 간 동일한 권리로 그의 자유를 회복하는 것은 그가 그것을 되찾는 것이 정당하든지, 그에게서 그것을 빼앗는 것이 정당하지 않든 둘 중 하나이기 때문입니다. 그러나 사회질서는 다른 모든 것의 기초가 되는 신성한 권리입니다. 그러나 이 권리는 자연에서 나오는 것이 아닙니다. 따라서 이는 관례를 기반으로 합니다. 이러한 규칙이 무엇인지 아는 것이 문제입니다. 그것에 도달하기 전에 제가 방금 말한 것을 확증해야 합니다.

02.
초기 사회에 관하여
Des premières Sociétés

모든 사회 중에서 가장 오래되고 유일하게 자연적인 사회는 가족 사회입니다. 그럼에도 불구하고 아이들은 자신을 보호하기 위해 아버지가 필요한 동안에만 아버지와 연결되어 있습니다. 이러한 필요가 중단되자마자 자연적인 유대는 해소됩니다. 자녀들은 아버지에 대한 순종에서 면제되고 아버지는 자녀들에 대한 보살핌에서 면제되어 모두 동등하게 독립으로 돌아갑니다. 만약 그들이 계속 연합을 유지한다면 그것은 더 이상 자연적이지 않고 자발적이며, 가족 자체는 관습에 의해서만 유지될 뿐입니다.

이러한 공통의 자유는 인간 본성의 결과입니다. 그의 첫 번째 법칙은 자신의 보존을 보장하는 것이고, 그의 첫 번째 관심은 그가 자신에게 빚지고 있는 것입니다. 그리고 그가 이성적인 나이가 되자마자 그를 보존하는 데 적합한 수단의 판단자가 되고, 이로써 그의 주인이 됩니다.

그러므로 가족은 정치 사회의 첫 번째 모델이고 지도자는 아버지의 이미지이고 국민은 자녀의 이미지이며 모든 사람은 평등하고 자유롭게 태어나 유용성을 위해 자유를 소외시킬 뿐입니다. 전체적인 차이점은 가족에서는 자녀에 대한 아버지의 사랑이 자녀들에게 베푸는 보살핌에 대한 대가를 치르고 국가에서는 명령하는 즐거움이 지도자가 백성에 대해 갖지 못한 사랑을 보충한다는 것입니다.

그로티우스[1]는 인간의 모든 권력이 피지배자들을 위해 확

---

[1] **후고 그로티우스**(Hugo Grotius:) : 국제법의 아버지, 자연법의 아버지로 불리는 네덜란드의 법학자이자 정치인이다. 델프트에서 태어나 15세 때에 레이던 대학교를 졸업하였으며, 1613년 로테르담에서 주지사가 되었다. 1619년에는 엄한 칼뱅주의를 반대한 이유로 종신형을 선고받다가, 후에 아내의 도움으로 탈출하였다. 스웨덴 국왕을 섬긴 이유로 1635년부터 1645년까지 프랑스 주재 스웨덴 대사를 지냈다. 62세의 나

립된다는 사실을 부인하고 노예 제도를 예
로 듭니다. 그의 가장 끊임없는 추론 방식
은 항상 사실에 의해 법칙을 확립하는 것
입니다.2) 우리는 보다 일관된 방법을 사용
할 수 있지만 폭군에게 더 호의적이지는
않습니다.

그로티우스

그러므로 그로티우스에 따르면 인류가
100명의 사람에게 속하는지 아니면 200명
의 사람이 인류에 속하는지는 의심스럽고
그는 그의 책 전반에 걸쳐 첫 번째 의견을
향해 기울고 있는 것처럼 보입니다. 이것

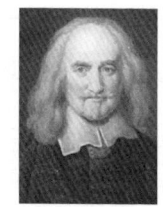
토머스 홉스

이 또한 홉스3)의 감정입니다. 그래서 여기에 인류가 소 떼

이로 로스토크에서 사망하였다. 로티우스가 사망하고 3년 뒤에 "국제
법의 출발점"이라는 1648년 웨스트팔리아 조약이 체결되었다.

2) "출판된 법에 대한 박식한 연구는 종종 고대 남용의 역사에 불과하며, 사
람들은 그것들을 너무 많이 공부하는 데 어려움을 겪을 때 완고해졌다."
Traité des intérêts de la Fr. avec ses voisins, by M. le Marquis d'Argenson (암스테
르담의 Rey에서 인쇄) 이것이 바로 그로티우스가 한 일입니다.

3) **토머스 홉스**(Thomas Hobbes, 1588년 4월 5일~1679년 12월 4일) : 영국 왕
국의 정치철학자이자 최초의 민주적 사회계약론자이다. 서구 근대정치

로 나뉘어 있고, 각 무리에는 그것을 잡아먹기 위해 지키는 지도자가 있습니다.

양치기가 자기 양 떼보다 우월한 성품을 갖고 있듯이 사람의 지도자인 목자들도 자기 백성보다 우월한 성품을 가지고 있습니다. 필로(Philo)에 따르면 황제 칼리굴라[4)]는 이렇게 추론했다. 이 비유를 통해 왕은 신이고 사람은 짐승이라는 결론을 아주 잘 내릴 수 있습니다.

칼리굴라

철학의 토대를 마련한 책 『리바이어던』(1651)의 저자로 유명하다. 홉스는 자연을 만인의 만인에 대한 투쟁 상태로 상정하고, 그로부터 자연권 확보를 위하여 사회계약에 의해서 리바이어던과 같은 강력한 국가권력이 발생하게 되었다고 주장하였다.

4) **칼리굴라** : 로마 제국의 제3대 황제(12년 8월 31일~41년 1월 24일, 재위 37년 3월 16일~41년 1월 24일)이다. 본래 이름은 가이우스이며, 칼리굴라는 이름이 아니라 자기의 아버지가 지휘하고 있었던 게르마니아 군단 병사들이 귀여워하며 붙여준 '꼬마 장화'라는 뜻을 가진 별명이다. 41년 1월 팔라티누스 경기 도중에 근위대장 카시우스 카이레아 등에 의해 아내, 딸과 함께 죽임을 당했다. 그의 통치 기간은 3년 10개월이었다. 칼리굴라가 암살된 후 원로원이 제정 대신 로마 공화정의 부흥을 기획했었지만, 근위대가 칼리굴라의 숙부 클라우디우스에게 충성을 맹세하면서 무산된다.

이 칼리굴라의 추론은 홉스와 그로티우스의 추론으로 돌아갑니다. 아리스토텔레스[5]도 인간은 선천적으로 평등하지 않으며 어떤 사람은 노예 생활을 위해 태어났고 어떤 사람은 지배를 위해 태어났다고 말했습니다.

아리스토텔레스

아리스토텔레스가 옳았지만 원인을 위해 결과를 취했습니다. 노예 제도에서 태어난 모든 사람은 노예 제도를 위해 태어났습니다. 이보다 더 확실한 것은 없습니다. 노예들은 사슬에 얽매인 모든 것을 심지어 탈출하려는 욕구까지 잃습니다. 그들은 율리우스[6]의 동료들이 그들의 잔인함을

---

5) **아리스토텔레스**(Aristotle 기원전 384년~322년) : 고대 그리스의 철학자이자 박식가로, 플라톤의 제자이며, 알렉산드로스 대왕의 스승이다. 물리학형이상학·시·생물학·동물학·논리학·수사·정치·윤리학·도덕 과학 등 다양한 주제로 책을 저술하였다. 소크라테스, 플라톤과 함께 고대 그리스의 가장 영향력 있는 학자였으며 그리스 철학이 현재의 서양 철학의 근본을 이루는 데에 이바지하였다. 아리스토텔레스의 글은 도덕과 미학·논리와 과학·정치와 형이상학을 포함하는 서양 철학의 포괄적인 체계를 처음으로 창조하였다.

6) **가이우스 율리우스 카이사르**(Gaius Julius Caesar) : 기원전 100년 7월 12일 ~ 기원전 44년 3월 15일) 또는 줄리어스 시저는 로마 공화국의 정치인, 장군, 작가이다. 그는 로마 공화국이 로마 제국으로 변화하는 데 중

사랑했던 것처럼 그들의 예속을 사랑합니다.[7] 그러므로 천성적으로 노예가 있다면 그것은 자연에 반하는 노예가 있었기 때문입니다. 강제는 최초의 노예를 만들었고 그들의 비겁함은 그들을 영속시켰습니다.

율리우스

나는 아담 왕이나 토성의 아이들처럼 우주를 공유한 세 명의 위대한 군주의 아버지인 노아 황제에 대해서는 아무 말도 하지 않았습니다. 나는 이 절도(절제)에 대해 감사하기를 바랍니다. 왜냐하면 이 왕자 중 한 사람의 직계 후손이자 아마도 가장 높은 가문의 가문에서 나온 것이기 때문에 그 칭호를 확인함으로써 나 자신이 인류의 합법적인 왕이 될 수 없다는 것을 알게 된다면 무엇을 알 수 있겠습니까? 어떤 경

    요한 역할을 하였다. 쇠락한 유력 가문의 일원으로 출발하였으나 공화정 로마의 주요 관직을 두루 거치며 정계에서의 영향력을 키워나갔다. 집정관으로 선출된 이후 당시 유력한 정치인들인 폼페이우스, 크라수스와 더불어 삼두정치 체제를 구축하고 이를 통해 사실상 원로원을 무력화하였다. 이후 갈리아 원정을 단행하여 갈리아 전체를 로마의 속주로 편입하는 공적을 쌓았다.

7) 플루타르크의 짧은 논문, 제목이 "동물들이 이성을 사용하게 하라."이다.

우이든 우리는 아담이 그의 섬의 유일한 거주자인 한 그의 섬의 로빈슨처럼 세계의 주권자였다는 점에 동의할 수 없습니다. 그리고 이 제국에서 편리한 점은 왕좌에 오른 군주가 반란도 전쟁도 공모자들도 두려워할 필요가 없다는 점이었습니다.

03.

가장 강한 자의 권리에 관하여
Du droit du plus fort

가장 강한 사람이라도 자신의 힘을 권리로 순종을 의무로 바꾸지 않으면 항상 주인이 될 만큼 강하지 않습니다. 그러므로 가장 강한 자의 권리가 있습니다. 법은 겉으로는 모순되게 받아들여지고 실제로는 원칙적으로 확립되었습니다. 그러나 이 단어가 결코 우리에게 설명되지 않을 것입니까? 힘은 육체적인 힘입니다. 나는 그 결과로 인해 어떤 도덕성이 나올 수 있는지 알 수 없습니다. 강제에 굴복하는 것은 의지가 아닌 필연적인 행위입니다. 기껏해야 그것은 신중한 행동일 뿐입니다. 어떤 의미에서 이것이 의무가 될 수 있습니까?

소위 말하는 권리를 잠시 가정해 보겠습니다. 나는 그것이 설명할 수 없는 장황한 결과만을 낳을 뿐이라고 말합니다. 힘이 바로잡자마자 결과는 원인에 따라 바뀌기 때문입니다. 첫 번째를 극복하는 모든 힘은 그 권리를 계승합니다. 우리가 불복종하면 처벌받지 않고 합법적으로 그렇게 할 수 있으며 가장 강한 사람은 항상 옳기 때문에 우리가 가장 강한 사람이 되도록 보장하는 문제만 있을 뿐입니다. 그렇다면 강제가 중단되면 소멸되는 권리는 무엇입니까? 강제로 복종해야 한다면 의무 때문에 복종할 필요는 없으며 더 이상 복종하도록 강요받지 않는다면 더 이상 복종할 의무가 없습니다. 그러므로 우리는 법이라는 단어가 강제력에 아무것도 추가하지 않는다는 것을 알 수 있습니다. 여기서는 전혀 의미가 없습니다.

권력에 복종하십시오. 만일 그것이 힘에 굴복한다는 뜻이라면 이 계율(법률)은 좋지만 불필요한 것이므로 나는 결코 어길 수 없다고 대답합니다. 모든 능력은 하나님(신)에게서 나온다는 것을 나는 인정합니다. 그러나 모든 질병도 그것으로부터 옵니다. 이것은 의사에게 전화하는 것이 금지되어 있음을 의미합니까? 숲 모퉁이에서 강도가 나를 놀라게

하자 지갑을 주어야 할 뿐만 아니라 그것을 철회할 수 있을 때 그것을 주어야 하는 양심의 의무가 있습니까? 왜냐하면 마침내 그가 쥐고 있는 권총도 힘(권력)이기 때문입니다.

그러므로 힘이 옳지 않다는 것과 우리는 합법적인 권력에만 복종할 의무가 있다는 점에 동의합시다. 그래서 내 원래 질문이 항상 나옵니다.

04.

노예 제도에 관하여
De l'esclavage

어느 누구도 동료 인간에 대해 자연적 권위를 가질 수 없고 힘이 어떤 권리도 낳지 않기 때문에 관습은 인간 사이의 모든 적법한 권위의 기초로 남아 있습니다.

그로티우스는 개인이 자신의 자유를 양도하고 스스로 주인의 노예가 될 수 있다면 왜 전체 국민이 자신의 자유를 양도하고 왕에게 복종할 수는 없는가라고 말합니다. 설명이 필요한 모호한 단어가 많이 있지만 소외라는 단어를 고수합시다. 소외시키는 것은 주거나 파는 것입니다. 그런데 자신을 다른 사람의 노예로 삼는 사람은 자신을 포기하는 것이 아니라 최소한 자기 생계를 위해서 자신을 파는 것입니다. 그런데 왜 사람들은 자신을 파는 것입니까? 왕은 신민에게 생계를 제공하기는커녕 그들에게서 자신의 몫을 끌어낼 뿐입니다. 라볼레(Rabelais)8)에 따르면

라볼레

왕은 적은 돈으로 살지 않습니다. 그렇다면 피험자는 자신의 재산도 빼앗긴다는 조건으로 자신의 사람을 포기합니까? 나는 그들이 지켜야 할 것이 무엇인지 알 수 없습니다.

전제군주는 그의 신민들에게 시민의 평온을 보장한다고 말할 것입니다. 어느 하나; 그러나 만일 그의 야망이 그들을 끌어들이는 전쟁, 그의 채울 수 없는 탐욕, 그의 사역의 괴로움이 그들의 불화보다 더 그들을 괴롭힌다면, 그들이 무엇을 얻겠습니까? 바로 이 평온함이 그들의 불행 중 하나라면, 그들은 그것으로 무엇을 얻습니까? 우리는 또한 지하 감옥에서도 평화롭게 살고 있습니다. 그 정도면 기분이 좋

---

8) **프랑수아 라블레** : 반교권주의자이자 성직자, 기독교인이자 어떤 이들에게는 자유사상가로 평가받기도 하면서 동시에 의사이자 쾌활한 인간이라는 이미지 역시 가지고 있던 라블레라는 인물의 여러 측면은 가끔씩 모순되어 보이기도 한다.

을 텐데? 키클롭스의 동굴(은신처)에 갇힌 그리스인들은 그곳에서 평화롭게 살며 자신들의 차례가 잡아먹힐 때를 기다리고 있었습니다.

인간이 자신을 자유롭게 준다고 말하는 것은 터무니없고 상상할 수 없는 일입니다. 그러한 행위는 그 행위를 하는 사람의 정신이 제정신이 아니기 때문에 위법하고 무효입니다. 전체 국민에 대해 같은 말을 하는 것은 미친 사람들을 가정하는 것과 같습니다. 광기는 옳지 않습니다.

각자가 자신을 멀리(소외)할 수 있을 때 그는 자신의 자녀들을 멀리할 수는 없습니다. 그들은 남자로 태어났고 자유롭습다. 그들의 자유는 그들에게 속하며 그들 외에는 누구도 그것을 처분할 권리가 없습니다. 아이가 이성적인 나이가 되기 전에 아버지는 아이를 대신하여 아이의 보호와 행복을 위한 조건을 규정할 수 있습니다. 그러나 돌이킬 수 없이 무조건적으로 주어서는 안 됩니다. 왜냐하면 그러한 증여는 자연의 목적에 어긋나고 아버지의 권리를 침해하기 때문입니다. 그러므로 독단적인 정부는 매 세대마다 국민이 이를 인정하거나 거부할 책임이 있다는 것이 합법적이어야 합니다. 그러나 그렇게 되면 이 정부는 더 이상 독단적이지 않을 것입니다.

자신의 자유를 포기하는 것은 인간으로서의 자질, 인류의 권리, 심지어 의무까지도 포기하는 것입니다. 모든 것을 포기한 사람에게는 보상이 없습니다. 그러한 포기는 인간의 본성과 양립할 수 없으며 그의 행동에서 모든 도덕성을 제거하고 그의 의지에서 모든 자유를 제거합니다. 한편으로는 절대적인 권위를, 다른 한편으로는 무한한 복종을 규정하는 것은 헛되고 모순되는 관습입니다. 우리가 모든 것을 요구할 권리가 있는 분에 대해 우리는 아무것도 약속하지 않는다는 것이 분명하지 않습니까? 그리고 등가나 교환이 없는 이 단일 조건이 행위의 무효를 초래하지 않습니까? 내 종(노예)의 소유가 다 내 것이고 그의 권리도 내 것인데 내 종(노예)이 나에 대하여 무슨 권리가 있겠습니까?

그로티우스와 다른 사람들은 소위 노예 제도 권리의 또 다른 기원을 전쟁에서 끌어냅니다. 그들에 따르면 승자는 패자를 죽일 권리가 있고 패자는 그의 자유를 희생하여 그의 생명을 되 살 수 있습니다. 두 가지 모두에 이익이 되기 때문에 더욱 합법적인 협약입니다.

그러나 패배자를 살해할 권리라고 불리는 이 권리가 어떤 식으로든 전쟁 상태에서 비롯된 것이 아니라는 것은 분명합니다. 원시적 독립 속에 살고 있는 인간들이 평화 상태나 전쟁 상태가 될 만큼 지속적인 관계를 맺고 있지 않다고 해서 그들이 본래 적이 되는 것은 아닙니다. 전쟁을 구성하는 것은 인간의 관계가 아니라 사물의 관계입니다. 그리고 전쟁 상태는 단순한 개인적 관계에서 발생할 수 없으며, 오직 실제 관계에서만 발생할 수 있습니다. 사적 또는 사람 대 사람의 전쟁은 지속적인 재산이 없는 자연 상태에서도, 모든 것이 법의 권위 아래 있는 사회 상태에서도 존재할 수 없습니다.

사적인 전투나 결투의 만남은 국가를 구성하지 않는 행위입니다. 그리고 프랑스 왕 루이 9세[9]의 설립에 의해 승인되

---

[9] **루이 9세**: 국민이 정의로운 힘을 따르는 왕국을 후대에 물려주고자 한 개혁왕이었다. 그는 왕의 명으로 40일간 사적 전쟁을 금하는 "40일왕(quarantaine-le-roi)"제도를 다시끔 도입하고, 무죄 추정의 원칙을 따르고, 고문을 완화하며, 신명 재판과 사적 복수를 금하고, 재판결을 위해 왕에게 호소할 수 있는 격쟁(supplicatio) 제도를 도입했다. 본인의 명성이 왕

고 신의 평화에 의해 중단된 사적인 전쟁에 관해서는 이것은 봉건 정부의 남용이며, 만약 있었다면 터무니없는 제도이며, 자연법의 원칙과 모든 선량한 정치에 반하는 것입니다.

루이 9세

그러므로 전쟁은 사람 대 사람의 관계가 아니라 국가 대 국가의 관계이며, 여기서 개인은 인간으로서도 시민으로서도 우연이 아닐 뿐입니다.[10] 그러나 군인으로서; 조국의 일

국의 국경을 넘어서까지 전해지며, 루이 9세는 유럽의 여러 왕국들 사이를 중개하기도 했다. 루이 9세는 또한 왕국에 단일 통화를 도입하였으며, 훗날 의회와 감사원이 될 기관들의 창립을 추진하였다. 매우 독실했던 루이 9세는 여러 교회, 수도원, 병원을 건립하고 빈자들을 도우며, 몽골 군주들의 개종을 도모하기도 했고, 소르본 대학교 개교를 지원했으며, 수난 성유물들을 얻어 이를 보관하고자 1242년 생트샤펠을 건설했다.

10) 세계 어느 나라보다 전쟁법을 이해하고 존중했던 로마인들은 이 점에 있어서 시민이 적에게 명시적으로 헌신하지 않고는 자원 봉사자로 복무하는 것이 허용되지 않을 만큼 지금까지 세루풀레를 수행했습니다. 특히 특정 적에 대해 아들 카토가 개편된 포필리우스 밑에서 첫 번째 무기를 만든 군단, 아버지 카토는 포필리우스에게 편지를 보내 아들이 계속해서 자신의 아래에서 복무하기를 정말로 원한다면 첫 번째 군대가 취소되면 더 이상 적에 맞서 무기를 들고 있을 수 없기 때문에 새로운 군사적 발효를 빌려야 한다고 썼습니다. 그리고 같은 카토는 자신의 아들에게 이 새로운 맹세를 할 때까지 전투에 참여하지 않도록 조심하라

원으로서가 아니라 조국의 수호자로서 마지막으로 각 국가는 인간이 아닌 다른 국가만을 적으로 삼을 수 있으며 서로 다른 성격을 지닌 사물들 사이에는 실질적인 관계가 성립될 수 없다는 점을 고려하면 말입니다.

이 원칙은 모든 시대에 확립된 원칙과 모든 문명인의 지속적인 실천과도 일치합니다. 전쟁 선포는 권력보다는 주체에 대한 경고가 아닙니다. 왕이든 개인이든 국민이든 간에 군주에게 전쟁을 선포하지 않고 신민을 훔치거나 살해하거나 구금하는 외국인은 적이 아니라 도적(강도)입니다. 전쟁 중에도 정의로운 군주는 적국의 국민에게 속한 모든 것을 빼앗습니다. 그러나 그는 개인의 인격과 재산을 존중합니다. 그는 자신의 권리를 존중합니다. 전쟁이 끝나면 적국이 멸망하므로 우리는 그 방어자들이 손에 무기를 쥐고 있는 한 그들을 죽일 권리가 있습니다. 그러나 그들이 항복하고 항복하자마자 그들은 더 이상 적국의 적이나 도구가 되

는 편지를 썼습니다. 나는 클루지움의 포위 공격과 다른 특별한 사실들이 나에게 불리하게 작용할 수 있다는 것을 알고 있습니다. 그러나 나는 법률과 관습을 인용합니다. 로마인들은 그들의 법을 가장 적게 어긴 사람들이며, 그렇게 아름다운 법을 가진 유일한 사람들입니다.

지 않으며, 그들은 다시 사람이 되고 우리는 더 이상 그들의 생명에 대한 어떤 권리도 없습니다. 때로는 국가 구성원 중 단 한 명도 죽이지 않고도 국가를 멸망시킬 수 있습니다. 그러나 전쟁은 국가 목적에 필요하지 않은 권리를 부여하지 않습니다. 이러한 원칙은 그로티우스의 원칙이 아닙니다. 그것들은 시인의 권위에 근거한 것이 아니라 사물의 본성에서 유래하고 이성에 근거하고 있습니다.

정복권에 관해서는 최강자의 법칙 외에는 다른 근거가 없습니다. 전쟁이 승자에게 패배한 민족을 학살할 권리를 주지 않는다면 그가 갖지 못한 이 권리는 그들을 노예로 만들 수 있는 권리가 될 수 없습니다. 우리는 노예로서 그렇게 할 수 없을 때 적을 죽일 권리만 가지고 있습니다. 그러므로 그를 노예로 만들 수 있는 권리는 그를 죽일 수 있는 권리에서 나오는 것이 아닙니다. 따라서 우리에게 아무런 권리가 없는 그의 생명을 그의 자유의 대가로 사도록 하는 것은 불공정한 교환입니다. 노예권보다 생사권을 생사권보다 노예권을 확립함으로써 우리가 악순환에 빠지고 있음이 분명하지 않습니까?

모든 것을 죽일 수 있는 이 끔찍한 권리를 가정하더라도, 전쟁에서 만들어진 노예나 정복당한 백성은 강요된 만큼 주인에게 복종하는 것 외에는 주인에게 아무것도 할 의무가 없다고 나는 말합니다. 그의 생명에 해당하는 것을 취함으로써 승자는 그를 아끼지 않았고, 열매 없이 그를 죽이는 대신 유용하게 죽였습니다. 무력과 결합된 어떠한 권위도 그에게 획득하기는커녕, 이전과 마찬가지로 그들 사이에는 전쟁 상태가 존재하고, 그들의 관계 자체가 전쟁 상태의 결과이며 전쟁법의 사용은 평화 조약을 전제로 하지 않습니다. 그들은 대회를 열었습니다. 둘 중 하나 하지만, 이 관습은 결코 파괴되지 않습니다.

05.

우리는 항상 첫 번째 대회로 돌아가야 한다
Qu'il faut toujours remonter à une première convention

내가 지금까지 반박한 모든 것을 인정한다면 전제주의 선동자들은 더 이상 앞서지 못할 것입니다. 다수를 진압하는 것과 사회를 다스리는 것 사이에는 언제나 큰 차이가 있을 것입니다. 흩어진 사람들이 계속해서 한 사람의 노예가 되는 것은 그들이 아무리 많더라도 나는 단지 주인과 노예만을 볼 뿐이고 백성과 그 지도자를 보지 않습니다. 원하는 경우 집합이지만 연관은 아닙니다. 거기에는 공익도 없고 정치적인 단체도 없습니다. 이 사람은 세계의 절반을 노예로 삼았지만 여전히 개인일 뿐입니다. 다른 사람의 이익과 분리된 그의 이익은 언제나 사적인 이익일 뿐입니다. 만약 이 사람이 죽는다면 그의 뒤를 잇는 그의 제국은 흩어지고 연결되지 않은 채로 남게 될 것입니다. 마치 참나무가 불에 타서 녹아 재 더미에 떨어지는 것과 같습니다.

그로티우스는 국민이 왕에게 자신을 바칠 수 있다고 말했습니다. 그로티우스에 따르면 국민은 왕에게 자신을 바치기 이전에 국민입니다. 이 선물은 민사 위이며 공적 심의를 전제로 합니다. 국민이 왕을 선출하는 행위를 살펴보기에 앞서 국민이 국민이 되는 행위를 먼저 살펴보는 것이 좋을 것입니다. 하면 필연적으로 다른 것보다 앞서는 이 행위가 사회의 진정한 기초이기 때문입니다.

실제로 사전 협약이 없었다면 선거가 만장일치로 이루어지지 않는 한 소수가 다수의 선택에 복종해야 하는 의무가 어디 있겠습니까? 따라서 주인을 원하는 100명이 주인을 원하지 않는 10명에게 투표할 권리가 있습니까? 다수결의 법칙은 그 자체로 협약의 성립이며 적어도 한 번은 만장일치를 전제로 합니다.

06.

사회 협약에 관하여
Du Pacte Social

나는 인간이 자연 상태에서 자신의 보존을 해치는 장애물이 각 개인이 자연 상태에서 자신을 유지하기 위해 사용할 수 있는 힘을 저항함으로써 압도하는 지점에 도달했다고 가정합니다. 그러면 이 원시 국가는 더 이상 존속할 수 없으며 인류가 존재 방식을 바꾸지 않는다면 인류는 멸망할 것입니다.

이제 인간은 새로운 힘을 생성할 수 없고 존재하는 힘을 통합하고 지도할 뿐이므로, 저항을 압도할 수 있는 힘의 총체를 집합시켜 형성하고 단일한 동기를 통해 그 힘을 작용시키고 서로 협력하여 행동하게 만드는 것 외에는 자신을 보존할 수 있는 다른 방법이 더 이상 없습니다.

이러한 힘의 합은 여러 사람의 협력을 통해서만 발생할 수 있습니다. 그러나 각 사람의 힘과 자유가 자신을 보존하는 첫 번째 도구인데, 자신에게 해를 끼치지 않고 자신에 대한 보살핌을 소홀히 하지 않고 어떻게 그 일을 할 수 있겠습니까? 내 주제로 되돌아온 이 어려움은 다음과 같은 용어로 설명될 수 있습니다.

> "공동의 힘을 다해 각 파트너의 신체와 재산을 보호하고, 각 파트너가 모든 사람과 연합하면서도 자신에게만 복종하고 이전처럼 자유롭게 유지되는 결사의 형태를 찾으십니까?"

이것이 바로 사회계약이 해결책을 제공하는 근본적인 문제입니다.

본 계약의 조항은 행위의 성격에 따라 결정되므로 조금만 수정해도 아무런 효력이 없으며 무효가 됩니다. 따라서 비록 공식적으로 언급된 적은 없지만 어디에서나 동일하며 암묵적으로 인정되고 인정됩니다. 사회 협약이 위반되면 모든 사람은 자신이 포기했던 관습적 자유를 잃고 최초의 권리로 돌아가 자연적 자유를 다시 회복하게 됩니다.

물론 이러한 조항은 모두 하나의 지식, 즉 전체 공동체에 대한 모든 권리에 대한 각 직원의 완전한 소외로 축소됩니다. 첫째, 모든 사람은 자신의 전부를 바치고 조건은 모두에게 평등하고 조건은 모두에게 평등하므로 누구도 그것을 다른 사람에게 부담스럽게 만드는 데 관심이 없습니다.

더욱이 소외는 유보 없이 이루어지며 결합은 가능한 한 완벽하며 어떤 파트너도 더 이상 주장할 것이 없습니다. 만약 개인에게 어떤 권리가 남아 있다면 그들과 대중 사이에 선언할 수 있는 공동 상위자가 없을 것이기 때문에 각자는 어느 시점에서 자신의 판사가 되어 곧 모든 것이 동일하다고 주장할 것이고 자연 상태는 존속할 것이며 결합은 필연적으로 다음과 같이 될 것입니다. 폭군적이거나 헛된 것입니다.

마지막으로 각 사람은 자신을 모든 사람에게 주지만 누구에게도 자신을 주지 않습니다. 그리고 우리가 믿음으로 그에게 양도하는 것과 동일한 권리를 얻지 못하는 파트너가 없기 때문에 우리는 우리가 잃은 모든 것에 상응하는 것을 얻고 우리가 가진 것을 지킬 수 있는 더 많은 힘을 얻습니다.

따라서 사회계약의 본질이 아닌 것을 사회계약에서 제외한다면 우리는 그것이 다음과 같은 용어로 축소된다는 것을 알게 될 것입니다. 우리 각자는 자신의 인격과 모든 권력을 일반의지[11]의 최고 지도 아래에 공유합니다. 그리고 우리는 각 구성원을 전체의 분할할 수 없는 부분으로 받아들입니다.

즉각적으로 각 계약 당사자의 특정 개인 대신에 이 결사 행위는 의회가 투표권을 가진 수만큼의 구성원으로 구성된 도덕적이고 집단적인 기구를 생성하며 이 동일한 행위로부터 통일성·공동 자아·생명 및 의지를 받습니다. 다른 모든 사람의 결합으로 형성된 이 공적 인물은 이전에 도시라

---

11) 민주주의 사회에서 국가는 시민의 일반의지를 대표하며, 각 시민은 국법을 지킴으로써 실리를 추구한다는 이론이다. 루소는 일반의지와 특수의지를 구별했는데 일반의지는 도덕적 의지이며 공동선을 목표로 하는 의지이다. 루소는 모든 사람이 공동선을 추구하는 도덕적 관점을 가질 수 있으며, 그럴 경우 사람들은 만장일치의 결정에 도달할 수 있다고 생각했다.

는 이름을 사용했습니다.[12] 대부분은 도시를 도시로 시민을 부르주아(중산계급)로 생각합니다. 그들은 집이 도시를 만든다는 사실을 모르지만 시민이 도시를 만든다는 사실을 모릅니다. 이 동일한 오류는 한때 카르타고인들에게 막대한 손실을 입혔습니다. 나는 시베스(Cives)라는 칭호가 어떤 왕자에게 주어졌다는 것을 읽은 적이 없습니다. 이전에는 마케도니아인도 아니고 오늘날 영국인도 아니지만 다른 모든 왕자보다 자유에 더 가깝습니다. 프랑스인만이 시민이라는 이 이름을 꽤 친숙하게 받아들입니다. 왜냐하면 우리가 그들의 사전에서 볼 수 있듯이 그들이 시민이라는 이름을 실제로 알지 못하기 때문입니다. 이 이름이 없으면 시민이라는 이름은 권리가 아니라 미덕을 표현합니다. 보댕(Bodin)이 우리 시민과 부르주아에 관해 이야기하고 싶었을 때 그는 둘 중 하나를 취함으로써 큰 실수를 저질렀습니다. 달랑베르 씨는 그의 기사 제네바에서 우리 도시에 있는 4개 계급(단순한 외국인을 포함하여 5명도 포함)과 그중 2개만이 공화국을 구성하고 있다는 사실을 실수하지 않았으며 분명히 구별했습니다. 내가 아는 다른 어떤 프랑스 작가도 시민이라는

---

[12] 이 단어의 진정한 의미는 현대인들 사이에서 거의 완전히 사라졌습니다.

단어의 진정한 의미를 이해하지 못했고 이제는 공화국 또는 정치 단체의 의미를 취합니다. 이는 구성원이 수동적일 때 국가, 활동적일 때 주권자, 동료와 비교할 때 권력이라고 부릅니다. 동료와 관련하여 그들은 총체적으로 인민이라는 이름을 가지며 특히 주권의 참여자로서 시민, 국가 법률의 적용을 받는 주체로 불립니다. 그러나 이러한 용어는 종종 혼동되어 서로 사용됩니다. 그것들이 정확하게 사용될 때 그것들을 구별하는 방법을 아는 것만으로도 충분합니다.

07.

주권자에 관하여
Du Souverain

우리는 이 공식을 통해 결사 행위가 개인에 대한 공중의 상호 약속을 포함하고 있으며 계약을 맺은 각 개인 말하자면 자신과의 관계는 이중 관계에 있음을 알 수 있습니다. 즉 개인을 향한 주권자(군주)의 일원으로서 그리고 주권자를 향한 국가의 일원으로서 그러나 우리는 여기서 누구도 자신과 맺은 약속에 구속되지 않는다는 민법의 원칙을 적용할 수 없습니다. 왜냐하면 자신을 향해 의무를 다하는 것과 자신이 일부인 전체를 향해 의무를 다하는 것 사이에는 많은 차이가 있기 때문입니다.

또한 모든 주체를 주권자에게 구속할 수 있는 공적 심의는 각 주체가 고려되는 두 가지 서로 다른 관계로 인해 주권자에게 자신을 구속하도록 강요할 수 없다는 점에 유의해야 합니다. 결과적으로 주권자가 자신이 침해할 수 없는 법을 스스로 부과하는 것은 정치체의 본성에 어긋나는 것입니다. 자신을 하나의 동일한 관계로만 생각할 수 있기 때문에 그는 개인이 자신과 계약을 맺는 경우에 해당합니다. 이로부터 우리는 사회계약은 물론이고 국민의 몸에 의무적인 어떤 종류의 기본법도 존재하지 않으며 존재할 수 없다는 것을 알 수 있습니다. 그렇다고 해서 이 몸이 이 계약에서 벗어나지 않는 한 다른 사람에게 헌신할 수 없다는 뜻은 아닙니다. 왜냐하면 낯선 사람에 관해서 그는 단순한 존재, 개인이 되기 때문입니다.

그러나 정당이나 주권자는 계약의 신성함을 통해서만 존재하므로 자신의 일부를 양도하거나 다른 주권자에게 복종하는 등 이 원시적 행위에서 벗어나는 어떤 것에도 자신을 구속할 수 없으며 다른 사람에 대해서도 결코 구속할 수 없습니다. 존재하는 행위를 위반하는 것은 그 자체를 소멸시키는 것이며 아무것도 아닌 것은 아무것도 생산하지 않는 것입니다.

이 군중이 한 몸으로 결합되자마자 그 몸을 공격하지 않고는 구성원 중 하나를 공격할 수 없습니다. 회원들이 느끼지 않으면 몸에 상처를 입히는 일이 훨씬 적습니다. 따라서 의무와 이해관계는 두 계약 당사자가 서로 상호 지원하도록 동등하게 의무화하며, 동일한 사람들은 이 이중 관계 아래에서 이에 의존하는 모든 이점을 결합하도록 노력해야 합니다.

이제 주권자는 자신을 구성하는 개인들로만 구성되어 그들의 이익에 반하는 어떤 이해관계도 가지지 않으며 가질 수도 없습니다. 결과적으로 주권은 신민에 대한 보증인이 필요하지 않습니다. 몸이 모든 지체에게 해를 끼치고 싶어 하는 것은 불가능하기 때문입니다. 그리고 우리는 그것이 특히 누구에게도 해를 끼칠 수 없다는 것을 아래에서 볼 것입니다. 주권자는 이것만으로도 항상 그가 되어야 할 모든 것입니다.

그러나 공동 이익에도 불구하고 주권자가 그들의 충성을 보장할 수단을 찾지 못한다면 그 어떤 것도 그들의 약속에 대해 책임을 지지 않을 주권자에 대한 주체에게는 그렇지 않습니다.

사실 각 개인은 인간으로서 시민으로서의 일반의지와 상반되거나 유사하지 않은 특정한 의지를 가질 수 있습니다. 그의 특별한 관심은 공동의 관심과 전혀 다르게 그에게 말할 수 있습니다. 그의 절대적이고 자연적으로 독립적인 존재는 그가 공동 대의에 빚진 것을 자유로운 기여로 생각하게 만들 수 있으며 그 손실은 지불금이 그에게 부담스러운 것보다 다른 사람에게 덜 해로울 것입니다. 그리고 인간이 아니기 때문에 이성적 존재로서 국가를 구성하는 도덕적인 사람에 관해서는 그는 주체의 의무를 이행하기를 원하지 않으면서 시민의 권리를 누릴 것입니다. 그 불의의 진행은 정치체의 파멸을 초래할 것입니다.

따라서 사회 협약은 공허한 형식이 아니기 때문에 다른 사람에게 힘을 줄 수 있는 약속, 즉 누구든지 일반의지에 복종하기를 거부하는 사람은 온몸으로 복종하도록 강요받을 것이라는 약속이 암묵적으로 포함되어 있습니다. 이는 그가 자유로워지도록 강요받는 것 외에는 아무 의미도 없습니다. 왜냐하면 각 시민을 고국에 복종시키는 것이 그에게 모든 개인적 의존으로부터 보장되는 조건이기 때문입니다. 정치 기계의 기교와 게임을 구성하는 조건과 그것만이 시민적 약속을 합법적으로 만드는 조건입니다. 이것이 없다면 그것은 터무니없고 전제적이며 가장 엄청난 남용의 대상이 될 것입니다.

06.

정치 상태에 관하여
De l'Etat civil

자연 상태에서 시민 상태로의 이행은 인간의 행동에 있어서 본능을 정의로 대체하고 인간의 행동에 이전에 부족했던 도덕성을 부여함으로써 인간에게 매우 놀라운 변화를 가져옵니다. 그때까지만 해도 자기 자신만 바라보던 사람이 육체적 충동과 식욕권에 이어 의무의 목소리가 들리는 것은 바로 그때서야 자기 자신이 다른 원칙에 따라 행동하고 자신의 성향에 귀를 기울이기 전에 자신의 이성을 살펴보아야 한다는 것을 깨닫는 것입니다. 비록 그가 이 상태에서 자연으로부터 얻은 몇 가지 장점을 빼앗긴다 할지라도 그는 그러한 위대한 것들을 되찾고 그의 능력을 발휘하고 계발하고 그의 생각이 확장되고 그의 감정이 고상해지고 그의 온 영혼이 고양될 정도로 향상됩니다. 이 새로운 조건의 남용이 그를 원래의 상태보다 자주 저하시키지 않는다면 그는 끊임없이 행복한 순간을 축복해야 할 것입니다. 그분은 그를 그것에서 영원히 떼어내시고 어리석고 제한된 동물로부터 지적인 존재와 사람을 만듭니다.

이 전체 규모를 비교하기 쉬운 용어로 줄여보겠습니다. 인간이 사회계약을 통해 잃는 것은 인간의 자연적 자유와 인간을 유혹하고 성취할 수 있는 모든 것에 대한 무한한 권리입니다. 그가 얻는 것은 시민의 자유와 그가 소유한 모든 것에 대한 소유권입니다. 이러한 보상에 있어서 오해가 없도록 하기 위해 우리는 개인의 힘에 의해서만 제한되는 자연적 자유와 일반의지에 의해서만 제한되는 시민의 자유와 그리고 오로지 힘이나 최초 점유자의 권리의 결과에 불과한 점유와 적극적인 소유권에만 근거할 수 있는 재산을 명확하게 구별해야 합니다.

앞에서 우리는 인간을 진정으로 자기 자신의 주인으로 만드는 시민 국가의 도덕적 자유의 성취를 덧붙일 수 있습니다. 왜냐하면 식욕의 충동만이 노예이고 사람이 규정한 법에 대한 순종은 자유이기 때문입니다. 그러나 나는 이미 이 기사에 대해 너무 많이 말했고 자유라는 단어의 철학적 의미는 여기서 내 주제가 아닙니다.

09.

소유권에 관하여
Du domaine réel

공동체의 각 구성원은 공동체가 형성되는 순간 자신을 바치고 현재 자신과 자신이 소유한 재화의 일부인 모든 힘을 발견합니다. 이 행위를 통해 소유권이 주인의 변경으로 성격이 바뀌고 주권자의 소유가 되는 것은 아닙니다. 그러나 도시의 힘이 개인의 힘보다 비교할 수 없을 정도로 크기 때문에 공공 소유는 실제로 더 강력하고 더 취소할 수 없으며 적어도 외국인에게는 더 합법적이지 않습니다. 왜냐하면 국가는 구성원에 대한 모든 권리의 기초가 되는 사회계약을 통해 구성원의 모든 재산의 주인이기 때문입니다. 그러나 다른 권력에 관해서는 개인에게 부여되는 최초 점유권에 의해서만 그러합니다.

최초 점유자의 권리는 비록 가장 강한 자의 권리보다 더 현실적이지만 소유권이 확립된 후에야 실제 권리가 됩니다. 모든 사람은 당연히 자신에게 필요한 모든 것에 대한 권리를 가지고 있습니다. 그러나 그를 어떤 재산의 소유자로 만드는 적극적인 행위는 그를 나머지 모든 재산에서 제외시킵니다. 자신의 역할을 다한 후에는 그 자신을 그 일에만 국한 시켜야 하며 더 이상 공동체에 대한 어떤 권리도 갖지 않습니다. 자연 상태에서는 그토록 약한 선점권이 모든 시민에게 존중받는 이유입니다. 이 권리에서 우리는 다른 사람에게 속한 것보다 우리 것이 아닌 것을 덜 존중합니다.

일반적으로 토지에 대한 최초 점유권을 부여하려면 다음 조건을 충족해야 합니다. 첫째, 이 땅에는 아직 사람이 거주하지 않습니다. 둘째, 우리는 생존에 필요한 양만큼만 점유합니다. 셋째, 헛된 의식을 통해서가 아니라 일과 문화를 통해 그것을 소유한다는 것입니다. 이는 법적 소유권이 없는 경우 다른 사람들이 존중해야 하는 유일한 소유권 표시입니다.

실제로 필요와 일에 대한 최초 거주자의 권리를 부여하는 것은 그것이 가능한 한 확장되지 않습니까? 이 권리에 제한을 둘 수는 없을까? 즉시 그 주인이라고 주장하기 위해 공통 기반에 발을 딛는 것으로 충분할까? 다른 남자들을 잠시 밀어내고 다시 돌아올 권리를 박탈할 수 있는 힘만 있으면 충분할까? 인간이나 민족이 처벌 가능한 강탈을 통하지 않고 어떻게 광대한 영토를 점유하고 전 인류로부터 그것을 박탈할 수 있겠습니까? 자연이 그들에게 공동으로 제공하는 거주지와 음식을 나머지 사람들에게서 빼앗기 때문입니다. 누네즈 발바오(Nunnez Balbao)[13]가 카스티야 왕의 이름으로 남해와 남아메리카 해안 전체를 점령했을 때 이것이 모든 주민을 쫓아내고 세계의 모든 왕자를 배제하기에 충분했습니까? 이를 바탕으로 이러한 의

발바오

---

13) **바스코 누녜스 데 발보아** : 스페인의 탐험가이자 총독 및 정복자였습니다. 그는 1513년 파나마 지협을 건너 태평양으로 간 것으로 가장 잘 알려져 있으며, 신세계에서 태평양을 보거나 도착한 탐험대를 이끈 최초의 유럽인이 되었습니다. 1500년에 신대륙으로 여행하여 약간의 탐험 끝에 히스파니올라 섬에 정착했다. 그는 1510년 현재의 콜롬비아에 산타 마리아 라 안티구아 델 다리엔 정착촌을 세웠는데, 이는 아메리카 대륙 최초의 영구적 인 유럽 정착지였다

식은 헛되이 증가했으며 가톨릭 왕은 갑자기 그의 내각에서 전체 우주를 차지해야 했습니다. 이전에 다른 왕자들이 소유했던 것을 나중에 그의 제국에서 빼는 것을 제외하고. 우리는 어떻게 통합되고 인접한 개인의 토지가 공공 영토가 되는지, 그리고 신민으로부터 그들이 점유하는 토지에까지 확장되는 주권이 어떻게 실제적이고 개인적인 것이 되는지 볼 수 있습니다. 이는 소유자를 더욱 의존하게 만들고, 그들의 힘 자체가 그들의 충실성을 보증하게 만듭니다. 스스로를 페르시아인, 스키타이인, 마케도니아인의 왕이라고 부르며 스스로를 국가의 주인이라기보다는 인간의 지도자로 여겼던 고대 군주들이 이 이점을 잘 인식하지 못한 것 같습니다. 오늘날의 사람들은 프랑스, 스페인, 영국 등의 왕이라고 더 교묘하게 불립니다. 이런 식으로 땅을 장악함으로써 그들은 틀림없이 주민들을 붙잡을 것입니다.

이러한 소외의 특이한 점은 공동체가 개인의 재산을 수용하기는커녕 개인의 재산을 박탈하고 단지 개인의 합법적인 점유만을 보장하고 찬탈을 물권으로 향유를 재산으로 바꾼다는 점입니다. 그러면 소유자는 공익의 수탁자로 간주되며 국가의 모든 구성원이 그들의 권리를 존중하고 외국인에 대해 모든 힘을 다해 유지하며 대중에게 더 나아가 자신에게 유리한 양도를 통해 말하자면 자신이 준 모든 것을 획득하게 됩니다. 아래에서 볼 수 있듯이 동일한 펀드에 대해 주권자와 소유자가 갖는 권리의 차이로 쉽게 설명되는 역설입니다.

사람들이 무엇인가를 소유하기 전에 연합하기 시작하고, 모든 사람에게 충분한 땅을 빼앗은 후 그것을 공동으로 즐기거나 동등하게 또는 주권자가 정한 비율에 따라 그들 사이에서 공유하는 일도 일어날 수 있습니다. 이러한 인수가 어떤 방식으로 이루어지든 각 개인이 자신의 자금에 대해 갖는 권리는 항상 공동체가 모든 사람에 대해 갖는 권리에 종속됩니다. 이것이 없다면 사회적 유대의 견고함도 없고 주권 행사에 있어서 실질적인 힘도 없을 것입니다.

나는 이 장과 이 책을 전체 사회 체제의 기초가 되어야 하는 말로 마무리할 것입니다. 즉, 근본적인 조약은 자연적 평등을 파괴하는 대신 자연이 인간 사이의 신체적 불평등에 둘 수 있었던 것을 도덕적이고 정당한 평등으로 대체하고 힘이나 천재성에 있어서 불평등할 수 있기 때문에 그들은 모

두 관습과 법에 의해 평등해진다는 것입니다.[14]

---

14) 나쁜 정부 아래서는 이 평등은 평등하지 않습니다. 그것은 명백하고 환상적입니다. 그것은 단지 가난한 사람들을 비참하게 만들고 부자들을 강탈하는 데 도움이 될 뿐입니다. 사실 법은 항상 가진 사람에게는 유용하고 아무것도 없는 사람에게는 해롭습니다. 따라서 사회 국가는 모든 사람이 무언가를 갖고 있고 그중 누구도 초과하는 것이 없는 한 사람에게만 유리하다는 결론이 나옵니다.

제2권

01.
주권은 양도할 수 없다
Que la Souveraineté est inaliénable

지금까지 확립된 원칙의 첫 번째이자 가장 중요한 결과는 일반의지만이 국가 제도의 목적, 즉 공동선에 따라 국가의 힘을 지휘할 수 있다는 것입니다. 왜냐하면 특정 이익의 반대가 사회 설립을 필요하게 만들었다면 그것을 가능하게 한 것은 동일한 이익의 합의이기 때문입니다. 사회적 유대를 형성하는 것은 이러한 다양한 이해관계의 공통점이며, 모든 이해관계가 일치하는 지점이 없다면 어떤 사회도 존재할 수 없습니다. 그러나 사회가 통치되어야 하는 것은 오직 이러한 공동 이익에 의해서만 이루어집니다.

그러므로 나는 일반의지의 행사일 뿐인 주권은 결코 양도될 수 없으며, 집합적 존재일 뿐인 주권자는 자신에 의해서만 대표될 수 있으며, 권력은 전달될 수 있지만 의지는 전달될 수 없다고 말합니다.

실제로 특정의지가 일반의지와 어떤 점에서 일치하는 것이 불가능하지 않다면, 적어도 이 합의가 지속적이고 지속적이라는 것은 불가능합니다. 왜냐하면 개인의 의지는 그 본성상 선호를 향하고 일반의지는 평등을 향하는 경향이 있기 때문입니다. 이 계약이 항상 존재하더라도 보증인을 갖는 것은 더욱 불가능합니다. 그것은 예술의 효과가 아니라 우연의 효과일 것이다. 주권자는 이렇게 말할 수 있습니다. 나는 현재 그 사람이 원하는 것, 적어도 그가 원한다고 말하는 것을 원합니다. 그러나 그는 이렇게 말할 수 없습니다. 이 사람이 내일 원하는 것을 나도 여전히 원할 것입니다. 의지가 미래를 위한 사슬을 스스로에게 부여한다는 것은 터무니없는 일이고 의지하는 존재의 이익에 반하는 어떤 것에 동의하는 것은 어떤 의지에도 의존하지 않기 때문입니다. 그러므로 사람들이 단순히 순종하겠다고 약속한다면 그들은 이 행위로 인해 스스로를 해산시키고 사람들로서의 자질을 잃게 됩니다. 주인이 있는 순간 더 이상 주권자가 없으며 그때부터 정치체는 파괴됩니다.

이것은 지도자들의 명령이 일반의지로 받아들여질 수 없다는 말은 아닙니다. 단, 지도자들에게 자유롭게 반대할 수 있는 주권자가 그렇게 하지 않는 한 말입니다. 이 경우 국민의 동의는 보편적인 침묵으로 추정되어야 합니다.

02.
주권은 분할 될 수 없다
Que la Souveraineté est indivisible

주권은 양도할 수 없는 것과 같은 이유로 분할될 수도 없습니다. 의지는 일반적이기 때문에[15] 그렇지 않습니다. 그것은 인민의 몸이거나 그 일부일 뿐입니다. 첫 번째 경우, 선언된 유언장은 주권 행위이며 법을 구성합니다. 두 번째 경우에는 특정한 유언이나 행정 행위일 뿐입니다. 그것은 기껏해야 법령이다.

그러나 우리의 정책은 원칙적으로 주권을 분할할 수 없으

---

15) 유언이 일반적이기 위해서는 항상 만장일치일 필요는 없지만 모든 투표가 계산되어야 합니다. 공식적인 배제는 일반성을 깨뜨리거나.

며 목적에 따라 분할합니다. 그들은 그것을 힘과 의지, 입법권과 행정권, 조세권, 정의와 전쟁, 내부 행정과 외국인을 다루는 권력으로 나누고 있습니다. 때로는 이 모든 부분을 혼동하기도 하고 때로는 분리하기도 합니다. 그들은 주권자를 부착된 부분들로 구성된 환상적인 존재로 만듭니다. 그것은 마치 사람을 여러 개의 몸으로 구성한 것과 같습니다. 그중 하나에는 눈이 있고 다른 하나에는 팔이 있고 다른 하나에는 발만 있고 그 이상은 없습니다. 일본의 사기꾼들은 관중들이 보는 앞에서 아이의 사지를 절단한 다음 그 사지를 차례로 공중으로 던져 아이가 살아서 온전하게 다시 떨어지게 만든다고 합니다. 이것은 우리 정책의 컵의 트릭입니다. 그들은 박람회에 걸맞는 명예를 통해 사회 조직을 해체한 후 어떻게든 그 조각들을 하나로 엮습니다.

이 오류는 주권 권위에 대한 정확한 개념을 형성하지 않고, 이 권위의 일부를 그 권위의 일부로 간주하는 데서 비롯됩니다. 예를 들어 우리는 전쟁을 선포하는 행위와 평화를 이루는 행위를 주권 행위로 간주했지만 그렇지 않습니다. 왜냐하면 이 각각의 행위는 법이 아니라 단지 법의 적용, 즉 법의 경우를 결정하는 특별한 행위이기 때문입니다. 이는 법이라는 단어에 붙은 개념이 고정될 때 분명하게 드러날 것입니다.

같은 방식으로 다른 구분을 따르, 공유된 주권을 볼 때마다 우리가 착각한다는 것을 알게 될 것입니다. 우리가 이 주권의 일부로 간주하는 권리는 모두 주권에 종속되며 항상 이러한 권리가 실행될 뿐인 최고의 의지를 전제로 합니다.

우리는 이러한 정확성 부족이 정치법 문제에 있어서 작가들이 확립한 원칙에 따라 왕과 민족의 각자의 권리를 판단하기를 원할 때 결정에 얼마나 모호한지를 말할 수 없습니다. 그로티우스의 첫 번째 책 3장과

쟝 바르베락

4장에서 이 학식 있는 사람과 그의 번역가 쟝 바르베락(Jean Barbeyrac)[16]이 어떻게 얽히고설키고, 그들의 궤변에 당혹스

---

[16] **쟝 바르베락**(Jean Barbeyrac; 1674년 3월 15일~1744년 3월 3일) : 프랑스의 법학자이다. 그의 명성은 주로 사무엘 푸펜도르프(Samuel Pufendorf)의 논문 De Jure Naturae et Gentium의 서문과 주석에 달려 있으며, 이 책은 B. Kennett et al.에 의해 *Of the Law of Nature and Nations, 4th ed., 1729, London*으로 번역되었다. Barbeyrac의 서문은 이 네 번째 판에 '도덕 과학에 대한 역사적이고 비판적인 설명과 그것이 세상에서 이룬 진보, 초기

러워하고, 그들의 견해에 따라 너무 많이 말하거나 충분히 말하지 않는 것을 두려워하고, 그들이 화해해야 하는 이해관계에 충격을 주는 것을 모든 사람이 볼 수 있습니다. 프랑스로 피신한 그로티우스는 고

루이 13세

국에 불만을 품고 자신의 책을 헌정한 루이 13세[17])에게 법정에 서기를 원하여 국민의 모든 권리를 박탈하고 가능한 모든 예술로 왕을 장식하는 데 아무것도 아끼지 않았습니

시대부터 이 작품의 출판까지 포함'이라는 제목으로 실려 있다. 기본 원칙에서 그는 거의 전적으로 John Locke와 Pufendorf를 따른다. 그는 토마시우스(Thomasius)와 칸트에 의해 더욱 완전하게 발전된 행위의 법적 특성과 도덕적 특성 사이의 구별을 지적한다. 그는 국제법의 원칙을 자연법의 원칙으로 환원시키며, 그렇게 함으로써 그로티우스가 취한 많은 입장에 반대한다. 그는 주권이 어떤 면에서든 재산과 닮았다는 관념을 거부하고, 심지어 결혼조차도 시민 계약의 문제로 만든다. 바르베이락은 또한 그로티우스의 『벨과 평화의 법(De Jure Belli et Pacis)』, 컴벌랜드의 『자연의 법(De Legibus Naturae)』, 푸펜도르프의 단편 논문 「인간의 권리와 사회(De Officio Hominis et Civis)」를 번역했다.

17) **루이 13세** : 프랑스 왕국 부르봉 왕조의 제2대 국왕 이자 나바라 왕국의 마지막 국왕이다. 부르봉 왕조를 개창한 앙리 4세가 토스카나 대공국의 마리 드 메디시스 대공녀와 결혼하여 얻은 맏아들이다. 다만 그보다 먼저 태어난 이복 형제는 여러 명 있었다. 그러나 모두 앙리 4세가 정부에게서 낳은 사생아뿐이었으며, 정식 혼인 관계에서 태어난 적장남은 루이 13세였기에 왕위를 계승했다.

다. 이것은 자신의 번역본을 영국 왕 조지 1세[18]에게 바친 바베이락의 취향이기도 했을 것입니다. 그러나 불행하게도 그가 퇴위라고 부르는 제임스 2세[19]가 추방되자 그는 윌리엄을 찬탈자로 만들지 않기 위해 유보하고, 왜곡하고 미루게 되었습니다. 이 두 작가가 참된 원칙을 채택했다면 모든 어려움이 제거되었을 것이고 항상 일관성이 있었을 것입니다. 그러나 그들은 슬프게도 진실을 말했을 것이고 오직 사람들에게만 법정을 펼쳤을 것입니다. 이제 진실은 행운으로 이어지지 않으며 사람들은 대사관도 없고 의자도 없고 연금도 주지 않습니다.

조지 1세

제임스 2세

---

18) **조지 1세**(1660년 5월 28일~1727년 6월 11일) : 영국 하노버 왕가의 시조로 재위 기간은 1714년 8월 1일부터 1727년 6월 11일까지. 신성 로마 제국의 제후국 중 하나인 하노버 선제후국의 선제후이자 브라운슈바이크뤼네부르크 공작 에른스트 아우구스트와 팔츠의 조피 사이에서 태어났으며 영국 왕 제임스 1세의 외외증손자(딸의 외손자)가 된다.

19) **제임스 2세**(1633년 10월 24일~1701년 9월 16일) : 1685년 2월 6일 형이었던 찰스 2세가 후사 없이 사망하자 왕위를 계승하여 잉글랜드와 아일랜드의 제임스 2세, 스코틀랜드의 제임스 7세로서 재위하였다. 재위 기간 내내 의회와 갈등하였던 1688년 명예혁명으로 폐위되었다.

03

일반의지가 잘못될 수 있다면
Si la volonté générale peut errer

앞선 내용에 따르면 일반의지는 항상 옳고 항상 공익을 추구하는 경향이 있습니다. 그러나 국민의 심의가 항상 동일한 정직성을 갖는다는 결론은 나오지 않습니다. 우리는 항상 우리 자신의 이익을 원하지만, 항상 그것을 보지는 못합니다. 우리는 결코 사람들을 부패시키지 않지만 종종 그들을 속입니다. 그리고 그때서야 그는 악한 것을 원하는 것처럼 보입니다.

전체의 의지와 일반의지 사이에는 종종 많은 차이가 있습니다. 후자는 공동의 이익만을 바라보고, 다른 하나는 사적인 이익만을 바라보며, 특정 의지의 총합일 뿐입니다. 그러나 이러한 동일한 의지에서 서로를 파괴하는 플러스와 마이너스를 제거합니다. 각 이익은 서로 다른 원칙을 가지고 있다고 말합니다. 두 가지 특정한 이해관계의 합의는 제3자의 이해관계에 반대하여 형성됩니다. 그는 모든 이익의 합의가 각 개인의 이익에 반대하여 형성된다고 덧붙일 수도 있었습니다. 서로 다른 이해관계가 없다면 우리는 결코 장애물을 찾지 못할 공동 이익을 거의 느끼지 못할 것입니다. 모든 것이 저절로 진행될 것이고 정치는 더 이상 예술이 아닐 것입니다. 차이점의 총합은 일반의지로 남아 있습니다.

충분한 지식을 갖춘 사람들이 심의할 때 시민들이 서로 소통하지 않는다면 일반의지는 항상 수많은 작은 차이에서 비롯될 것이며 심의는 항상 좋을 것입니다. 그러나 음모가 있을 때 더 큰 단체를 희생시키면서 부분적인 결사를 하는 경우 이들 결사체 각각의 의지는 그 회원들에게는 일반화되고 국가와 관련해서는 특수하게 됩니다. 그러면 더 이상 남성 수만큼 유권자가 없고 협회 수만큼만 유권자가 있다고 말할 수 있습니다. 차이점은 줄어들고 덜 일반적인 결과를 제공합니다. 마지막으로 이러한 연관성 중 하나가 너무 커서 다른 모든 것보다 중요할 때 더 이상 작은 차이의 합이 아니라 하나의 차이로 끝나게 됩니다. 그러면 더 이상 일반의지는 존재하지 않으며, 지배적인 의견은 단지 특정 의견일 뿐입니다.

그러므로 일반의지를 명확하게 표현하기 위해서는 국가에 부분적인 사회가 없고 각 시민이 자신의 생각에 따라 의견을 제시하는 것이 중요합니다. 이것이 위대한 리쿠르고스[20]의 독특하고 숭고한 제도였습니다. 부분적인 사회가 있다면 솔론[21], 누마[22], 세르비우

리크루고스

---

20) **리쿠르고스**(기원전 800년? ~ 730년) : 스파르타의 전설적인 입법자로서, 델포이의 아폴론 신탁에 따라 스파르타 사회를 군국주의로 개혁하였다. 리쿠르고스의 모든 개혁은 스파르타 사람의 세가지 덕목인 (시민간의) 평등, 군사적 적합성, 엄격성을 지향하였다.

21) **솔론**(기원전 638년경 ~기원전 558년경) : 고대 그리스 아테나이의 정치인, 입법자, 시인이다. 그리스의 일곱 현인 가운데 한 사람이기도 하다. 특히 고졸기 아테나이의 정치, 경제, 도덕이 쇠퇴하는 가운데 이에 맞서 새로운 법을 세운 노력으로 유명하다. 기원전 594년에 아테나이 시민들이 합의하여 솔론은 정치 개혁을 위한 집행 조정자로 뽑혔다. 솔론은 토지 생산물의 많고 적음에 따라 시민을 4등급으로 나누

솔론

스[23]처럼 그 수를 늘리고 불평등을 방지해야 합니다. 이러한 예방 조치는 일반의 지가 항상 계몽되고 국민이 착각하지 않도록 하는 유일한 좋은 예방 조치입니다.

누마

고, 각 등급에 따라 참정권과 군사 의무를 정하였다. 솔론의 개혁은 단기적으로 실패하였으나 아테나이 민주정의 기초를 세웠다는 평가를 받는다.

22) **누마** : 고대 로마 왕국의 2대 국왕으로 제 1대 국왕인 로물루스가 사라진 이후 로마인들이 왕으로 추대해 모셨다고 한다.

23) **세르비우스 툴리우스**(Servius Tullius) : 전설적인 로마 왕정의 제6대왕(재위 기원전 578년 - 기원전 535년)이다. 에트루리아 계의 두 번째 로마왕이 되었다. 기원전 579년 선대 루키우스 타르키니우스 프리스쿠스의 암살 이후 선왕의 딸을 아내로 삼아 왕이 된다. 세루비우스는 플레브스의 승인 없이 왕위에 취임한 첫 번째 왕으로 왕좌를 차지

세르비우스

한 것에는 선왕의 왕비 도움이 컸었다고 말한다. 왕은 그 베이우스를 공략하고, 에트루리아인 도시에 출정한다. 또한 내정으로는 로마의 영역을 확장하였고, 특히 그의 신앙 포르투나와 디아나의 신전을 많이 만들었다. 또한 세루비우스는 로마 왕정의 조직을 크게 변화시켰다. 그는 하층 계급인 플레브스의 지지를 얻고 있었지만, 동시에 그 정책은 기존 세력인 파트리키에게는 인기가 없었다. 그의 업적으로는 로마 최초의 인구조사와 군사 개편, 로마 최초 동전 사용, 에트루리아족 격파가 있다. 기원전 535년, 세르비우스는 자신의 딸과 사위인 리키우스 타르퀴니우스 수페르부스에게 노상에서 암살당했다.

04

주권적 권력의 한계에 관하여
Des bornes du pouvoir Souverain

만약 국가나 도시가 단지 구성원들의 결합으로 생명을 구성하는 도덕적인 존재일 뿐이고 그 관심의 가장 중요한 것이 자신의 보존이라면 전체에 가장 적합한 방식으로 각 부분을 움직이고 배열하려면 보편적이고 강제적인 힘이 필요합니다. 자연이 각 사람에게 그의 모든 구성원에 대한 절대적인 권력을 부여하는 것처럼 사회 협약은 정치체에게 모든 구성원에 대한 절대적인 권력을 부여하며 내가 말했듯이 일반의지에 의해 지시되는 바로 이 권력이 주권이라는 이름을 지닙니다.

그러나 공적인 사람에 더하여 우리는 그것을 구성하고 그들의 생명과 자유가 자연적으로 그것으로부터 독립되어 있는 사적인 사람들도 고려해야 합니다. 그러므로 시민과 주권자 각각의 권리를 명확하게 구별하는 것이 문제입니다.[24] 그리고 전자가 주체로서 수행해야 하는 의무, 인간으로서 누려야 하는 자연적 권리입니다.

우리는 각 개인이 자신의 권력, 재산, 자유라는 사회적 계약을 통해 소외시키는 모든 것이 공동체에 중요한 사용의 일부일 뿐이라는 데 동의합니다. 그러나 또한 주권자만이 이 중요성의 판단자라는 점에도 동의해야 합니다.

시민이 국가에 제공할 수 있는 모든 서비스는 주권자가 요청하는 즉시 그에 대한 의무가 있습니다. 그러나 주권자는 공동체에 쓸모없는 사슬로 백성에게 부담을 줄 수 없습니다. 그는 그것을 원할 수도 없습니다. 왜냐하면, 자연법 아래에서와 마찬가지로 이성법 아래에서도 원인 없이는 아

---

[24] 주의 깊은 독자들이여, 부디 여기서 나를 모순이라고 비난하지 말아달라. 나는 언어의 빈곤에 비추어 볼 때 그것을 피할 수 없었습니다. 그러나 기다려라.

무 일도 일어나지 않기 때문입니다.

우리를 사회 조직에 묶는 약속은 상호적이기 때문에 의무적일 뿐이며 그 성격은 우리가 그 약속을 이행함으로써 우리 자신을 위해 일하지 않고서는 다른 사람을 위해 일할 수 없는 것과 같습니다. 일반의지는 왜 항상 옳고 이 단어를 각자 적절하게 사용하지 않고 모든 사람을 위해 투표하여 자신을 생각하지 않는 사람이 없기 때문에 모든 사람이 끊임없이 각자의 행복을 원하는 이유는 무엇입니까? 이는 권리의 평등과 그것이 만들어내는 정의의 관념이 각 사람이 자신에게 부여하는 선호로부터 비롯되며 결과적으로 인간의 본성에서 유래한다는 것입니다. 참으로 그러하려는 일반의지는 대상과 본질에 있어서 동일해야 하며 모든 것에서 시작하여 모든 사람에게 적용되어야 하며 어떤 개인적이고 결정된 대상을 향할 때 자연적인 올바름을 상실한다는 것을 증명합니다. 우리를 이끄는 공정성의 원칙입니다.

실제로 일반적이고 이전의 관습에 의해 해결되지 않은 문제에 대해 특정한 사실이나 권리에 관한 문제는 논쟁의 여지가 있습니다. 당사자는 이해관계인이 있고 당사자는 국민이지만, 지켜야 할 법도, 판결을 내려야 할 판사도 보이지 않는 재판입니다. 일반의지의 명시적인 결정에 의존하려는 것은 어리석은 일입니다. 이는 한쪽 당사자의 결론일 뿐이며 결과적으로 다른 쪽에게는 단지 특정 외국 의지일 뿐이며 이 경우에는 불의하고 오류가 발생할 수 있습니다. 따라서 특정 의지가 일반의지를 대표할 수 없는 것과 마찬가지로 일반의지도 특정 대상을 가지고 그 본성을 바꾸며 일반으로서 인간이나 사실에 대해 선언할 수 없습니다. 예를 들어 아테네 국민이 지도자를 임명하거나 해임하고, 한 사람에게는 명예를 부여하고, 다른 사람에게는 형벌을 부과하고, 수많은 특정 법령에 따라 정부의 모든 행위를 무차별적으로 행사했을 때 엄밀히 말하면 국민은 더 이상 일반의지를 갖지 못하고 더 이상 주권자로서 행동하지 않고 행정관으로서 행동했습니다. 이것은 일반적인 생각과 반대되는 것처럼 보일 것입니다. 그러나 제 생각을 발표할 시간을 주셔야 합니다.

그러므로 우리는 의지를 일반화하는 것은 투표의 수보다는 그들을 하나로 묶는 공동의 이익이라는 점을 이해해야 합니다. 왜냐하면 이 기관에서는 모든 사람이 필연적으로 다른 사람에게 부과하는 조건에 복종하기 때문입니다. 이는 판사의 통치와 당사자의 통치를 통합하고 동일시하는 공통 이해관계가 부족하기 때문에 특정 문제에 대한 논의에서는 사라지는 공평의 특성을 공동 심의에 부여하는 놀라운 이해와 정의의 합의입니다.

어떤 방식으로든 원칙으로 돌아가면 항상 동일한 결론에 도달합니다. 즉, 사회 협약은 모든 시민이 동일한 조건 아래에서 약속하고 동일한 권리를 향유해야 하는 시민 간의 평등을 확립합니다. 따라서 조약의 본질에 따라 모든 주권 행위, 즉 일반의지의 모든 진정한 행위는 모든 시민에게 동등하게 의무를 부여하거나 혜택을 주므로 주권자는 국가의 본체만 알고 국가를 구성하는 사람을 구별하지 않습니다. 그렇다면 주권 행위란 무엇입니까? 이는 상위자와 하위자 사이의 합의가 아니라 신체의 각 구성원과의 합의입니다. 합법적인 합의입니다. 왜냐하면 사회계약을 기초로 하고 있기 때문입니다. 공평한 것은 모든 사람에게 공통적이기 때문에 유용합니다. 왜냐하면 그것은 일반재 외에 다른 목적을 가질 수 없기 때문입니다. 공권력과 최고의 권력을 보증인으로 갖고 있기 때문에 견고합니다. 주체가 그러한 관습에만 복종하는 한, 그들은 누구에게도 복종하지 않고 오로지 자신의 뜻에만 복종합니다. 그리고 주권자와 시민의 각각의 권리가 얼마나 확장되는지 묻는 것은 그들이 자신에게, 모든 사람에게 그리고 모두에게 어느 정도까지 헌신할 수 있는지 묻는 것입니다.

이로써 우리는 절대적이고, 신성하며, 불가침적인 주권이 일반 협약의 한계를 넘지 않으며, 넘어갈 수도 없고, 모든 사람이 이 협약에 따라 자신에게 남겨진 재산과 자유를 완전히 처리할 수 있다는 것을 알 수 있습니다. 그러므로 주권자는 한 주제를 다른 주제보다 더 많이 부과할 자격이 결코 없습니다. 왜냐하면 문제가 특수해지면 그의 권력은 더 이상 유능하지 않기 때문입니다.

이러한 구별이 인정되면 사회계약에서는 개인 측의 실질적인 포기가 없으며, 이 계약의 효과를 통해 개인의 상황이 이전보다 훨씬 더 좋아지고 소외 대신에 그들은 단지 불확실하고 위태로운 한 방식을 더 좋고 더 안전한 다른 방식으로, 자연적 독립을 자유로, 자신의 생명에 해를 끼칠 수 있는 힘을 유리하게 교환했을 뿐입니다. 다른 사람들은 자신의 안전에 맞서고, 다른 사람들은 사회적 결합이 천하무적으로 만드는 권리에 맞서 극복할 수 있는 힘을 가지고 있습니다. 국가를 위해 헌신한 그들의 생명은 지속적으로 국가로부터 보호를 받고 있으며, 국가를 방어하기 위해 국가를 폭로할 때 국가로부터 받은 것을 국가에 되돌려주는 것 외에 무엇을 합니까? 자연 상태에서 더 자주, 더 위험하게, 피할 수 없는 전투를 벌일 때 자연을 보존하는 데 도움이 되는 것을 생명의 위험을 무릅쓰고 방어하지 않으려면 그들은 무엇을 합니까? 조국을 위해 필요하다면 모든 사람이 싸워야 한다는 것은 사실입니다. 하지만 누구도 스스로를 위해 싸울 필요는 없습니다. 우리의 안전을 구성하는 요소 중 일부가 우리에게서 사라지자마자 스스로 달려야 하는 일부 위험 때문에 우리는 여전히 달리는 것으로부터 이익을 얻지 않습니까?

05

삶과 죽음의 권리에 관하여
Du droit de vie & de mort

우리는 자신의 삶을 통제할 권리가 없는 개인이 어떻게 자신이 갖고 있지 않은 동일한 권리를 주권자에게 전달할 수 있는지 묻습니다. 이 질문은 잘못 제기되어 해결하기 어려운 것처럼 보입니다. 모든 사람은 자신의 목숨을 걸고 그것을 보존할 권리가 있습니다. 화재를 피하기 위해 창문 밖으로 몸을 던진 사람이 자살했다는 말을 들은 적이 있습니까? 폭풍에 휩싸여 배에 탔을 때 위험을 인지하지 못한 채 목숨을 잃은 사람에게 범죄가 전가된 적이 있습니까?

사회 조약은 계약 당사자를 보호하는 것을 목표로 합니다.

목적을 원하는 사람은 수단도 원하며 이러한 수단은 일부 위험과 심지어 일부 손실과도 분리될 수 없습니다. 다른 사람을 희생하면서 자신의 생명을 보존하려는 사람은 필요할 때 그들을 위해 생명도 내어주어야 합니다. 이제 시민은 더 이상 법이 자신을 노출시키기를 원하는 위험에 대해 판단할 수 없으며 왕자가 그에게 말하면 당신이 죽는 것이 국가를 위해 유익하며 그는 죽어야 합니다. 왜냐하면 그가 그때까지 안전하게 살아온 것은 오직 이 조건 아래에서만이었고 그의 삶은 더 이상 자연의 축복일 뿐만 아니라 국가의 조건부 선물이기 때문입니다.

범죄자에게 가해지는 사형도 거의 같은 관점에서 볼 수 있습니다. 즉, 우리가 암살자가 된다면 죽기로 동의하는 것은 암살자의 희생자가 되지 않기 위해서입니다. 이 조약에서는 자신의 생명을 처분하기는커녕 생명을 보장할 생각만 하고 계약 당사자 중 누구도 교수형을 계획한다고 가정할 수 없습니다.

더욱이 사회법을 공격하는 범죄자는 그 범죄로 인해 국가에 대한 반역자이자 반역자가 되며 그 법률을 위반하여 구성원 자격을 상실하고 심지어 국가에 대항하여 전쟁을 벌이게 됩니다. 그러면 국가의 보존은 그 자체와 양립할 수 없습니다. 둘 중 하나는 반드시 죽어야 하며, 죄지은 사람이 사형에 처해질 때, 그것은 시민이라기보다는 적입니다. 소송 절차와 판결은 그가 사회적 조약을 파기했으며, 따라서 그가 더 이상 국가의 구성원이 아니라는 증거이자 선언입니다. 이제 그는 적어도 체류함으로써 자신을 그와 같은 존재로 인식했기 때문에 조약 위반자로서 추방되거나 공공의 적으로서 죽음에 의해 제거되어야 합니다. 그러한 적은 도덕적인 사람이 아니라 사람이기 때문에 전쟁의 권리는 패자(정복당한 자)를 죽이는 것입니다.

그러나 범죄자에 대한 유죄판결은 특별한 행위라고 할 수 있습니다. 그렇다면 이 규탄은 주권자에게 속한 것이 아닙니다. 그것은 그가 스스로 행사할 수 없어도 부여할 수 있는 권리입니다. 내 아이디어는 모두 일관성이 있지만 한꺼번에 제시할 수는 없습니다.

더욱이 고문의 빈도는 언제나 정부의 나약함이나 게으름을 나타내는 신호입니다. 좋은 일을 할 수 없는 나쁜 사람은 없습니다. 예를 들어 위험 없이 지켜질 수 없는 사람이라도 죽일 권리가 없습니다.

사면할 권리 또는 법에 의해 부과되고 판사가 선고한 형벌에서 죄인을 면제할 권리는 판사와 법 위에 있는 자, 즉 주권자에게만 속합니다. 이에 대한 그의 권리도 그다지 명확하지 않으며 이를 사용하는 경우는 매우 드뭅니다. 잘 통치되는 국가에서는 처벌이 거의 없습니다. 이는 사면이 많이 주어졌기 때문이 아니라 범죄자가 적기 때문입니다. 범죄가 많기 때문에 국가가 거부할 때 처벌을 받지 않습니다. 로마 공화국 아래에서는 원로원이나 집정관들은 결코 사면을 시도하지 않았습니다. 비록 때때로 자신의 판결을 철회하기는 했지만 국민 스스로도 그렇게 하지 않았습니다. 빈번한 사면은 곧 몰수에 더 이상 필요하지 않을 것이라고 발표하며 모든 사람이 이것이 어디로 가는지 알 수 있습니다. 그러나 나는 내 마음이 웅얼거림을 느끼고 펜을 쥐고 있는 것을 느낍니다. 이 문제들은 실패하지 않으셨고 결코 은혜가 필요하지 않은 의인에게 맡기자고 했습니다.

06

법률에 관하여
De la Loi

사회 협약을 통해 우리는 정치체에 존재와 생명을 부여했습니다. 이제는 입법을 통해 정치체에 운동과 의지를 부여하는 문제가 되었습니다. 왜냐하면 이 몸을 형성하고 연합시키는 원시적인 행위로는 몸을 보존하기 위해 무엇을 해야 할지 아직 아무것도 결정하지 못하기 때문입니다.

선하고 질서에 부합하는 것은 사물의 본성에 따른 것이고 인간의 관습과는 별개입니다. 모든 정의는 하느님에게서 나오며, 그분만이 정의의 근원입니다. 그러나 우리가 그렇게 높은 곳으로부터 그것을 받는 방법을 안다면 정부도 법률도 필요하지 않을 것입니다. 의심할 바 없이 오직 이성에서만 나오는 보편적 정의가 있습니다. 그러나 우리 사이에 인정되어야 할 이 정의는 상호적이어야 합니다. 인간적인 측면에서 볼 때 자연적 제재가 없기 때문에 정의의 법은 인간들 사이에서 헛된 것입니다. 오직 악인에게 선을 행하고 의인에게 악을 행할 뿐인데 그가 모든 사람과 함께 이를 관찰하고 함께 관찰하는 자가 없습니다. 그러므로 권리와 의무를 통합하고 정의를 그 목적으로 되돌리기 위해서는 관습과 법률이 필요합니다. 모든 것이 공유되는 자연 상태에서 나는 아무것도 약속하지 않은 사람들에게 빚진 것이 없으며 나에게 쓸모없는 것을 다른 사람의 것으로 인식할 뿐입니다. 모든 권리가 법으로 정해져 있는 민사 신분에서는 그렇지 않습니다.

그러나 결국 법칙이란 무엇인가? 우리가 이 말에 형이상학적인 개념만을 붙이는 데 만족하는 한 우리는 이해하지 못한 채 계속 추론하게 될 것이며, 자연법칙이 무엇인지 말했을 때 국가 법칙이 무엇인지 더 잘 알지 못할 것입니다.

나는 이미 특정 대상에 대한 일반의지가 없다고 말했습니다. 실제로 이 특정 대상은 국가 안에 있거나 국가 외부에 있습니다. 그가 국가 밖에 있는 경우 그에게 낯선 의지는 그에게 일반적이지 않습니다. 그리고 이 대상이 국가에 있으면 그것은 그것의 일부입니다. 그러면 전체와 부분 사이에 관계가 형성되어 그들을 두 개의 분리된 존재로 만드는데, 그 부분은 하나이고 이 같은 부분을 뺀 전체는 다른 것입니다. 그러나 전체에서 부분을 뺀 것은 전체가 아니며, 이 관계가 남아 있는 한 더 이상 전체가 아니라 두 개의 불평등한 부분만 있게 됩니다. 따라서 한 사람의 의지는 다른 사람에 대해서도 일반적이지 않습니다.

그러나 전체 국민이 모든 국민을 결정할 때 자신만 고려하고 관계가 형성되면 한 관점의 전체 대상에서 다른 관점의 전체 대상으로 전혀 구분이 없습니다. 그렇다면 우리가 지배하는 문제는 지배하는 의지와 마찬가지로 일반적입니다. 내가 법이라고 부르는 것은 바로 이 행위입니다.

내가 법의 목적이 항상 일반적이라고 말할 때 법은 주체를 하나의 신체로, 행위를 추상적인 것으로 간주하지, 인간을 개인으로 간주하거나 특정 행위로 간주하지 않는다는 뜻입니다. 따라서 법은 특권이 있을 것이라고 규정할 수 있지만 누구에게도 그 특권을 부여할 수는 없습니다. 법은 여러 계층의 시민을 창출할 수 있고 이러한 계층에 권리를 부여할 자질을 할당할 수도 있지만 거기에 입학할 수 있는 이름을 지정할 수는 없습니다. 왕정을 수립하고 왕족을 세습할 수는 있지만 왕을 선출하거나 왕가를 임명할 수는 없습니다. 즉, 개인 대상과 관련된 모든 기능은 입법권에 속하지 않습니다.

이 생각에서 우리는 법을 만드는 것이 더 이상 누구에게 속하는지 묻지 말아야 한다는 것을 즉시 알 수 있습니다. 왜냐하면 그것들은 일반의지의 행위이기 때문입니다. 또한 군주가 국가의 구성원이기 때문에 법 위에 있는지 여부도 아닙니다. 또한 아무도 자신에게 불공평하지 않기 때문에 법이 불공평할 수 있는지도 모릅니다. 또한 우리가 어떻게 자유롭고 법에 복종할 수 있는지도 알 수 없는데, 왜냐하면 그것들은 우리 의지의 기록일 뿐입니다.

우리는 또한 의지의 보편성과 대상의 보편성을 결합하는

법칙, 즉 인간이 누구든 스스로 명령하는 것은 법칙이 아니라는 것을 알 수 있습니다. 주권자가 특정한 대상에 대해 명령하는 것은 법이 아니라 법령이며, 주권의 행위가 아니라 행정권의 행위입니다.

그러므로 나는 행정의 형태에 관계없이 법에 의해 통치되는 모든 국가를 공화국이라고 부릅니다. 왜냐하면 오직 그 때에만 공익이 통치되고 공공의 것이 무엇이기 때문입니다. 모든 합법적인 정부는 공화제입니다.[25] 정부가 무엇인지 다음에서 설명하겠습니다.

법은 당연히 시민 결사의 조건일 뿐입니다. 법의 적용을 받는 사람은 법의 작성자여야 합니다. 사회의 조건을 규제하는 것은 오직 연합하는 사람들에게 달려 있습니다. 하지만 어떻게 해결할까요? 상호 합의에 의해 갑작스러운 영감에 의해 이루어질까요? 사회 조직에는 자신의 바람을 표현하

---

[25] 이 말은 단지 귀족정치나 민주주의만을 의미하는 것이 아니라 일반적으로 일반의지, 즉 법에 따라 운영되는 모든 정부를 의미합니다. 합법적이려면 정부가 주권자와 혼동되어서는 안 되며, 정부의 장관이어야 합니다. 그러면 군주제 자체가 공화국입니다. 이는 다음 책에서 더 명확해질 것입니다.

는 기관이 있습니까? 누가 그에게 행위를 형성하고 이를 미리 공표하는 데 필요한 선견지명을 줄 것이며, 필요할 때 어떻게 선언할 것입니까? 자신에게 유익한 일을 거의 하지 않기 때문에 자신이 원하는 것을 종종 하지 않는 눈먼 대중이 어떻게 입법 체계만큼 위대하고 어려운 사업을 자체적으로 수행할 수 있겠습니까? 사람들은 항상 자신에게서 좋은 것을 원하지만 자신에게서는 항상 그것을 볼 수는 없습니다. 일반의지는 항상 옳지만 이를 이끄는 판단은 항상 계몽되지는 않습니다. 우리는 그녀가 사물을 있는 그대로, 때로는 그녀에게 나타나야 하는 대로 보도록 하고 그녀가 추구하는 올바른 길을 보여 주고 특정한 의지의 유혹으로부터 그녀를 보호하고 장소와 시간을 그녀의 눈에 더 가깝게 만들고, 현재의 매력과 실질적인 이점과 멀리 있고 숨겨진 악의 위험 사이의 균형을 맞춰야 합니다. 개인은 자신이 거부한 좋은 점을 봅니다. 대중은 자신이 보지 못하는 좋은 것을 원합니다. 모두에게도 가이드가 필요합니다. 어떤 사람들은 그들의 의지를 그들의 이성에 일치시키도록 강요받아야 합니다. 우리는 다른 사람들이 원하는 것이 무엇인지 가르쳐야 합니다. 그러면 대중의 계몽을 통해 사회 조직 내에서 이해와 의지의 통합이 이루어지고, 따라서 각 부분의 정확한 협력이 이루어지며, 마침내 전체의 가장 큰 힘이 생깁니다. 바로 이 지점에서 입법자의 필요성이 대두됩니다.

07

입법자(국회의원)에 관하여
Du Législateur

국가에 적합한 최고의 사회 규칙을 발견하려면 인간의 모든 열정을 보고 아무것도 경험하지 않고 우리의 본성과 관련이 없으며 그것을 철저히 알고 행복이 우리와 별개이면서도 우리의 행복을 돌보고 싶어하는 뛰어난 지성이 필요합니다. 마침내 그는 시대가 흐름에 따라 자신을 위해 먼 영광을 확보하고 한 세기에 일하고 다른 세기에 즐길 수 있었습니다.[26] 인간에게 법을 주려면 신이 필요할

---

[26] 국민은 입법이 쇠퇴하기 시작할 때만 유명해집니다. 우리는 리쿠르고스 제도가 스파르타인들에게 행복을 가져온 지 몇 세기 동안이나 나머지 그리스에서 그들에 대한 의문이 제기되었는지 알지 못합니다.

것입니다.

칼리굴라가 사실과 관련하여 했던 것과 동일한 추론을, 플라톤은 자신의 왕국 책에서 찾고 있는 시민 또는 왕족을 정의하기 위해 법에 관여했습니다. 그러나 위대한 군주가 드문 사람이라는 것이 사실이라면 위대한 입법자는 어떤 사람이겠습니까? 전자는 다른 전자가 제안해야 하는 모델을 따라야 합니다. 이 사람은 기계를 발명하는 기계공이고 이 사람은 기계를 조립하고 작동시키는 노동자일 뿐입니다. 사회가 탄생할 때 제도를 창설하는 것은 공화국의 수장이며, 공화국의 수장을 형성하는 것은 제도라고 몽테스키외[27]는 말합니다.

---

[27] **몽테스키외**(Montesquieu, 1689년 1월 18일 ~ 1755년 2월 10일) : 계몽주의 시대의 대표적인 프랑스 정치사상가이다. 권력분립론에 관한 명확한 설명으로 유명한데, 이 권력분립론은 정부에 대한 근대의 논쟁에서 허용되었고, 전세계 많은 헌법에서 이를 규정하고 있다. 자유주의 입장에서 권력분립에 의한 법치주의를 제창하였다. 법학과 관련하여서는, 몽테스키외는 토머스 홉스와 스피노자의 사회물리학(social physics)의 영향을 받아 법의 연구를 가치판단으로부터 "순수화"시키고 체계적인 경험적 관찰에 기초시키려 시도한 점에서 법사회학적 관점에서도 주목되고 있다. 저서 『법의 정신』(Esprit des Lois, 1748년)을 남겼

몽테스키외

감히 한 민족을 세우려는 사람은 말하자면 인간의 본성을 바꿀 수 있다고 느껴야 합니다. 그 자체로 완벽하고 고독한 전체인 각 개인을 어떤 방식으로든 생명과 존재를 받는 더 큰 전체의 일부로 변형시키는 것입니다. 인간의 체질을 강화하기 위해 인간의 체질을 바꾸는 것 즉, 우리가 자연으로부터 받은 물리적이고 독립적인 존재를 부분적이고 도덕적인 존재로 대체하는 것입니다. 한마디로 사람은 자신에게 낯선 것과 다른 사람의 도움 없이는 사용할 수 없는 것을 주기 위해 사람에게서 자신의 힘을 빼앗아야 합니다. 이러한 자연력이 더 많이 소멸되고 소멸될수록 획득한 자연력이 더 크고 더 오래 지속될수록 제도는 더욱 견고하고 완벽해집니다. 따라서 각 시민이 다른 모든 사람을 통하지 않고는 아무것도 할 수 없고, 전체가 획득한 힘이 모든 개인의 자연력의 합과 같거나 크다면, 입법은 도달할 수 있는 최고 완성점에 있다고 말할 수 있습니다.

다. 『법의 정신』은 두 가지 취지를 가지는데, 하나는 법 규범의 형식적인 껍질 아래에서 법 규범과 통치 형태와의 관련성 및 여러 정치적 집단과의 관련성을 탐구하려는 취지이며, 다른 하나는 여러 종류의 정치적·법적 유형의 발생을 다른 여러 사회현상과 관련시켜 설명하여 주는 자연적 법칙을 정립하려는 것이다.

입법자는 국가의 모든 면에서 비범한 사람입니다. 그의 천재성으로 볼 때 그는 직업으로 볼 때 그와 마찬가지로 비범한 사람입니다. 그것은 권위도 아니고 주권도 아닙니다. 공화국을 구성하는 이 고용은 그 헌법에 포함되지 않습니다. 그것은 인간 제국과 아무런 공통점도 없는 특별하고 우월한 기능입니다. 사람을 명령하는 사람이 법을 명령하지 않으면 법을 명령하는 사람이 사람에게 명령하지 말아야 합니다. 그렇지 않으면 그의 법과 그의 열정의 사역자들은 종종 그의 불의를 영속시킬 뿐일 것이고, 그는 특정한 견해가 그의 일의 신성함을 바꾸는 것을 결코 막을 수 없을 것입니다.

리쿠르고스[28]는 조국에 법률을 제정하면서 왕권을 포기하는 일부터 시작했습니다. 외국인에게 자신의 도시 설립을 맡기는 것이 대부분의 그리스 도시의 관습이었습니다.

---

28) **리쿠르고스**(기원전 800년? ~ 730년) : 스파르타의 전설적인 입법자로서, 델포이의 아폴론 신탁에 따라 스파르타 사회를 군국주의로 개혁하였다. 리쿠르고스의 모든 개혁은 스파르타 사람의 세가지 덕목인 (시민 간의) 평등·군사적 적합성·엄격성을 지향하였다. 고대 역사가 헤로도토스·크세노폰·플라톤·플루타르코스가 그에 대하여 언급하였다. 리쿠르고스가 역사적으로 실존한 인물인지는 분명하지 않으나, 고대의 역사가들은 리쿠르고스가 공동체적이고 군국주의적인 개혁으로 스파르타 사회를 바꾸었다고 여겼다.

현대 이탈리아 공화국은 종종 이 관행을 모방했고, 제네바도 똑같이 하여 성공을 거두었습니다.[29] 가장 아름다운 시대의 로마는 입법권과 주권을 동일한 머리에 통합했기 때문에 폭정의 모든 범죄가 가슴 속에 다시 태어나는 것을 보았고 멸망할 준비가 되어 있음을 보았습니다.

그러나 데켐비르(decemvirs)[30] 자체는 자신의 단독 권한으로 법률을 통과시킬 권리를 결코 가정하지 않았습니다. 우리가 당신에게 제안하는 어떤 것도 당신의 동의 없이는 법으로 통과될 수 없다고 그들은 사람들에게 말했습니다. 로마인들이여, 여러분을 행복하게 해 줄 율법의 작성자가 되십시오.

따라서 법률을 작성하는 사람은 입법권을 가지거나 가지지 않아야 하며, 국민은 원할 때 이 양도할 수 없는 권리를

---

[29] 칼빈을 신학자로만 간주하는 사람들은 그의 천재성이 어느 정도인지 거의 이해하지 못합니다. 그가 큰 역할을 한 우리의 현명한 칙령의 기록은 그의 제도만큼이나 그에게 많은 영예를 안겨줍니다. 어떤 혁명의 시대가 우리 예배에 가져올지라도, 조국과 자유에 대한 사랑이 우리 사이에서 소멸되지 않는 한, 이 위대한 사람에 대한 기억은 결코 축복이 되지 않을 것입니다.

[30] **데켐비르(decemvirs)** : 로마 공화국이 설립 한 공식적인 10 인위원회를 말한다.

스스로 박탈할 수 없습니다. 왜냐하면 기본 조약에 따르면 개인을 구속하는 것은 일반의지뿐이고 국민의 자유로운 선거권에 따르지 않는 한 특정 의지가 일반의지와 일치하는지 결코 확신할 수 없기 때문입니다. 나는 이미 이것을 말했지만 반복할 가치가 있습니다.

따라서 우리는 입법 작업에서 양립할 수 없는 두 가지를 동시에 발견합니다. 하나는 인간의 힘을 넘어서는 사업이고, 다른 하나는 이를 실행하는 데 있어 아무것도 아닌 권위입니다.

주목할 만한 가치가 있는 또 다른 어려움입니다. 저속한 사람들에게 자신의 언어 대신 자신의 언어를 말하고 싶어하는 현명한 사람은 들을 수 없습니다. 그러나 사람들의 언어로 번역하는 것이 불가능한 수천 가지의 생각이 있습니다. 너무 일반적인 견해와 너무 멀리 있는 물체도 그의 손이 닿지 않는 곳에 있습니다. 각 개인은 자신의 특별한 이익과 관련된 것 외에는 다른 정부 계획을 맛보지 않으므로 좋은 법에 의해 부과되는 지속적인 궁핍에서 끌어내야 하는 이점을 인식하기가 어렵습니다. 갓 태어난 국민이 정치의 건전한 원칙을 이해하고 국가 이성의 기본 규칙을 따를 수 있으려면 결과가 원인이 되어야 하고, 제도의 작업인 사회정신이 제도 자체를 지배해야 하며, 인간은 법 앞에 있어야 합니다. 그러므로 입법자는 힘도 이성도 사용할 수 없기 때문에 폭력 없이 이끌 수 있고 설득 없이 설득할 수 있는 다른 질서의 권위에 의지할 필요가 있습니다.

이것이 항상 국가의 조상들이 하늘의 개입에 의지하고 자신들의 지혜로 신들을 공경하도록 강요한 것입니다. 그리하여 사람들은 자연법과 마찬가지로 국가의 법에 복종하고 인간의 형성과 도시의 형성에 있어서 동일한 힘을 인식하고 자유롭게 순종하고 공적 행복의 멍에를 순종적으로 짊어지게 되었습니다.

천박한 인간의 손이 닿지 않는 곳에 솟아 있는 이 숭고한 이성은 인간의 신중함에 의해 흔들리지 않는 사람들을 신성한 권위로 이끌기 위해 입법자가 불멸의 사람들 입에 결정을 내리는 것입니다. 그러나 신들로 하여금 말하게 하는 것이나 신들이 자신을 그들의 해석자라고 선언할 때 신들이 신들에게 믿어지는 것은 모든 사람에게 속하지 않습니다. 입법자의 위대한 영혼은 그의 사명을 증명해야 하는 진정한 기적입니다. 어떤 사람이든 돌판을 새길 수 있고, 신탁을 살 수 있으며, 어떤 신과 비밀 거래를 하는 척할 수 있고, 새가 귀에 대고 말하도록 훈련시킬 수 있으며, 또는 사람들에게 그것을 강요할 수 있는 다른 조잡한 수단을 찾을 수 있습니다. 이것이 우연히 어리석은 군대를 모을 수 있다는 것을 모르는 자는 결코 제국을 세우지 못할 것이며, 그의 사치스러운 일은 곧 그와 함께 멸망할 것입니다. 헛된 위신은 지나가는 끈을 형성하며, 그것을 지속시키는 것은 오직 지혜뿐입니다. 이스마엘 자손의 율법은 10세기 동안 세계의 절반을 통치해 온 유대인의 율법은 오늘날에도 여전히 그 율법을 지배한 위대한 사람들을 선언하고 있습니다. 그리고 교만한 철학이나 당파의 맹목적인 정신은 그들에게서 행복한 사기꾼들만을 보지만, 참된 정치가는 그들의 제도에서 영속적인 기득권층을 지배하는 위대하고 강력한 천재성을 존경합니다.

이 모든 것에서 우리는 정치와 종교가 우리 사이에 공통의 목적을 가지고 있다는 워버튼의 결론을 내려서는 안 되며, 민족의 기원에서는 하나가 다른 하나를 위한 도구로 사용된다는 결론을 내려야 합니다.

08

국민에 관하여(1)
Du Peuple

큰 건물을 짓기 전에 건축가가 땅이 그 무게를 지탱할 수 있는지 관찰하고, 관찰하고, 조사하는 것처럼 현명한 스승은 스스로 좋은 법칙을 작성하는 것부터 시작하지 않고 먼저 자신이 의도하는 사람들이 그것을 지탱할 수 있는지 여부를 검토합니다. 이것이 바로 플라톤[31]이 아르카디아인과 키레나인에게 법을 주기를 거부한 이유입니

---

31) **플라톤**: 다양한 서양 학문에 영향력 있는 그리스의 철학자이자 사상가로, 객관적 관념론의 창시자이다. 그는 소크라테스의 제자, 아리스토텔레스의 스승이며, 대학의 원형인 고등 교육 기관 '아카데메이아'의 교육자다.

다. 이 두 민족은 부유하고 평등을 용납할 수 없다는 것을 알았기 때문입니다. 이것이 우리가 크레타에서 좋은 법과 나쁜 사람을 본 이유입니다. 왜냐하면 미노스는 악덕이 가득한 백성만을 징계했기 때문입니다.

좋은 법을 결코 용인할 수 없었고 심지어 전체 기간 동안 아주 짧은 시간 동안만 허용할 수 있었던 나라들도 지구상에서 빛을 발했습니다. 대부분의 민족과 인간은 젊을 때만 유순합니다. 나이가 들면서 완고해집니다. 일단 관습이 확립되고 편견이 뿌리를 내릴 때, 그것을 개혁하려는 것은 위험하고 헛된 일입니다. 사람들은 의사 앞에서 몸서리를 치는 어리석고 용기 없는 환자들처럼 자신의 병을 만져서 자신을 파멸시키는 것을 참을 수 없습니다.

일부 질병이 인간의 마음을 뒤흔들고 과거에 대한 기억을 앗아가는 것과 마찬가지로 특정 위기가 개인에게 미치는 영향을 혁명이 인민에게 가하는 폭력 시대, 과거의 공포가 망각을 대신하는 시대, 내전으로 불타오르는 국가가 말하자면 잿더미에서 다시 태어나 죽음의 품에서 벗어나 젊음의 활력을 되찾는 폭력 시대가 국가 기간에 존재하는 것은 아닙니다. 리쿠르고스 시대의 스파르타도 그랬고, 타르퀴니우스 왕조 이후의 로마도 그랬고, 폭군이 추방된 이후 우리 가운데 있는 네덜란드와 스위스도 마찬가지였습니다.

그러나 이러한 사건은 드뭅니다. 이는 예외 국가의 특정 헌법에서 그 이유를 항상 찾을 수 있는 예외입니다. 같은 사람들을 위해 두 번 일어날 수도 없습니다. 왜냐하면 그들은 야만인인 한 스스로 자유로워질 수 있지만 시민군이 소진되면 더 이상 그렇게 할 수 없기 때문입니다. 그런 다음 문제는 그것을 복원할 수 있는 혁명 없이 그것을 파괴할 수 있으며, 사슬이 끊어지자마자 그것은 흩어지고 더 이상 존재하지 않습니다. 이제 해방자가 아닌 주인이 필요합니다. 자유민 여러분, 다음 격언을 기억하십시오. "자유는 획득될 수 있습니다. 하지만 우리는 그것을 결코 다루지 않습니다."

젊음은 어린 시절이 아닙니다. 인간이 젊었을 때나 성숙을 원할 경우에는 법을 적용하기 전에 기다려야 하는 것과 마찬가지로 국가도 마찬가지입니다. 그러나 한 민족의 성숙도를 알기가 항상 쉬운 것은 아니며 이를 막는다면 그 일을 놓치게 됩니다. 어떤 민족은 태어날 때부터 징계를 받을 수 있지만 다른 민족은 10세기가 지나도 그렇지 않습니다. 러시아인들은 결코 진정으로 문명화되지 못할 것이다. 왜냐하면 그들은 너무 빨리 문명화되었기 때문입니다. 피에르는 모방하는 천재를 가지고 있었습니다. 그에게는 무에서 모든 것을 창조하고 만드는 진정한 천재가 없었습니다. 그가 한 일 중 일부는 옳았지만, 대부분 틀렸습니다. 그는 그의 백성이 야만적이라는 것을 보았지만 그들이 경찰을 맞이할 준비가 되어 있지 않다는 것을 보지 못했습니다. 필요한 것은 그것을 굳건히 하는 것뿐이었음에도 불구하고 그는 그것을 문명화하고 싶었습니다. 그는 러시아인을 만드는 것부터 시작해야 했을 때 처음에는 독일인, 영국인을 만들고 싶었습니다. 그는 자신의 피험자들이 자신이 아닌 사람이라고 설득함으로써 그들이 될 수 있는 사람이 되는 것을 막았습니다. 이것이 바로 가정교사인 프랑수아가 그의 학생이 어린 시절에 빛을 발하고 나중에는 아무것도 되지 않도록 훈련시키는 방법입니다. 러시아 제국은 유럽을 정복하기를 원할 것이며 스스로 정복될 것입니다. 그의 신민이자 이웃인 타타르인들은 그의 주인이자 우리의 주인이 될 것입니다. 제가 보기에 이 혁명은 틀림없는 것 같습니다. 유럽의 모든 왕이 이를 가속화하기 위해 함께 노력하고 있습니다.

09

국민에 관하여(2)
Du Peuple

자연이 거인이나 난쟁이 정도의 체격을 갖춘 사람의 키에 제한을 두었듯이 국가 최선의 헌법에 있어서도 국가가 가질 수 있는 정도에는 한계가 있어서 너무 커서 잘 통치할 수 없을 수도 없고, 너무 작아서 스스로를 유지할 수 없습니다. 모든 정치체에는 극복할 수 없는 최대의 세력이 있으며 종종 확장을 통해 그 힘으로부터 멀어지게 됩니다. 사회적 유대는 확장될수록 느슨해지며 일반적으로 작은 국가가 큰 국가보다 비례적으로 더 강합니다.

수천 가지 이유가 이 격언을 입증합니다. 첫째, 더 큰 지렛대 끝으로 갈수록 무게가 무거워지기 때문에 먼 거리에서 관리가 더 어려워집니다. 또한 정도가 증가함에 따라 더 비싸집니다. 각 도시에는 먼저 국민이 지불하는 자체 소유가 있고, 각 지역에는 다시 국민이 지불하는 자체 소유가 있고, 그다음에는 각 지방, 그다음에는 위대한 정부, 총독, 부왕령이 있으며, 우리가 올라갈수록 우리는 항상 더 많은 비용을 지불해야 하며 항상 불행한 사람들을 희생해야 합니다. 마침내 모든 것을 짓밟는 최고 정부가 등장합니다. 너무 많은 과부하가 계속해서 대상을 지치게 합니다. 이들 서로 다른 질서 모두에 의해 더 잘 다스려지기는커녕, 그 위에 단 하나만 있을 때보다 덜 잘 다스려집니다. 그러나 비상한 경우를 대비한 자원은 거의 남아 있지 않으며, 부득이하게 이를 활용해야 할 경우 국가는 언제나 망할 위기에 처하게 됩니다.

그게 전부가 아닙니다. 정부는 법을 집행하고, 분노를 예방하고, 남용을 시정하고, 먼 곳에서 수행될 수 있는 선동적인 사업을 방지하는 데 있어 활력과 기민성이 부족할 뿐만 아니라. 그러나 국민은 한 번도 본 적이 없는 지도자들, 그들의 눈에 세상처럼 보이는 조국, 그리고 그들 대부분이 낯선 사람들인 동료 시민들에 대해서는 덜 애정을 가지고 있습니다. 서로 다른 도덕을 갖고 서로 반대되는 기후에 살고 동일한 형태의 정부를 용납할 수 없는 다양한 지방에는 동일한 법률이 적합할 수 없습니다. 서로 다른 법은 같은 지도자 아래 살면서 지속적인 의사소통을 통해 서로 이사하거나 결혼하고 다른 관습에 따라 자신의 유산이 진정으로 자신의 것인지 결코 알지 못하는 사람들 사이에 문제와 혼란을 야기할 뿐입니다. 재능은 묻혀 있고, 미덕은 무시되고, 악덕은 처벌되지 않고, 최고 행정부의 자리가 같은 장소에 모이는 서로 알려지지 않은 이 수많은 사람들 속에 묻혀 있습니다. 사업에 압도된 지도자는 스스로 아무것도 보지 못하고 서기가 국가를 통치합니다. 마지막으로 너무나 많은 멀리 떨어진 장교들이 도망치거나 강요하고 싶어하는 총체적 권위를 유지하기 위해 취해야 할 조치는 모든 공공의 관심을 흡수하고 더 이상 국민의 행복을 위한 어떤 것도 남지 않으며 필요할 때 그것을 방어할 수 있는 어떤 것도 거의 남지 않습니다. 이것이 바로 체질에 비해 너무 큰 몸이 그 자체의 무게에 짓눌려 무너지고 멸망하는 방식입니다.

다른 한편으로 국가는 필연적으로 경험할 충격과 자립을

위해 강요되는 노력에 저항하기 위해 견고성을 가질 수 있는 특정 기반을 제공해야 합니다. 왜냐하면 모든 민족은 일종의 원심력을 가지고 있기 때문에 데카르트[32]의 회오리바람처럼 끊임없이 서로 반대하고 이웃을 희생시키면서 확대되는 경향이 있기 때문입니다. 따라서 약한 위험은 곧 삼켜지고 모든 사람과 일종의 균형을 이루는 것 외에는 어느 누구도 자신을 거의 보존할 수 없으며 이는 모든 곳에서 압축을 어느 정도 동일하게 만듭니다.

데카르트

이를 통해 우리는 확장할 이유와 축소할 이유가 있다는 것을 알 수 있으며 국가 보존에 가장 유리한 비율을 찾는 것이 정치의 가장 작은 재능이 아니라는 것을 알 수 있습니다. 일

---

[32] **데카르트** : 르네 데카르트(1596년 3월 31일 - 1650년 2월 11일)는 프랑스의 철학자, 수학자, 과학자, 근대 철학의 아버지, 해석기하학의 창시자로 불린다. 그는 합리론의 대표주자이며 본인의 대표 저서 『방법서설』에서 '나는 생각한다, 고로 존재한다.(Cogito ergo sum)'는 계몽사상의 자율적이고 합리적인 주체'의 근본 원리를 처음으로 확립한 것으로 유명하다. 또한 데카르트는 신존재 증명을 한 유신론자였으며 평생 로마 가톨릭의 신앙을 지켰다. 하지만 그의 신앙은 일반적인 가톨릭 기독교 신앙과 달랐으며, 오히려 기계론적인 관점에서의 신 개념을 만들어 내어 이신론에 영향을 주었다.

반적으로 첫 번째는 외부적이고 상대적이므로 내부적이고 절대적인 다른 것보다 종속되어야 한다고 말할 수 있습니다. 건강하고 강한 헌법이 가장 먼저 추구되어야 하며, 우리는 넓은 영토가 제공하는 자원보다 좋은 정부에서 나오는 활력에 더 의존해야 합니다.

더욱이 우리는 국가가 정복의 필요성을 헌법에 명시하고, 스스로를 유지하기 위해 지속적으로 확장할 수밖에 없도록 구성된 국가를 보았습니다. 아마도 그들은 이 행복한 필요성에 매우 기뻐했을 것입니다. 그럼에도 불구하고 그들은 그들의 위대함의 종말과 함께 그들의 몰락의 불가피한 순간을 그들에게 보여 주었습니다.

10

국민에 관하여(3)
Du Peuple

정치체는 두 가지 방식으로 측정될 수 있습니다. 즉, 영토의 넓이와 국민 수에 따라, 그리고 이러한 척도 중 하나와 다른 것 사이에는 국가의 진정한 크기를 결정하는 적절한 관계가 있습니다. 국가를 만드는 것은 사람이고 사람을 키우는 것은 땅입니다. 그러므로 이 관계는 지구가 그 주민을 부양하기에 충분하며 지구가 부양할 수 있는 만큼의 주민이 있다는 것입니다. 주어진 수의 사람들의 최대 힘이 발견되는 것은 이 비율입니다. 토지가 너무 많으면 관리 비용이 많이 들고 경작이 불충분하며 생산물이 불필요하기 때문입니다. 이것이 방어 전쟁의 가장 가까운 원인입니다. 전쟁이 충분하지 않으면 국가는 이웃 국가의 재량에 따라 보충을 받습니다. 이것이 공격 전쟁의 가장 가까운 원인이다. 무역과 전쟁 중 하나만 선택할 수 있는 입장을 갖고 있는 사람들은 그 자체로 약하고 이웃과 사건에 의존합니다. 그는 불확실하고 짧은 존재만을 가지고 있을 뿐입니다. 그는 자신의 상황을 종속시키고 변화시키거나, 종속되어 아무것도 아니다. 그는 작거나 크거나의 차이에 의해서만 자신을 자유롭게 유지할 수 있습니다.

우리는 토지의 질, 비옥도, 생산의 성격, 기후의 영향뿐만 아니라 그 땅에 거주하는 사람들의 기질에서 발견되는 차이 때문에 토지의 넓이와 서로에게 충분한 인간의 수 사이의 고정된 관계를 계산할 수 없습니다. 그중 일부는 비옥한 땅에서 거의 소비하지 않고 다른 일부는 비옥한 토양에서 많이 소비합니다. 우리는 또한 여성의 출산율이 높거나 낮은지 국가가 인간에게 어느 정도 유리한지, 입법자가 기관을 통해 국가에 기여할 수 있는 양에 대해 고려해야 합니다. 따라서 그는 자신이 본 것이 아니라 예상한 것에 따라 판단을 내려야 하며 인간이 자연스럽게 도달해야 하는 현재 상태에서 멈춰서는 안 됩니다. 마지막으로, 특정 장소의 사고로 인해 필요해 보이는 것보다 더 많은 영역을 다루어야 하거나 이를 허용하는 경우가 수천 번 있습니다. 따라서 우리는 자연 생산물, 즉 목재, 목초지에 작업이 덜 필요하고 경험에 따르면 여성이 평야보다 더 비옥하며 큰 경사지가 초목으로 간주되어야 하는 작은 수평 기반만 제공하는 산악 국가에서 많은 것을 확장할 것입니다. 그와 반대로 우리는 거의 메마른 바위와 모래 속에서도 해변에서 함께 뭉칠 수 있습니다. 어업은 토지 생산을 대부분 보충할 수 있기 때문에 해적을 격퇴하기 위해 사람들은 더욱 단결해야 하며 더욱이 식민지를 통해 과밀한 주민들로부터 국가를 해방시키는 것이 더 쉽습니다.

한 민족을 세우기 위한 이러한 조건에 우리는 다른 어떤 것도 대체할 수 없지만 그것이 없으면 모두 쓸모없는 것을 추가해야 합니다. 그것은 우리가 풍요와 평화를 누리는 것입니다. 왜냐하면 국가가 조직될 때는 대대를 형성할 때와 마찬가지로 그 몸의 저항력이 가장 약하고 파괴되기 쉬운 순간이기 때문입니다. 우리는 모두가 위험보다는 자신의 지위에 관심을 두는 발효의 순간보다 절대적인 무질서 속에서 더 잘 저항할 것입니다. 이 위기의 시기에 전쟁, 기근, 소요가 일어나게 되면 국가는 틀림없이 전복됩니다.

이 폭풍 동안 설립된 정부가 많지 않다는 것은 아닙니다. 그러나 국가를 파괴하는 것은 바로 이 정부들입니다. 찬탈(강탈)자들은 대중의 두려움과 국민이 결코 냉정하게 채택하지 않을 파괴적인 법 덕분에 항상 이러한 고난의 시기를 가져오거나 지나가도록 선택합니다. 제도의 순간을 선택하는 것은 입법자의 업무와 폭군의 업무를 구별할 수 있는 가장 확실한 특징 중 하나입니다.

그렇다면 어떤 사람들이 입법에 적합합니까? 출신, 이해관계 또는 관습의 결합에 이미 묶여 있는 사람은 아직 법의 진정한 멍에를 짊어지지 않은 사람입니다. 뿌리 깊은 관습이나 미신이 없는 사람, 갑작스러운 침입에 압도당하는 것을 두려워하지 않는 사람, 이웃의 싸움에 끼어들지 않고 혼자서 그들 각자에 저항할 수 있거나 다른 사람을 물리치기 위해 한 사람을 사용할 수 있는 사람; 모든 구성원이 모든 사람에게 알려질 수 있고, 사람이 짊어질 수 있는 것보다 더 큰 짐을 사람에게 지우도록 강요되지 않는 곳; 다른 민족 없이도 지낼 수 있고 다른 민족 없이도 지낼 수 있는 민족,[33] 부자도 가난하지도 않고 자급자족할 수 있는 나라입니다. 마지막으로 옛 민족의 일관성과 새로운 민족의 유순함을 결합하는 것입니다. 입법 작업을 어렵게 만드는 것은 무엇을 확립해야 하는가 보다는 무엇을 파괴해야 하는가입니다. 그리고 성공을 그토록 드물게 만드는 것은 사회의 요구와 결합된 자연의 단순함을 찾는 것이 불가능하기 때문입니다. 이 모든 조건이 하나로 합쳐지기 어려운 것은 사실입니다. 우리는 또한 잘 구성된 상태를 거의 볼 수 없습니다.

여전히(아직) 유럽에는 입법이 가능한 국가가 있습니다. 코르시카섬입니다. 이 용감한 사람들이 자신들의 자유를 회복하고 수호하는 방법을 알고 있는 용기와 불변성은 어떤 현명한 사람이 그들에게 자유를 보존하는 방법을 가르쳐

---

33) 두 이웃 민족 중 한 민족이 다른 민족 없이는 지낼 수 없다면, 그것은 첫 번째에게는 매우 어려운 상황이고 두 번째에게는 매우 위험한 상황이 될 것입니다. 그러한 경우, 현명한 국가라면 다른 국가를 이러한 의존성으로부터 해방시키기 위해 재빨리 노력할 것입니다. 멕시코 제국에 내륙으로 둘러싸인 틀라스칼라 공화국은 멕시코인에게서 소금을 사거나 심지어 무료로 받는 것보다 소금 없이 지내는 것을 선호했습니다. 현명한 틀라스칼란들은 이 관대함 뒤에 숨겨진 함정을 보았습니다. 그들은 자유로웠고, 이 거대한 제국에 갇힌 이 작은 국가는 마침내 그 제국을 파멸시키는 도구가 되었습니다.

줄 자격이 있을 것입니다. 나는 언젠가 이 작은 섬이 유럽을 놀라게 할 것이라는 예감이 듭니다.

11

다양한 입법 체계에 관하여
Des divers systêmes de Législation

모든 입법 체계의 목적이 되어야 하는 만인의 최대선을 정확히 구성하는 것에서 추구한다면, 우리는 그것이 자유와 평등이라는 두 가지 주요 목표로 축소된다는 것을 알게 될 것입니다. 자유, 왜냐하면 어떤 특별한 의존도 국가의 기관에서 제거되는 힘과 같기 때문입니다. 평등은 자유가 없이는 존재할 수 없기 때문입니다.

나는 이미 시민의 자유가 무엇인지 말했습니다. 평등에 관해서는 권력과 부의 정도가 절대적으로 동일하다는 것을 이 단어로 이해할 필요는 없습니다. 그러나 권력에 관해서는 모든 폭력보다 낮고 계급과 법에 의하지 않고는 결코 행사되지 않는다는 것을 이해해야 합니다. 그리고 부에 관해서는 다른 사람을 살 수 있을 만큼 부유한 시민이 있어서는 안 되며 자신을 팔도록 강요받을 만큼 가난한 시민도 있어서는 안 됩니다.[34] 이는 큰 쪽에서는 상품과 신용을 절제하고 작은 쪽에서는 탐욕과 탐욕을 절제한다고 가정합니다.

그들은 이러한 평등이 실제로는 존재할 수 없는 추측의 키메라(chimere)[35]라고 말합니다. 그러나 학대가 불가피하다면, 적어도 이를 해결해서는 안 된다는 결론이 나올까요? 입법의 힘이 항상 평등을 유지하려는 경향이 있는 것은 바로 사물의 힘이 항상 평등을 파괴하는 경향이 있기 때문입니다.

---

34) 그러므로 당신은 국가에 물질을 제공하고 싶습니까? 극한의 각도를 가능한 한 가깝게 가져오세요. 부자나 거지 때문에 고통받지 마십시오. 자연적으로 분리될 수 없는 이 두 상태는 공동선에 똑같이 해를 끼칩니다. 한쪽에서는 폭정의 가해자가 나오고 다른 쪽에서는 폭군이 나옵니다. 공공의 자유를 위한 거래가 이루어지는 것은 언제나 그들 사이입니다. 한 사람은 그것을 사고 다른 사람은 그것을 판다.

35) **키메라**(chimere) : 그리스 로마 신화에 나오는 괴물. 티폰과 에키드나의 딸이며, 케르베로스, 오르토스, 네메아의 사자, 히드라와 남매지간이라고도 한다.

그러나 모든 좋은 기관의 이러한 일반적인 목적은 각 나라에서 지역 상황과 주민의 성격 모두에서 발생하는 관계에 따라 수정되어야 합니다. 그리고 우리는 이러한 관계를 바탕으로 각 국민에게 특정 제도 체계를 배정해야 합니다. 이는 아마도 그 자체로는 최고가 아니라 그것이 의도하는 국가에 가장 좋은 제도입니다. 예를 들어 토양이 매력이 없고 불모지입니까, 아니면 그 나라가 주민들에게 너무 비좁습니까? 당신이 부족한 상품과 교환할 생산물인 산업과 예술로 눈을 돌리십시오. 그와는 반대로 당신은 비옥한 평야와 비옥한 언덕을 차지하고 있습니까? 좋은 땅에 주민이 없느냐? 인구를 늘리는 농업에 모든 관심을 기울이고 소수의 주민을 영토의 특정 지역에 몰아넣음으로써 국가의 인구를 더욱 감소시킬 뿐인 예술을 쫓아내십시오.[36] 당신은 넓고 편리한 해안을 차지하고 있습니까? 배로 바다를 덮고 상업과 항해를 육성하세요. 당신은 훌륭하고 짧은 존재를 갖게 될 것입니다. 바다는 거의 접근하기 어려운 바위가 있는 해

---

36) M. d'A****[Argenson]의 말에 따르면 일부 대외 무역 분야는 일반적으로 왕국 전체에 거짓 유용성을 퍼뜨리는 정도에 지나지 않습니다. 소수의 개인, 심지어 소수의 도시만 부유하게 만들 수 있지만 국가 전체는 아무것도 얻지 못하고 국민도 더 나아지지 않습니다.

안에서만 씻겨 나가나요? 야만적이고 어린 식성을 유지하십시오. 당신은 더 평화롭게, 아마도 더 좋게, 그리고 확실히 더 행복하게 살게 될 것입니다. 한마디로 모든 사람에게 공통된 원칙 외에도 각 민족은 자신을 특정한 방식으로 명령하고 자신의 입법을 자신에게만 고유하게 만드는 어떤 원인을 자체 내에 포함하고 있습니다. 이것이 이전에 히브리인들이, 최근에는 아랍인들이 그들의 주요 대상 종교로 아테네의 편지, 카르타고와 티로의 상업, 로도스의 해군, 스파르타 전쟁, 로마의 미덕을 주요 대상 종교로 삼았던 방식입니다. 『법의 정신』[37])의 저자는 입법자가 예술 제도를 이러한 각 목표에 맞게 방향을 정하는 방법에 대한 수많은 예를 보여주었습니다.

---

37) 『법의 정신(*De l'esprit des lois*)』: 몽테스키외의 저서다. 이 책에서 삼권분립이 주장되었으며, 세계 최초의 삼권분립 국가 미국의 건국은 이 책의 영향을 크게 받았다. 원래 권력 분립은 고대 그리스의 정치인이자 역사가인 폴리비오스가 히스토리아에서 정체순환론과 관련하여 언급한 것이 있는데, 몽테스키외의 법의 정신은 폴리비오스의 영향을 받은 것이다. 교황청은 1751년 『법의 정신』을 금서 목록에 올려 금서로 지정하였다. 몽테스키외 자신이 집필 준비에 약 20년의 세월을 필요로 했다고 말하는 점으로 보아 1728년부터 31년에 걸친 3년간의 해외여행도 당시의 유럽 여러 나라의 사정을 실지로 견문함으로써 본서 집필의 기초를 형성한 것이다. 그 후 고대에서 근세에 이르는 세계 각국의 서적 1만 권을 읽고, 사료·법전집을 찾았으며, 수많은 해외 여행기를 독파하였다.

한 국가의 헌법을 정말로 견고하고 영속적으로 만드는 것은 관습이 잘 준수되고, 자연 관계와 법률이 항상 같은 점에서 조화를 이루고, 말하자면 이러한 것들이 다른 것들과 동행하고 바로잡을 때입니다. 그러나 입법자가 자신의 목적을 잘못 이해하여 사물의 본질에서 발생하는 것과는 다른 원칙을 취한다면 하나는 예속을 지향하는 경향이 있고 다른 하나는 자유를 지향하는 경향이 있습니다. 하나는 부를 위한 것이고 다른 하나는 인구를 위한 것입니다. 하나는 평화를 위한 것이고, 다른 하나는 정복을 위한 것입니다. 우리는 법이 눈에 띄지 않게 약화되고, 헌법이 바뀌고, 국가가 파괴되거나 변경되고, 무적의 자연이 제국을 회복할 때까지 계속 동요하는 것을 보게 될 것입니다.

12

법의 분류에 관하여
Division des Loix

모든 것을 정리하거나 공무에 최선의 형식을 제공하려면 고려해야 할 다양한 관계가 있습니다. 첫째, 자체적으로 작용하는 전체 기관의 활동, 즉 전체에 대한 전체의 관계 또는 주권과 국가의 관계입니다. 그리고 이 관계는 아래에서 볼 수 있듯이 중간 용어의 관계로 구성됩니다.

이 관계를 규제하는 법률은 정치법이라는 이름을 갖고 있으며, 이러한 법률이 현명하다면 어떤 이유에서든 기본법이라고도 불립니다. 각 국가에 질서를 정하는 좋은 방법이 하나만 있다면 그것을 발견한 사람들은 그것을 고수해야 합니다. 그러나 확립된 질서가 나쁘다면 왜 우리는 그것이 좋은 것을 방해하는 기본 법칙으로 받아들입니까? 더욱이 어떤 상황에서든 국민은 항상 법률을 바꾸는 주인입니다. 심지어 최고일지라도 말입니다. 만일 그가 자신을 해치고 싶어 한다면 누가 그를 막을 권리가 있겠습니까?

두 번째 관계는 지체들 사이 또는 전체 조직과의 관계입니다. 이 관계는 첫째로 작아야 하고 둘째로 커야 합니다. 그래야 각 시민이 다른 모든 시민으로부터 완전한 독립을 이루고 도시에 과도하게 의존할 수 있습니다. 이는 항상 동일한 수단으로 수행됩니다. 왜냐하면 구성원의 자유를 창출하는 것은 국가의 힘뿐이기 때문입니다. 민법이 탄생하는 것은 바로 이 두 번째 관계에서 비롯됩니다.

우리는 인간과 법 사이의 세 번째 종류의 관계, 즉 형벌에 대한 불복종의 관계를 고려할 수 있으며, 이로 인해 형법이 제정되는데, 형법은 결국 특정한 종류의 법이라기보다는 다른 모든 법의 제재에 해당합니다.

이 세 가지 종류의 법칙에 네 번째 법칙이 결합되는데, 가장 중요한 법칙은 대리석이나 놋쇠가 아니라 시민의 마음속에 새겨져 있습니다. 이것이 국가의 진정한 헌법을 만듭니다. 날마다 새 힘을 얻는 자, 이는 다른 법률이 낡아지거나 없어지면 이를 부활시키거나 대체하고, 그 제도의 정신으로 국민을 보존하며, 눈에 띄지 않게 권위의 힘을 습관의 힘으로 대체합니다. 나는 도덕, 관습, 그리고 무엇보다도 의견에 대해 이야기하고 있습니다. 우리 정책의 알려지지 않은 부분이지만 다른 모든 정책의 성공이 이에 달려 있습니다. 위대한 입법자가 비밀리에 다루는 부분인 반면, 그는 금고의 아치일 뿐인 특별한 규정에 자신을 국한시키는 것처럼 보이며, 그 중 관습은 더디게 나타나 마침내 흔들리지 않는 열쇠를 형성합니다.

이러한 다양한 계층 중에서 정부 형태를 구성하는 정치법만이 내 주제와 관련된 것입니다.

제**3**권

Avant de parler des diverses formes de Gouvernement, tâchons de fixer le sens précis de ce mot, qui n'a pas encore été fort bien expliqué.
다양한 형태의 정부에 대해 이야기하기 전에 아직 잘 설명되지 않은 이 단어의 정확한 의미를 확립해 보겠습니다

01

정부 일반에 관하여
Du Gouvernement en général

나는 독자들에게 이 장을 침착하게 읽어야 하며 주의를 기울이고 싶지 않은 사람들을 위해 명확하게 설명하는 기술을 모른다고 경고합니다.

모든 자유로운 행동에는 그것을 만들어내기 위해 공모하는 두 가지 원인이 있습니다. 하나의 도덕적인 것은 행위를 결정하는 의지이고, 다른 하나는 물리적인 것, 즉 그것을 실행하는 힘입니다. 내가 어떤 대상을 향해 걸어갈 때, 나는 먼저 거기로 가고 싶어야 합니다. 둘째, 내 발이 나를 그곳으로 데려가도록 하십시오. 중풍 환자가 달리기를 원하든지 민첩한 사람이 달리기를 원하든지 둘 다 그대로 있을 것이다. 몸의 정치는 같은 동기를 가지고 있습니다. 우리는 또한 힘과 의지를 구별합니다. 후자는 입법권이라는 이름으로, 다른 하나는 행정권이라는 이름으로 사용됩니다. 그들의 도움 없이는 아무것도 할 수 없고, 해서는 안 됩니다.

우리는 입법권이 국민에게 속하며 오직 국민에게만 속할 수 있음을 살펴보았습니다. 반대로 위에 확립된 원칙에 따르면 집행권은 입법자나 주권자로서의 일반성에 속할 수 없다는 것을 쉽게 알 수 있습니다. 왜냐하면 이 권력은 법의 범위 내에 있지 않은 특정 행위로만 구성되거나 결과적으로 주권자의 행위로만 구성되며 그 행위는 모두 법일 수 있기 때문입니다.

그러므로 공권력은 일반의지의 지시에 따라 그것을 통합하고 실행하며 국가와 주권자의 의사소통을 위해 봉사하고 영혼과 육체의 결합이 인간에게 하는 일을 어떤 방식으로든 공적인 개인에게 행하는 자체 대리인이 필요합니다. 이것이 국가의 정부가 주권자와 부적절하게 혼동되는 이유이며 주권자는 단지 장관일 뿐입니다.

그렇다면 정부는 무엇인가? 상호 통신을 위해 주체와 주권자 사이에 설립된 중개 기관으로, 법률 집행과 시민적, 정치적 자유 유지를 담당합니다.

이 기관의 구성원은 행정관 또는 왕, 즉 총독이라고 불리며 기관 전체는 왕자의 이름을 갖습니다.[38] 따라서 국민이 지도자에게 복종하는 행위가 계약이 아니라고 주장하는 사람들은 매우 옳습니다. 그것은 주권자의 단순한 관리들이 그의 이름으로 행사하는 위임, 즉 고용에 지나지 않습니다. 그가 그들을 수탁자로 삼았고 그가 원할 때마다 이 권한을 제한하고 수정하고 재개할 수 있습니다. 그러한 권리의 양도는 사회 조직의 성격과 조합의 목적에 어긋나는 것입니다.

그러므로 나는 정부나 최고 행정을 행정권의 합법적인 행사로 부르고 이 행정에 책임이 있는 사람이나 기관을 왕자 또는 행정관이라고 부릅니다.

중간 세력이 존재하는 곳은 바로 정부이며, 그 관계는 전체

---

[38] 이것은 베니스에서 총독이 참석하지 않을 때에도 대학에 고요한 왕자의 이름이 부여되는 방법입니다.

대 전체 관계, 주권 대 국가 관계를 구성합니다. 이 마지막 관계는 연속 비율의 극단 관계로 표현될 수 있으며 그 비례 평균은 정부입니다. 정부는 국민에게 내리는 명령을 주권자로부터 받으며, 국가가 좋은 균형을 이루려면 모든 것이 균형을 이루는 것이 필요하며, 정부 자체의 생산물이나 권력과 한쪽은 주권자이고 다른 쪽은 주체인 시민의 생산물이나 권력 사이에 평등이 있어야 합니다.

더욱이 비율을 즉시 깨뜨리지 않고는 세 가지 용어 중 어느 것도 변경할 수 없습니다. 주권자가 통치하기를 원하거나, 행정관이 법을 제정하기를 원하거나, 신민이 복종하기를 거부하면, 무질서는 규칙과 힘을 따르고 더 이상 협력하지 않을 것이며, 따라서 해체된 국가는 독재나 무정부 상태에 빠지게 됩니다. 마지막으로 각 관계 사이에는 비례 평균만 있기 때문에 한 국가에는 오직 하나의 좋은 정부만 있을 수 있습니다. 그러나 수천 가지 사건이 한 국민의 관계를 변화시킬 수 있듯이 서로 다른 정부가 서로 다른 국민에게 좋을 뿐만 아니라 서로 다른 시기에 동일한 국민에게 좋을 수도 있습니다.

이 두 극단 사이에 존재할 수 있는 다양한 관계에 대한 아이디어를 제공하기 위해 표현하기 쉬운 관계로 사람 수를 예로 들어 보겠습니다.

국가가 1만 명의 시민으로 구성되어 있다고 가정해 봅시다. 주권자는 집단적으로만 그리고 몸 안에서만 고려될 수 있습니다. 그러나 신민으로서의 각 개인은 개인으로 간주합니다. 따라서 주권자는 신민에 대하여 10,000대 1과 같습니다. 즉, 국가의 각 구성원은 비록 주권자에게 전적으로 복종하더라도 주권의 1만분의 1만을 가지게 됩니다. 국민이 십만 명으로 구성되더라도 국민의 상태는 변하지 않으며, 각 사람은 법의 제국 전체를 동등하게 소유하는 반면, 10만분의 1로 줄어든 그의 투표는 법 초안 작성에 미치는 영향이 10배나 적습니다. 그러면, 대상은 항상 하나로 남고, 시민의 수에 따라 주권자의 보고가 늘어난다. 따라서 국가가 성장할수록 자유는 더욱 줄어든다는 결론이 나옵니다.

비율이 높아진다는 것은 평등에서 멀어진다는 뜻입니다. 따라서 기하학의 의미에서 비율이 클수록 상식적인 비율은 작아집니다. 첫 번째는 수량에 따라 고려된 관계가 지수로 측정되고 다른 하나는 동일성에 따라 고려되어 유사성에 의해 추정됩니다.

이제, 덜 특별한 의지가 일반의지와 관련될수록 즉, 도덕이 법에 관련될수록 억압력은 더욱 커져야 합니다. 그러므로 좋은 정부가 되려면 국민이 더 많아질수록 상대적으로 더 강해져야 합니다.

반면에 국가가 확대되면 공권력 수탁자에게 권력을 남용할 수 있는 유혹과 수단이 더 많아지고, 정부가 국민을 억제하기 위해 더 많은 힘을 가져야 하며, 주권자는 정부를 억제하기 위해 더 많은 힘을 가져야 합니다. 나는 여기서 절대적인 힘에 대해 말하는 것이 아니라 국가의 여러 부분의 상대적인 힘에 대해 이야기하고 있습니다.

이러한 이중 관계로부터 주권자, 군주, 국민 사이의 지속적인 비율은 자의적인 생각이 아니라 정치체의 본질에 따른 필연적인 결과라는 결론이 나옵니다. 또한 극단 중 하나, 즉 주체로서의 인민은 통일성으로 고정되고 대표되며, 배가된 이성이 증감할 때마다 단순 이성이 비슷하게 증감하고,

결과적으로 중항이 변화된다는 결론이 나옵니다. 이는 정부에 단일하고 절대적인 헌법이 있는 것이 아니라 크기가 다른 국가의 수만큼 성격이 다른 정부가 있을 수 있음을 보여줍니다.

이 체계(제도)를 조롱으로 바꾸어 이 비례 평균을 구하고 정부 기관을 구성하려면 국민 수의 제곱근을 도출하는 것이 필요하다고 말한다면, 나는 여기서 이 숫자를 예로 들었을 뿐이고, 내가 말하는 관계는 단지 사람의 수에 의해서만 측정되는 것이 아니라 일반적으로 수많은 원인에 의해 결합된 행동의 양에 의해 측정된다고 대답하겠습니다. 더욱이 내 자신을 더 짧은 단어로 표현하기 위해 잠시 기하학이라는 용어를 빌린다면 나는 기하학적 정확성이 도덕적 양에서 발생하지 않는다는 것을 알지 못합니다.

정부는 소규모이지만 정부를 포함하는 정치 기관은 대규모입니다. 그것은 주권자처럼 능동적이고 국가처럼 수동적이며 다른 유사한 관계로 분해될 수 있는 특정 능력을 부여받은 도덕적인 사람입니다. 이 관계에서 결과적으로 새로운 비율이 탄생하고, 법원의 명령에 따라 또 다른 비율이 탄생합니다. 분할 할 수 없는 중간 기간, 즉 단일 최고 행정관에 도달할 때까지 이 진행의 중간에서 시리즈 간의 통일성으로 나타낼 수 있습니다.

이러한 용어의 증가에 얽매이지 않고, 정부를 국민과 주권자와 구별되는 국가 내의 새로운 기관, 그리고 둘 사이의 중개자로 간주하는 것으로 만족합시다.

이 두 기관 사이에는 본질적인 차이가 있습니다. 즉, 국가는 그 자체로 존재하고 정부는 주권자를 통해서만 존재한다는 것입니다. 따라서 군주의 지배적인 의지는 일반의지나 법이거나, 그래야만 하며, 그의 힘은 그에게 집중된 공적 힘일 뿐입니다. 그가 자신에게서 어떤 절대적이고 독립적인 행위를 이끌어내고자 하는 순간, 전체의 연결은 느슨해지기 시작합니다. 마침내 왕자가 주권자의 의지보다 더 활동적인 특별한 의지를 갖고 있었고 그가 이 특별한 의지에 복종하기 위해 그의 손에 있는 공권력을 사용했다는 일이 발생했다면, 우리는 두 명의 주권자를 갖게 되었는데, 한 사람은 법적으로 다른 한 사람은 사실상, 그 즉시 사회적 결합은 사라지고 정치체는 해체될 것이다.

그러나 정부 기관이 존재하고 국가기관과 구별되는 실생활을 갖고 모든 구성원이 함께 행동하고 정부 설립 목적에 대응할 수 있으려면 정부 기관에는 특별한 자아, 구성원들에게 공통된 감수성, 정부를 보존하려는 힘과 자체 의지가 필요합니다. 이 특별한 존재는 집회, 평의회, 심의하고 결의하는 권한, 권리, 직위, 특권이 오로지 군주에게만 속하고 치안판사의 지위를 고통스러운 만큼 더욱 명예롭게 만드는 것을 전제로 합니다. 어려움은 이 하위 전체를 전체적으로 조직하여 자신의 강화를 통해 일반 헌법을 변경하지 않고 국가 보존을 위한 공권력과 자신의 보존을 위한 특정 힘을 항상 구별하며, 한마디로 국민이 정부에 희생되는 것이 아니라 국민을 위해 항상 정부를 희생할 준비가 되어 있다는 데 있습니다.

더욱이 정부의 인위적 기관은 또 다른 인위적 기관의 작품이고 어떤 면에서는 빌린 종속적 생명만을 갖고 있지만 이것이 정부가 어느 정도 활기차고 민첩하게 행동하고, 어느 정도 튼튼한 건강을 누릴 수 있는 것을 막지는 않습니다. 마지막으로 기관의 목표에서 직접적으로 벗어나지는 않지만, 그것이 구성되는 방식에 따라 어느 정도 그 기관에서 벗어날 수 있습니다.

바로 이러한 차이로부터 정부가 국가기관과 맺어야 하는 다양한 관계, 즉 동일한 국가가 변형되는 우발적이고 특별한 관계에 따라 발생하는 것입니다. 그 이유는 정부가 속한 정치적 기관의 결함에 따라 그 관계가 바뀌지 않으면 그 자체로 가장 좋은 정부가 가장 악랄한 정부가 되는 경우가 많기 때문입니다.

02

다양한 형태의 정부를 구성하는 원칙에 관하여
Du principe qui constitue les diverses formes de Gouvernement

이러한 차이의 일반적인 원인을 설명하려면 내가 국가와 주권자를 구별한 것처럼 여기서는 군주와 정부를 구별할 필요가 있습니다.

치안판사(행정관)의 조직은 더 많거나 더 적은 수의 구성원으로 구성될 수 있습니다. 우리는 국민이 많을수록 주권자와 신민의 관계가 더욱 크다고 말했고, 명백한 비유를 통해 행정관과 관련하여 정부에 대해서도 마찬가지라고 말할 수 있습니다.

이제 정부의 총력은 항상 국가의 힘이므로 변하지 않습니다. 따라서 정부가 이 힘을 자신의 구성원에게 더 많이 사용할수록 정부가 전체 국민에게 작용할 수 있는 힘은 더 적어집니다.

그러므로 치안판사의 수가 많을수록 정부는 약해진다. 이 격언은 기본이므로 이를 더 명확하게 설명하도록 노력하겠습니다.

우리는 치안판사(행정관)에게서 본질적으로 다른 세 가지 유언장을 구별할 수 있습니다. 첫째, 개인의 특별한 이익만을 추구하는 개인 자신의 의지입니다. 둘째, 치안판사(행정관)의 공동 의지는 오로지 군주의 이익에만 관련되고, 정부의 의지라고 부를 수 있으며, 정부에 관해서는 일반적이고 정부가 속한 국가에 관해서는 특별하다. 셋째, 전체로 간주되는 국가와 전체의 일부로 간주되는 정부와 관련된 일반 국민의 의지 또는 주권의 의지입니다.

완벽한 입법에서는 특정 의지나 개인 의지가 0이어야 하고, 정부에 특정한 기구의 의지는 매우 종속적이며, 결과적으로 일반의지나 주권 의지가 항상 지배적이며 다른 모든 것의 유일한 지배자(통치자)가 되어야 합니다.

자연의 질서에 따르면 이와는 반대로 이러한 다양한 의지는 집중될수록 더욱 활성화됩니다. 따라서 일반의지는 항상 가장 약하고, 단체 의지는 두 번째 순위를 가지며, 개별 의지는 무엇보다도 첫 번째 순위를 갖습니다. 따라서 정부에서 각 구성원은 먼저 자신이고, 그다음에는 치안판사(행정관)이고, 그다음에는 시민입니다. 사회 질서가 요구하는 것과 정반대되는 것입니다.

즉, 정부 전체가 한 사람의 손에 맡기십시오. 여기에 몸의 특별한 의지와 의지가 완벽하게 결합되어 있으며, 결과적으로 후자는 그것이 가질 수 있는 가장 높은 강도를 가지고 있습니다. 이제 무력의 사용은 의지의 정도에 달려 있고 정부의 절대적인 힘은 변하지 않기 때문에 가장 활동적인 정부는 단일 정부라는 결론이 나옵니다.

오히려 정부와 입법권을 통합하자. 주권자(군주)의 왕자와 모든 시민의 행정관을 만들자. 그러면 일반의지와 혼동된 신체의 의지는 그것보다 더 이상 활동하지 않을 것이며, 개별 의지는 그 힘을 다해 남겨 둘 것입니다. 따라서 항상 동일한 절대적 힘을 갖고 있는 정부는 상대적인 힘이나 활동이 최소한으로 유지될 것입니다.

이러한 관계는 논쟁의 여지가 없으며 다른 고려 사항도 이를 확인하는 데 도움이 됩니다. 예를 들어 각 치안판사(행정관)는 각 시민의 몸보다 자신의 몸에서 더 활동적이며, 결과적으로 특정 의지는 주권자의 행동보다 정부의 행동에 훨씬 더 큰 영향력을 갖는다는 것을 알 수 있습니다. 왜냐하면 각 치안판사(행정관)는 거의 항상 정부의 일부 기능에 책임이 있는 반면, 각 시민은 개별적으로 주권의 기능을 갖지 않기 때문입니다. 더욱이, 국가가 확장될수록 실제 힘은 더 커집니다. 비록 그 범위에 따라 증가하지는 않지만, 국가가 동일하게 유지되고 치안판사(행정관)는 증가할 수 있으며 정부는 더 큰 실제 힘을 얻지 못합니다. 왜냐하면 이 힘은 국가의 힘이고 그 척도는 항상 동일하기 때문입니다. 따라서 정부의 상대적인 힘이나 활동은 감소하지만, 절대적이거나 실질적인 힘은 증가할 수 없습니다.

책임을 맡는 사람이 많아질수록 업무 진행 속도가 느려지고, 신중함에 너무 많은 것을 투자함으로써 행운을 충분히 누리지 못하고, 기회를 놓쳐버리고, 숙고하다 보면 종종 숙고의 열매를 잃게 된다는 것도 확실합니다.

나는 방금 행정관의 수가 늘어날수록 정부가 느슨해짐을 증명했고, 국민이 많을수록 질책의 힘도 더 커져야 한다는 것을 이전에 증명했습니다. 따라서 정부에 대한 치안판사(행정관)의 관계는 주권자에 대한 신민의 관계와 정반대여야 합니다. 즉, 국가가 성장할수록 정부는 더욱 엄격해져야 합니다. 인구가 늘어나면서 추장의 수가 줄어들 정도로 말입니다.

게다가 나는 여기서 단지 정부의 상대적인 힘에 대해서만 말하는 것이지 정부의 정직성에 대해서 말하는 것이 아닙니다. 왜냐하면 반대로 치안판사의 수가 많을수록 기관의 의지는 일반의지에 더 가까워지기 때문입니다. 반면에 한 명의 치안판사(행정관) 아래에서는 동일한 신체의 뜻이 내가 말했듯이 단지 특별한 뜻일 뿐입니다. 따라서 우리는 한편으로 얻을 수 있는 것을 다른 한편으로 잃게 되며, 입법자의 기술은 정부의 힘과 의지가 항상 상호 비율로 결합되어 국가에 가장 유리한 관계로 결합되는 지점을 해결하는 방법을 아는 것입니다.

03

정부의 분류에 관하여
Division des Gouvernemens

우리는 이전 장에서 정부를 구성하는 구성원의 수에 따라 정부의 다양한 종류나 형태를 구별하는 이유를 살펴보았습니다. 이 분할이 어떻게 이루어지는지는 이것에서 볼 수 있습니다.

주권자는 우선 정부를 모든 국민 또는 대다수 국민에게 양도하여 단순한 민간 시민보다 더 많은 시민 치안판사(행정관)를 확보하도록 할 수 있습니다. 이러한 형태의 정부를 민주주의라고 합니다.

또는 정부를 소수의 손에 쥐어짜서 행정관보다 단순한 시민이 더 많아지게 할 수도 있으며, 이 형태는 귀족이라는 이름을 갖게 됩니다.

마지막으로 정부 전체를 한 명의 치안판사(행정관)에게 집중시킬 수 있으며, 다른 모든 행정관은 그에게서 권력을 얻습니다. 이 세 번째 형태는 가장 일반적이며 군주제 또는 왕실 정부라고 불립니다.

우리는 이러한 모든 형태 또는 적어도 처음 두 가지가 다소 영향을 받을 수 있으며 심지어 상당히 큰 위도를 갖는다는 점에 유의해야 합니다. 민주주의는 국민 전체를 포용할 수도 있고, 절반으로 좁힐 수도 있기 때문입니다. 귀족은 국민의 절반에서 가장 작은 숫자로 무한정 줄어들 수 있습니다. 로열티조차도 일부 공유에 취약합니다. 스파르타에는 헌법에 따라 항상 두 명의 왕이 있었고, 우리는 로마 제국에서 한 번에 최대 8명의 황제를 보았지만, 제국이 분열되었다고 말할 수는 없습니다. 따라서 각 정부 형태가 다음 정부 형태와 합쳐지는 지점이 있으며, 우리는 단 세 가지 이름 아래에서만 정부가 실제로 국가의 시민 수만큼 다양한 형태를 가질 수 있다는 것을 알 수 있습니다.

더 많은 것이 있습니다. 동일한 정부가 어떤 측면에서 다른 부분으로 분할될 수 있고, 하나는 한 가지 방식으로 관리되고 다른 부분은 다른 방식으로 관리될 수 있으므로, 이 세 가지 결합 형태에서 수많은 혼합 형태가 나올 수 있으며, 각 형태는 모든 단순 형태로 곱해질 수 있습니다.

최선의 정부 형태에 대해서는 항상 많은 논쟁이 있었지만, 각각의 정부가 어떤 경우에는 최고이고 다른 경우에는 최악이라는 점을 고려하지 않았습니다.

여러 국가에서 최고 행정관의 수가 시민의 수에 반비례해야 한다면, 일반적으로 작은 국가에는 민주 정부가 적합하고, 평범한 국가에는 귀족 정부, 큰 국가에는 군주 정부가 적합하다는 결론이 나옵니다. 이 규칙은 원칙에서 즉시 파생됩니다. 그러나 예외를 제공할 수 있는 상황의 수는 어떻게 셀 수 있습니까?

04

민주정에 관하여
De la Démocratie

법을 만드는 사람은 법이 어떻게 실행되고 해석되어야 하는지 누구보다 잘 알고 있습니다. 그러므로 우리는 행정권이 입법부에 결합된 헌법보다 더 나은 헌법을 가질 수 없는 것 같습니다. 그러나 바로 이것이 어떤 면에서 이 정부를 불충분하게 만드는 것입니다. 왜냐하면 구별되어야 할 것들이 없고, 군주와 주권자는 단지 동일한 인물일 뿐이고, 말하자면 정부 없는 정부를 형성할 뿐이기 때문입니다.

법을 제정하는 사람이 법을 집행하는 것도, 국민 전체가 일반적인 관점에서 관심을 다른 데로 돌려 특정 대상에 집중하는 것은 좋지 않습니다. 공무에 대한 사익의 영향력보다 더 위험한 것은 없으며, 정부의 법률 남용은 특정 견해의 확실한 결과인 입법자의 부패보다 덜 악합니다. 그러면 국가의 본질이 바뀌므로 어떤 개혁도 불가능해집니다. 정부를 결코 남용하지 않는 국민은 독립도 남용하지 않을 것입니다. 항상 잘 다스리는 백성은 다스릴 필요가 없을 것입니다.

엄밀히 말하면, 진정한 민주주의는 지금까지 없었고 앞으로도 없을 것입니다. 다수가 통치하고 소수가 통치하는 것은 자연의 질서에 어긋납니다. 우리는 국민이 공무에 참석하기 위해 끊임없이 모인다는 것을 상상할 수 없으며, 행정 형태의 변화 없이는 이러한 목적을 위한 위원회를 설립할 수 없다는 것을 쉽게 알 수 있습니다.

실제로 나는 정부의 기능이 여러 법원에서 공유될 때 가장 적은 수의 사람이 조만간 가장 큰 권한을 얻게 된다는 원칙을 단언할 수 있다고 믿습니다. 사업 파견이 쉽기 때문에 자연스럽게 그곳으로 데려다 줄 수 있기 때문입니다.

게다가 이 정부는 얼마나 많은 어려운 일들을 하나로 묶어야 할지 가정하지 않고 있습니까? 첫째, 사람들이 쉽게 모이고 각 시민이 다른 모든 사람을 쉽게 알 수 있는 매우 작은 국가입니다. 둘째, 수많은 일과 까다로운 토론을 방지하는 도덕의 매우 단순성입니다. 다음에는 지위와 재산의 많은 평등이 없으면 권리와 권위에 있어서 오랫동안 평등이 존재할 수 없습니다. 마지막으로 사치가 거의 또는 전혀 없습니다. 사치는 부의 결과이거나 부를 필요로 만들기 때문입니다. 그는 부자와 가난한 사람을 모두 부패하게 하는데, 한 사람은 소유로, 다른 사람은 탐욕으로 부패시킵니다. 그는 나라를 약점과 허영심에 팔았습니다. 그것은 국가로부터 모든 시민을 빼앗아 서로와 여론의 노예가 됩니다.

이것이 바로 유명한 작가가 공화국의 원칙으로 덕을 제시한 이유입니다. 이 모든 조건은 미덕 없이는 존재할 수 없기 때문입니다. 그러나 필요한 구별을 하지 못하여 이 아름다운 천재는 종종 정확성과 때로는 명확성이 부족하고 주권이 모든 곳에서 동일하다는 것을 알지 못했으며 잘 구성된 모든 국가에서는 동일한 원칙이 정부 형태에 따라 어느 정도 이루어져야 한다는 것이 사실입니다.

민주주의 정부나 대중 정부만큼 내전과 내부 동요에 취약한 정부는 없다는 점을 덧붙여 보겠습니다. 그 이유는 정부의 형태를 그렇게 강력하고 지속적으로 변경하려는 정부도 없고, 자체 유지를 위해 더 많은 경계와 용기가 필요한 정부도 없기 때문입니다. 무엇보다도 시민이 힘과 불변함으로 무장해야 하고, 고결한 팔라티노[39]가 폴란드 의회에서 말한 것을 평생 동안 마음 깊은 곳에서 말해야 하는 것이 무엇보다도 이 헌법에서 중요합니다.

신의 백성이 있다면 그들은 민주적으로 통치할 것입니다. 그러한 완벽한 정부는 인간에게 적합하지 않습니다.

---

39) 폴란드 왕, 로렌 공작의 아버지인 포스나니아의 팔라티노.

05

귀족정에 관하여
De l'Aristocratie

여기에는 정부와 주권이라는 두 가지 매우 뚜렷한 법적 실체가 있으며, 결과적으로 두 가지 일반적인 요구 사항이 있습니다. 하나는 모든 시민과 관련된 것이고 다른 하나는 행정부 구성원만을 위한 것입니다. 따라서 정부는 원하는 대로 내부 경찰을 규제할 수 있지만 주권자의 이름, 즉 국민 자신의 이름이 아닌 이상 국민과 대화할 수 없습니다. 절대 잊지 말아야 할 것입니다.

최초의 사회는 귀족적으로 통치되었습니다. 가장들은 공무에 관해 서로 심의했습니다. 젊은이들은 경험의 권위에 쉽게 굴복했습니다. 따라서 사제, 장로, 원로원 의원 및 노인의 이름이 있습니다. 북아메리카의 야만인들은 여전히 이런 식으로 스스로를 통치하고 있으며, 매우 잘 통치하고 있습니다.

그러나 제도적 불평등이 자연적 불평등보다 우세해지면서 부나 권력[40] 나이가 들기보다 선호되었고 귀족은 선택권을 갖게 되었습니다. 마침내 아버지의 재산을 자식들에게 물려주는 권력이 가문을 귀족으로 만들고, 정부를 세습하게 만들었고, 스무 살의 상원의원을 보았습니다.

따라서 귀족정에는 자연적, 선출적, 세습적 귀족의 세 가지 종류가 있습니다. 첫 번째는 단순한 사람들에게만 적합합니다. 세 번째는 모든 정부 중 최악입니다. 두 번째가 최고입니다. 그것은 제대로 소위 귀족 계급입니다.

두 권력을 구별하는 이점 외에도 구성원을 선택할 수 있다는 이점도 있습니다. 대중 정부에서는 모든 시민이 치안판

---

[40] 고대인 사이에서 옵티마테스(Optimate)라는 단어는 최고를 의미할 수는 없었지만 가장 강력한 것을 의미할 수 있다는 것은 분명합니다.

사(행정관)로 태어나기 때문입니다. 그러나 이는 그 수를 소수로 제한하고 선거에 의해서만 그렇게 됩니다.[41] 이는 진실성, 깨달음, 경험 및 선호와 대중의 존경에 대한 기타 모든 이유가 우리가 현명하게 통치될 수 있도록 하는 수많은 새로운 보장입니다.

또한 어셈블리가 더 편리해졌습니다. 사업은 더 잘 논의되고, 더 질서 있고 부지런히 처리됩니다. 국가의 신용은 알려지지 않거나 멸시받는 대중보다는 존경받는 상원의원들에 의해 해외에서 더 잘 뒷받침됩니다.

한마디로, 가장 현명한 사람이 대중을 다스리는 것이 가장 좋고 가장 자연스러운 질서입니다. 이때 대중은 자신의 이익을 위해서가 아니라 대중의 이익을 위해 대중을 다스릴 것입니다. 우리는 자원을 헛되이 늘려서는 안 되며, 선택된 백

---

41) 치안판사 선출의 형태를 법으로 규제하는 것은 매우 중요합니다. 왜냐하면 그것을 군주의 뜻에 맡김으로써 우리는 베네치아 공화국과 베른 공화국에서 일어났던 것처럼 세습 귀족으로 떨어지는 것을 피할 수 없기 때문입니다. 또한 첫 번째는 오랫동안 해체된 국가였지만 두 번째는 원로원의 극도의 지혜에 의해 유지되었습니다. 이는 매우 명예롭고 매우 위험한 예외입니다.

명이 더 잘할 수 있는 일을 이만 명으로 해서는 안 됩니다. 그러나 여기서는 기업의 이익이 일반의지의 지배에 따라 공권력을 덜 행사하기 시작하고 또 다른 불가피한 경사가 법에서 행정권의 일부를 제거한다는 점에 유의해야 합니다.

특별한 편의와 관련하여, 좋은 민주주의에서처럼 법의 집행이 대중의 의지에 따라 즉각적으로 이루어지는 작은 국가도, 그렇게 단순하고 정직한 국민도 필요하지 않습니다. 또한 흩어져 있는 지도자들이 그것을 통치할 만큼 큰 국가가 필요하지 않으며 주권자로부터 각자의 부서를 결정하고 스스로 독립하여 마침내 주인이 될 수 있습니다.

그러나 귀족 정치가 대중 정부보다 더 적은 미덕을 요구한다면, 귀족 정치는 부자의 절제와 가난한 자의 만족과 같은 고유한 다른 미덕도 요구합니다. 왜냐하면 그곳에서는 엄격한 평등이 있을 수 없을 것 같았기 때문입니다. 스파르타에서는 심지어 그러한 평등이 관찰되지도 않았습니다.

게다가 이 형태가 어느 정도 재산의 불평등을 수반한다면, 일반적으로 공무의 관리는 모든 시간을 최선을 다해 할 수 있는 사람에게 맡겨지지만, 아리스토텔레스가 주장하는 것처럼 부자가 항상 선호되는 것은 아닙니다. 반대로, 반대의 선택은 때때로 인간의 장점 중 부보다 더 중요한 선호의 이유가 있다는 것을 사람들에게 가르치는 것이 중요합니다.

06

군주제(왕정)에 관하여
De la Monarchie

지금까지 우리는 왕자를 법의 힘에 의해 단결된 도덕적이고 집단적인 사람이자 행정권의 수탁자로 간주해 왔습니다. 이제 우리는 이 권력이 법에 따라 그것을 처분할 수 있는 유일한 권리를 갖고 있는 자연인, 실제 인간의 손에 결합되어 있다는 것을 고려해야 합니다. 이것을 우리는 군주 또는 왕이라고 부릅니다.

집단적 존재가 개인을 대표하는 다른 행정부와는 달리, 이 행정부에서는 개인이 집단적 존재를 대표합니다. 그러므로 군주를 구성하는 도덕적 통일성은 동시에 법이 많은 노력을 기울여 다른 것 안에서 결합시키는 모든 능력이 자연스럽게 결합되는 물리적 통일성이기도 합니다.

따라서 국민의 의지, 군주의 의지, 국가의 공권력, 정부의 특정 세력 등 모든 것이 동일한 동기에 반응하고, 기계의 모든 스프링이 동일한 손에 있고, 모든 것이 동일한 목표를 향해 작동하며, 서로를 파괴하는 반대 운동이 없습니다. 그리고 우리는 더 적은 노력이 더 상당한 행동을 낳는 어떤 종류의 헌법도 상상할 수 없습니다. 아르키메데스[42]는 해안에 조용히 앉아 큰 배를 쉽게 끌어당기는 모습으로 나에게 내각에서 광대한 국가를 다스리며 움직이

아르키메데스

---

[42] **아르키메데스**(기원전 287년경~기원전 212년경) : 고대 그리스 마그나 그라이키아의 일부였던 시라쿠사 출신의 철학자·수학자·천문학자·물리학자 겸 공학자이다. 그의 생에 대해 남겨진 기록은 얼마 되지 않으나 고전 고대의 대표적인 과학자·수학자로 손꼽히고 있다. 물리학 분야에서 정역학과 유체정역학을 연구했으며 지레의 원리를 설명한 것으로 잘 알려져 있다. 아르키메데스 나선양수기, 해상에 있는 배를 공격하기 위한 거울 등의 기계를 제작하기도 하였다. 그는 고전 고대 시기의 가장 뛰어난 수학자 가운데 한 명으로도 평가받고 있다. 수학과 관련한 아르키메데스의 업적으로는 십진법의 도입, 포물선으로 둘러싸인 도형의 넓이 계산, 원주율의 계산과 같은 것들이 있다.

지 않는 것처럼 보이면서도 모든 것을 움직이게 만드는 숙련된 군주를 나타냅니다.

그러나 더 강력한 정부가 없다면 특정 의지가 더 많은 제국을 갖고 다른 사람을 더 쉽게 지배하는 정부도 없습니다. 모든 것이 동일한 목표를 향해 작동한다는 것은 사실입니다. 그러나 이 목표는 대중의 행복을 위한 목표가 아니며, 행정부의 힘 자체가 끊임없이 국가에 대한 편견으로 바뀌고 있습니다.

왕은 절대자가 되기를 원하며, 멀리서부터 절대자가 되는 가장 좋은 방법은 자신을 백성에게 사랑받게 만드는 것이라고 들었습니다. 이 격언은 매우 아름답고 어떤 면에서는 매우 사실이기도 합니다. 불행하게도 우리는 수업 시간에 항상 그것을 놀릴 것입니다. 사람의 사랑에서 나오는 힘은 의심할 여지없이 가장 큽니다. 그러나 그것은 위태롭고 조건적이므로 공주들은 결코 그것에 만족하지 않을 것입니다. 최고의 왕은 주인이기를 중단하지 않고 원할 경우 악할 수 있기를 원합니다. 정치적 설교자는 국민의 힘이 그들의 것이며, 그들의 가장 큰 관심은 국민이 번성하고, 수가 많고, 강력해지는 것이라고 말할 수 있습니다. 그들은 이것이 사실이 아니라는 것을 잘 알고 있습니다. 그들의 개인적인 관심은 첫째로 인민이 약하고 비참하며 결코 그들에게 저항할 수 없다는 것입니다. 백성들이 항상 완벽하게 복종한다고 가정할 때, 군주의 관심은 백성들이 강력하다는 것, 그래서 이 힘이 그의 것이기 때문에 그를 이웃 사람들에게 무시무시하게 만들 것이라는 점을 나는 인정합니다. 그러나 이러한 관심은 부차적이고 종속적일 뿐이며 두 가지 가정은 양립할 수 없기 때문에 군주가 항상 자신에게 가장 직접적으로 유용한 격언을 선호하는 것은 당연합니다. 이것이 사무엘이 히브리인들에게 강력하게 표현한 것입니다. 이것이 마키아벨리가 명백히 밝힌 것입니다. 그는 왕에게 교훈을 주는 체함으로써 사람들에게 큰 교훈을 주었습니다. 마키아벨리의 왕자는 공화주의자들의 책입니다.[43]

---

43) 마키아벨리는 정직한 사람이자 훌륭한 시민이었습니다. 그러나 그는 메디치 가문에 소속되어 자유에 대한 사랑을 위장하기 위해 조국의 탄압 속에서 강요당했습니다. 그의 비열한 영웅을 선택한 것만으로도 그의 비밀 의도가 충분히 드러났고, 그의 저서 『군주』의 격언이 리비우스와 피렌체의 역사에 관한 연설의 격언과 반대되는 것은 이 심오한 정치가가 지금까지 피상적이거나 부패한 독자들만을 갖고 있었음을 입증한다. 나는 로마 법원이 그의 책을 엄격하게 옹호했다고 믿습니다. 그가 가장 명확하게 묘사하는 것은 바로 그녀입니다.

우리는 일반 보고서를 통해 군주제가 큰 국가에만 적합하다는 사실을 발견했으며, 이를 자체적으로 검토함으로써 다시 찾을 것입니다. 공공 행정이 많을수록 군주와 신민의 관계는 더욱 감소하고 평등에 가까워지므로 이 관계는 민주주의에서 하나 또는 평등 그 자체입니다. 이 같은 비율은 정부가 긴축을 할수록 증가하고, 정부가 한 사람의 손에 있을 때 최대치에 이른다. 그러면 군주와 국민 사이의 거리가 너무 멀고 국가는 연결이 부족합니다. 그러므로 그것을 형성하려면 중간 명령이 필요합니다. 이를 채우기 위해서는 왕자, 대왕, 귀족이 필요합니다. 그러나 이 중 어느 것도 이 정도로 망가진 작은 국가에는 적합하지 않습니다.

그러나 큰 국가가 잘 다스려지는 것이 어렵다면, 한 사람이 잘 다스려지는 것은 훨씬 더 어렵고, 왕이 대리자를 임명하면 각각의 일이 일어납니다.

항상 군주제 정부를 공화제 아래 두는 본질적이고 피할 수 없는 결점은 공화제 정부에서 대중의 목소리가 계몽되고 능력 있는 사람들만을 첫 번째 자리로 끌어올리는 일이 거의 없다는 것입니다. 반면에 군주제에 오르는 사람들은 대개 작은 초안, 작은 악당, 작은 음모자들일 뿐이며, 그들에게는 궁정에서 큰 자리에 도달하는 작은 재능이 대중에게 그들의 무능함을 보여주는 역할만 할 뿐입니다. 그들이 거기 도착하자마자. 사람들은 이 선택에 대해 왕자보다 훨씬 덜 착각하며, 공화주의 정부 수반에 있는 바보만큼 사역에서 진정한 공로를 지닌 사람은 거의 없습니다. 또한, 우연의 일치로 통치하기 위해 태어난 이들 중 한 사람이 이 예쁜 관리자들에 의해 거의 파괴될 뻔한 군주제의 국정을 맡게 되었을 때 우리는 그가 발견한 자원에 상당히 놀랐고 이것은 한 나라에서 획기적인 사건입니다.

군주제 국가가 잘 통치되려면 그 규모나 정도가 통치하는 사람의 능력에 따라 측정되어야 합니다. 지배하는 것보다 정복하는 것이 더 쉽습니다. 충분한 지렛대를 사용하면 손가락 하나로 세상이 흔들릴 수 있지만 이를 지탱하려면 헤라클레스의 어깨가 필요합니다. 국가가 아무리 크더라도 군주는 거의 항상 너무 작습니다. 반대로 국가가 지도자에 비해 너무 작은 경우(매우 드물지만)는 여전히 제대로 통치되지 않습니다. 왜냐하면 지도자는 항상 자신의 장엄한 견해를 따르며 인민의 이익을 망각하고, 자신이 가진 재능을 과도

하게 남용하여 제한된 지도자와 마찬가지로 부족한 사람들의 결점으로 인해 인민을 불행하게 만들기 때문입니다. 말하자면, 왕국은 왕자의 영향력에 따라 통치할 때마다 확장하거나 축소하는 것이 필요할 것입니다. 상원의 재능이 더 고정된 척도를 갖는 대신 국가는 지속적인 한계를 가질 수 있으며 행정도 그에 못지않게 잘 진행됩니다.

한 정부의 가장 눈에 띄는 단점은 다른 두 정부에서 중단 없는 연결을 형성하는 이러한 지속적인 승계가 부족하다는 것입니다. 죽은 왕에게는 다른 왕이 필요합니다. 선거는 위험한 간격을 두고 격동적이며, 시민들이 사심이 없고 이 정부가 거의 갖지 못한 성실성을 갖지 않는 한 뇌물수수와 부패가 연루됩니다. 국가가 자신을 팔아버린 사람이 그것을 다시 팔지 않고, 권력자들이 그에게서 강탈한 돈을 스스로 보상하지 않는 것은 어렵습니다. 조만간 그러한 통치 아래에서는 모든 것이 부패하게 되며, 당시 왕 아래서 누리는 평화는 공위의 무질서보다 더 나쁩니다.

이러한 질병을 예방하기 위해 어떤 조치가 취해졌습니까? 왕관은 특정 가문에서 세습되었고, 왕의 죽음에 대한 분쟁을 방지하는 계승 순서가 확립되었습니다. 즉, 섭정의 불편을 선거로 대체하고, 현명한 행정보다는 겉보기 평온을 선호했으며, 우리는 선한 왕의 선택에 대해 논쟁하기보다는 어린이, 괴물, 바보를 지도자로 두는 것을 선호했습니다. 우리는 대안의 위험에 우리 자신을 노출시킴으로써 우리 자신에게 거의 모든 역경을 안겨주고 있다는 점을 고려하지 않았습니다. 그의 아버지가 부끄러운 행동으로 그를 비난하면서 다음과 같이 말한 젊은 데니스에게는 매우 현명한 말이었습니다. 내가 당신에게 모범을 보였습니까? 아, 아들이 대답했습니다. 당신의 아버지는 왕이 아니었습니다!

모든 것은 사람에게서 다른 사람을 지휘하도록 키워진 정의와 이성을 박탈하려고 공모합니다. 그들은 어린 왕자들에게 통치의 기술을 가르치기 위해 많은 노력을 기울인다고 합니다. 이 교육이 그들에게 도움이 되는 것 같지는 않습니다. 그들에게 순종의 기술을 가르치는 것부터 시작하는 것이 좋겠습니다. 역사상 가장 위대한 왕들은 통치하도록 키워지지 않았습니다. 그것은 너무 많이 배운 후에야 결코 덜 소유할 수 없는 과학이며, 명령보다는 순종을 통해 더 잘 얻는다는 것입니다. 가장 유용한 것은 좋은 것과 나쁜 것의 동일하고 가장 간단한 선택, 즉 당신이 다른 통치자 아래 있을 것인지, 그렇지 않을 것인지를 생각하는 것입니다.

이러한 일관성 부족의 결과는 왕립 정부의 변덕스러움입니다. 통치하는 군주나 그를 위해 통치하는 국민의 성격에 따라 때로는 한 계획으로, 때로는 다른 계획으로 스스로를 규제하므로 오랫동안 고정된 대상이나 일관된 행동을 가질 수 없습니다. 국가를 항상 준칙에서 준칙으로, 프로젝트에서 프로젝트로 이동하게 만드는 변동은 군주가 항상 동일한 다른 정부에서는 발생하지 않습니다. 우리는 또한 일반적으로 법정에 더 많은 교활함이 있으면 상원에 더 많은 지혜가 있고, 공화국은 더 지속적이고 더 잘 따르는 견해를 통해 목적을 달성하는 반면, 내각의 각 혁명은 국가에서 하나의 혁명을 낳는다는 것을 알 수 있습니다. 모든 장관과 거의 모든 왕에게 공통된 격언은 모든 것에 있어서 전임자와 반대되는 견해를 취한다는 것입니다.

이와 동일한 불일치로부터 왕실 정치인들에게 매우 친숙한 궤변의 해결책이 나옵니다. 그것은 이미 반박된 오류인 시민 정부를 국내 정부에 비교하고 왕자를 가족의 아버지에 비교하는 것뿐만 아니라 이 치안판사(행정관)에게 그가 필요로 하는 모든 미덕을 아낌없이 부여하고 항상 왕자가 그가 되어야 한다고 가정하는 것입니다. 이 가정은 왕립 정부가 다른 어떤 정부보다 명백히 더 선호되는 이유입니다. 부족한 것은 일반의지에 더 부합하는 신체의 의지입니다.

그러나 플라톤[44])에 따르면 천성적으로 왕이 그렇게 희귀한 인물이라면, 자연과 행운이 공모하여 그를 왕위에 오르게 하는 일이 얼마나 자주 일어날 것이며, 왕실 교육이 필연적으로 그것을 받는 이들을 타락시킨다면, 우리는 통치하도록 키워진 일련의 사람들에게서 무엇을 바랄 것입니까? 그러므로 왕의 정부와 선한 왕의 정부를 혼동하는 것은 실수입니다. 이 정부 자체가 무엇인지 알려면 우리는 그것을 편협하고 사악한 군주들의 통치 아래에서 생각해 보아야 합니다. 왜냐하면 그들은 그 자체

플라톤

---

44) **플라톤** : 다양한 서양 학문에 영향력 있는 그리스의 철학자이자 사상가로, 객관적 관념론(objective idealism)의 창시자이다. 그는 소크라테스의 제자, 아리스토텔레스의 스승이며, 대학의 원형인 고등 교육 기관 '아카데메이아'의 교육자이다.

로 보좌에 올 것이기 때문입니다. 아니면 보좌가 그들을 그렇게 만들 것이기 때문입니다.

이러한 어려움을 우리 저자들은 피할 수 없었지만 당황하지도 않았습니다. 그 치료법은 불평하지 않고 순종하는 것이라고 그들은 말합니다. 하나님은 진노하셔서 악한 왕들을 주셨으니, 그들은 하늘에서 형벌을 받아야 합니다. 이 연설은 의심할 바 없이 교화적입니다. 그러나 정치에 관한 책보다 강단에 더 적합하지 않을지 모르겠습니다. 기적을 약속하고 환자에게 인내심을 가지라고 권고하는 의사에 대해 우리는 무엇이라고 말할 수 있습니까? 우리는 나쁜 정부가 있으면 이를 참아내야 한다는 것을 잘 알고 있습니다. 문제는 좋은 것을 찾는 것입니다.

07

혼합 정부에 관하여
Des Gouvernemens mixtes

엄밀히 말하면 단순한 정부는 없습니다. 단일 지도자에게는 하급 행정관이 있어야 합니다. 대중적인 정부에는 지도자가 있어야 합니다. 따라서 행정권을 공유하는 데에는 항상 큰 숫자에서 가장 작은 숫자로의 등급이 있습니다. 이러한 차이는 때로는 큰 숫자가 작은 숫자에 달려 있고 때로는 작은 숫자가 큰 숫자에 달려 있다는 것입니다.

때로는 동등한 공유가 있습니다. 영국 정부에서와 같이 구성 부분이 상호 의존하는 경우 또는 폴란드처럼 각 당사자의 권한이 독립적이지만 불완전한 경우도 있습니다. 이 마지막 형태는 정부에 통일성이 없고 국가와의 연결이 부족하기 때문에 나쁩니다.

단순정부와 혼합정부 중 어느 것이 더 낫습니까? 정치인들 사이에서 매우 불안한 질문이며, 이에 대해 우리는 위에서 모든 형태의 정부에 대해 했던 것과 동일한 대답을 해야 합니다.

단순한 정부는 단순하기 때문에 그 자체로 최고입니다. 그러나 행정권이 입법부에 충분히 의존하지 않을 때, 즉 국민과 군주 사이보다 군주와 주권자 사이의 관계가 더 클 때, 이러한 균형 부족은 정부를 분할함으로써 해결되어야 합니다. 왜냐하면 그 모든 부분이 신민에 대한 권위를 덜 가지게 되고 그들의 분열로 인해 주권자에 대한 모든 힘이 약해지기 때문입니다.

우리는 여전히 정부 전체를 떠나 두 권력의 균형을 맞추고 각자의 권리를 유지하는 역할만 하는 중간 치안판사를 설치함으로써 동일한 불편을 방지합니다. 그래서 정부는 혼합되지 않고 온화합니다.

그 반대의 불이익은 유사한 방법으로 해결될 수 있으며, 정부가 너무 느슨할 경우 이를 집중시키기 위해 법원을 설립할 수 있습니다. 이것은 모든 민주주의 국가에서 시행됩니다. 첫 번째 경우에 우리는 정부를 약화시키기 위해 정부를 오용하고, 두 번째 경우에는 정부를 강화하기 위해 오용합니다. 최대의 강점과 약점은 단순한 정부에서도 발견되는 반면 혼합 형태는 평균적인 강점을 제공하기 때문입니다.

08

모든 정부 형태가 모든 나라에 적합한 것은 아니다
Que toute forme de Gouvernement n'est pas propre à tout pays

모든 기후의 열매가 아닌 자유는 모든 사람의 손에 닿을 수 있는 것이 아닙니다. 몽테스키외가 확립한 이 원리를 묵상할수록 우리는 그 진실성을 더 많이 느끼게 됩니다. 우리가 그것에 대해 더 많이 이의를 제기할수록 새로운 증거로 그것을 확립할 수 있는 더 많은 기회가 주어집니다.

세계의 모든 정부에서 공인은 아무것도 소비하거나 생산하지 않습니다. 그렇다면 소비되는 물질은 어디서 오는 걸까요? 회원들의 작품에서 공공의 필수품을 생산하는 것은 개인의 과잉이다. 따라서 시민 국가는 인간의 노동이 인간의 필요를 넘어서는 한에서만 존속할 수 있다는 결론이 나옵니다.

그러나 이 잉여는 세계 모든 국가에서 동일하지 않습니다. 많은 경우에는 상당하고, 다른 경우에는 평범하고, 다른 경우에는 제로이고, 다른 경우에는 부정적입니다. 이 관계는 기후의 비옥도, 토지에 필요한 작업 유형, 생산의 성격, 주민의 힘, 그들에게 필요한 소비의 정도, 그리고 토지를 구성하는 기타 유사한 관계에 따라 달라집니다.

반면에 모든 정부가 동일한 성격을 갖는 것은 아닙니다. 다소 탐욕스러운 것들이 있고 차이점은 이 다른 원칙에 기초하고 있습니다. 즉, 공공 기여가 출처에서 더 많이 나올수록 더 부담스럽다는 것입니다. 이 부담을 측정해야 하는 것은 부과된 양이 아니라 그들이 원래 있던 손으로 돌아가기 위해 취해야 하는 길에 따라 측정되어야 합니다. 이 순환이 신속하고 잘 확립되면 지불하는 금액이 적든 많든 문제가 되지 않습니다. 사람들은 여전히 부유하고 재정은 여전히 잘 돌아가고 있습니다. 반대로 사람들이 아무리 적게 베풀어도 그 적은 것이 그들에게 돌아오지 않으면 항상 베푸는 것은 곧 고갈됩니다. 국가는 결코 부자가 아니며 국민은 언제나 거지입니다.

따라서 국민과 정부 사이의 거리가 멀어질수록 조공료는 더욱 부담스러워집니다. 따라서 민주주의에서는 국민의 부담이 가장 적고 귀족정에서는 국민의 부담이 더 크며 군주제에서는 국민의 부담이 가장 큽니다. 따라서 군주제는 부유한 국가에만 적합하고, 귀족정은 부와 규모가 평범한 국가에 적합하며, 민주주의는 작고 가난한 국가에만 적합합니다.

실제로 우리가 그것에 대해 더 많이 생각할수록 자유 국가와 군주제 사이의 차이점을 더 많이 발견할 수 있습니다. 전자에서는 모든 것이 공동의 이익을 위해 사용됩니다. 다른 곳에서는 공적 세력과 사적 세력이 상호적이며 한쪽이 다른 쪽의 약화로 인해 증가합니다. 마지막으로 전제정치는 백성을 행복하게 하기 위해 통치하는 것이 아니라, 통치하기 위해 백성을 비참하게 만듭니다.

그렇다면 각각의 기후에는 기후의 힘이 이끄는 정부 형태를 지정하고 심지어 어떤 유형의 주민이 있어야 하는지 말할 수 있는 자연적 원인이 있습니다. 생산물이 노동할 가치가 없는 배은망덕하고 황폐한 곳은 경작되지 않고 버려지거나 야만인들만 거주해야 합니다. 인간의 노동이 필요한 것만 생산하는 곳은 야만인들이 거주해야 하며 그곳에서는 어떤 정치도 불가능할 것입니다. 노동에 비해 생산물의 과잉이 평범한 곳은 자유인에게 적합합니다. 풍부하고 비옥한 땅이 적은 노동으로 많은 생산물을 제공하고 군주제로 통치하기를 원하는 곳은 왕자의 사치로 잉여 신민을 소비하십시오. 왜냐하면 이 초과분은 개인이 소비하는 것보다 정부가 흡수하는 것이 더 낫기 때문입니다. 예외가 있다는 것을 알고 있습니다. 그러나 이러한 예외는 조만간 사물을 자연의 질서로 되돌리는 혁명을 일으킨다는 점에서 법칙(규칙)을 확증합니다.

일반적인 법칙과 그 효과를 수정할 수 있는 특정 원인을 항상 구별합시다. 남쪽 전체가 공화국으로 덮여 있고 북쪽 전체가 전제 국가로 뒤덮여 있다면 기후의 영향으로 전제주의는 더운 나라에, 야만성은 추운 나라에, 좋은 정치는 중간 지역에 적합하다는 것은 사실일 것입니다. 나는 또한 원칙을 인정함으로써 적용에 대해 논쟁할 수 있다는 것을 알았습니다. 우리는 매우 비옥한 추운 나라와 매우 배은망덕한 남부 나라가 있다고 말할 수 있습니다. 그러나 이 어려움은 사물을 모든 측면에서 조사하지 않는 사람들에게만 해당됩니다. 내가 이미 말했듯이 노동, 힘, 소비 등을 계산하는 것이 필요합니다.

두 개의 동일한 토지에서 하나는 5개, 다른 하나는 10개를 생산한다고 가정해 봅시다. 첫 번째 거주자가 4개를 소비하고 마지막 9개 거주자가 소비하면 첫 번째 제품의 초과분은 5분의 1이 되고 두 번째 제품의 초과분은 10분의 1이 됩니다. 따라서 이 두 가지 초과분의 비율은 생산물의 비율과 반대이므로 5개만 생산하는 토지는 10개를 생산하는 토지의 두 배의 잉여를 제공할 것입니다.

그러나 이중 생산에 대해서는 의문의 여지가 없으며, 나는 누구도 감히 추운 나라의 비옥함을 더운 나라의 비옥함과 동등하다고 생각하지 않습니다. 그러나 이러한 동등성을 가정해 보겠습니다. 원한다면 영국과 시칠리아, 폴란드와 이집트를 떠나자. 더 남쪽으로 가면 아프리카와 인도 제도가 있습니다. 더 북쪽으로 가면 아무것도 없을 것입니다. 이러한 제품의 평등을 위해 문화의 차이는 무엇입니까? 시칠리아에서는 땅을 긁기만 하면 됩니다. 영국에서는 그것을 쟁기질하는 데 얼마나 많은 주의를 기울이는가! 이제 동일한 제품을 생산하는 데 더 많은 인력이 필요한 경우 초과분은 반드시 적어야 합니다.

게다가 더운 나라에서는 같은 양의 남성이 훨씬 더 적게 소비한다는 점을 고려하십시오. 기후는 우리가 건강하기 위해 냉정함을 요구합니다. 그곳에서 집처럼 살고 싶어하는 유럽인들은 모두 반대와 소화 불량으로 멸망합니다. 샤르댕은 아시아인에 비하면 우리는 육식동물이자 늑대라고 말합니다. 어떤 사람들은 페르시아인들이 절주한 이유가 그들의 나라가 덜 경작되었기 때문이라고 생각하며, 나는 그와 반대로 그들의 나라 주민들이 음식을 덜 필요로 하기 때문에 식량이 덜 풍부하다고 믿습니다. 만약 그들의 검소함이 국가의 부족함의 결과라면, 적게 먹는 사람은 가난한 사람들뿐일 것이고 일반적으로 모든 사람이 먹는 것이며 우리는 왕국 전체에서 동일한 절주가 발견되는 대신 국가의 비옥함에 따라 각 지방에서 어느 정도 먹을 것이라고 그는 계속합니다. 그들은 그들의 삶의 방식을 높이 평가하며, 그들의 피부색만 보면 그리스도인의 삶보다 얼마나 더 나은지 알 수 있다고 말합니다. 사실, 페르시아인의 안색은 균일합니다. 그들은 아름답고 곱고 윤기가 나는 피부를 가지고 있는 반면, 유럽식으로 살아가는 신민인 아르메니아인들은 피부색이 거칠고 얼룩덜룩하며 몸이 뚱뚱하고 무겁습니다.

우리가 경계선에 가까울수록 사는 사람은 줄어듭니다. 그들은 고기를 거의 먹지 않습니다. 달콤한 빵, 옥수수, 쿠즈쿠즈, 기장, 카사바 등이 그들의 일반적인 음식입니다. 인도에는 하루에 한 푼도 먹지 않는 사람들이 수백만 명 있습니다. 유럽 자체에서도 북부 사람들과 남부 사람들의 식욕에 상당한 차이가 있습니다. 스페인 사람은 8일 동안 독일 사람의 저녁 식사를 먹고 살게 됩니다. 남성이 더 탐욕스러운 국가에서는 사치품도 소비재로 변합니다. 영국에서는 고기가 담긴 테이블에 나타납니다. 이탈리아에서는 설탕과 꽃을 대접합니다.

의류의 고급스러움은 여전히 비슷한 차이점을 제공합니

다. 계절의 변화가 빠르고 격렬한 기후에서 우리는 더 좋고 단순한 옷을 갖게 됩니다. 우리가 단지 장식용으로 입는 옷에서는 실용성보다는 화려함을 더 추구하며 옷 자체는 사치품입니다. 나폴리에서는 매일 파우실리포스 주변을 산책하는 황금 재킷과 스타킹을 신지 않은 남자들을 볼 수 있습니다. 건물도 마찬가지입니다. 공중의 모욕을 두려워할 것이 아무것도 없을 때 우리는 모든 것을 장엄하게 만듭니다. 파리와 런던에서 우리는 따뜻하고 편안하게 머물기를 원합니다. 마드리드에는 훌륭한 거실이 있지만 닫히는 창문은 없고 쥐 둥지에서 잠을 잔다.

더운 나라에서는 음식이 훨씬 더 풍부하고 맛있습니다. 그것은 두 번째 차이에 영향을 미치지 않을 수 없는 세 번째 차이입니다. 이탈리아에서는 왜 야채를 그렇게 많이 먹을까요? 그것들은 훌륭하고 영양가가 높으며 맛이 뛰어나기 때문입니다. 물만 공급되는 프랑스에서는 영양분이 없으며 식탁에서는 거의 아무것도 아닌 것으로 간주됩니다. 그러나 그들은 토지를 덜 차지하지 않으며 경작하는 데 최소한 그만큼의 수고가 듭니다. 프랑스보다 열등한 바르바리의 밀이 훨씬 더 많은 밀가루를 생산하고, 프랑스의 밀이 북쪽의 밀보다 더 많은 밀가루를 생산한다는 것은 경험입니다. 이를 통해 일반적으로 선에서 극점까지 같은 방향에서 유사한 그라데이션이 관찰된다는 것을 추론할 수 있습니다. 이제 동일한 제품에 더 적은 양의 음식을 넣는 것이 눈에 띄는 단점이 아닐까요?

이 모든 다양한 고려 사항에 나는 그로부터 비롯되고 이를 강화하는 하나를 추가할 수 있습니다. 이는 더운 나라가 추운 나라보다 주민 수요가 적고 더 많은 주민을 먹일 수 있기 때문입니다. 이는 항상 전제주의에 유리하도록 이중의 과잉을 생산합니다. 같은 수의 주민이 넓은 지역을 차지할수록 반란은 더욱 어려워집니다. 왜냐하면 우리는 신속하게 또는 비밀리에 서로 협의할 수 없고, 정부가 프로젝트를 부채질하고 통신을 차단하기가 항상 쉽기 때문입니다. 그러나 많은 사람들이 가까워질수록 정부가 주권자를 찬탈할 수 있는 가능성은 줄어듭니다. 추장들은 군주가 의회에 참석하는 것처럼 자신의 방에서 확실하게 숙고하고, 군중은 군대가 자신들의 숙소에 들어오자마자 광장으로 모입니다. 그러므로 폭군적인 정부의 장점은 그것이 먼 거리에서 행동한다는 것입니다. 그가 스스로 제공하는 지지점의 도움으로 그의 힘은 지렛대의 힘만큼 증가합니다.[45] 그것은 반대로 사람들의 것은 집중적으로 작용할 뿐이며, 퍼지면서 증발하고 사라져 버린다. 마치 땅에 흩뿌려진 가루가 불을 한 알 한 알씩 붙잡는 것과 같다. 따라서 인구가 가장 적은 국가는 폭정에 가장 적합합니다. 사나운 짐승은 사막에서만 통치합니다.

---

[45] 이것은 내가 L II 위에서 말한 것과 모순되지 않습니다. 녀석. IX. 큰 국가의 단점 ; 이는 구성원에 대한 정부의 권위에 관한 것이고, 국민에 대한 정부의 힘에 관한 것이기 때문입니다. 흩어져 있는 구성원들은 멀리서 국민을 대상으로 행동할 수 있는 지지점 역할을 하지만, 구성원 자신을 대상으로 직접 행동할 수 있는 지지점은 없습니다. 그러므로 어떤 경우에는 지렛대의 길이가 그것을 약하게 하고 다른 경우에는 강함을 만든다.

09

좋은 정부의 징후에 관하여
Des signes d'un bon Gouvernement

그러므로 우리가 어느 정부가 최고의 정부인지를 묻는다면, 우리는 풀리지 않는 질문을 불확정적인 것으로 만드는 것입니다. 또는 원한다면 사람들의 절대 위치와 상대 위치에서 가능한 조합만큼 좋은 해결책이 많이 있습니다.

그러나 특정 국민이 잘 통치되고 있는지, 아니면 제대로 통치되지 않고 있는지를 알 수 있는지 묻는다면 그것은 다른 문제가 될 것이며 사실 문제는 해결될 수 있습니다.

하지만 모두가 각자의 방식으로 해결하고 싶어하기 때문에 우리가 해결할 수는 없습니다. 피험자들은 공공의 평온을 찬양하고, 시민들은 개인의 자유를 찬양합니다. 하나는 소유물의 안전을 선호하고 다른 하나는 사람의 안전을 선호합니다. 한 사람은 최고의 정부가 가장 가혹하기를 원하고 다른 사람은 그것이 가장 온화한 정부라고 주장합니다. 이 사람은 범죄가 처벌되기를 원하고, 다른 사람은 범죄가 예방되기를 원합니다. 한 사람은 이웃이 두려워하는 것이 아름답다고 생각하고 다른 사람은 무시당하는 것을 선호합니다. 한 사람은 돈이 돌면 기뻐하고 다른 사람은 사람들에게 빵을 요구합니다. 우리가 이러한 점과 기타 유사한 점에 동의하더라도 우리가 더 앞서 나갈 수 있을까요? 도덕적 양은 정확한 측정이 부족하기 때문에 기호에 동의하더라도 추정에 어떻게 동의할 수 있습니까?

나는 우리가 그런 단순한 신호를 무시하거나 그것에 동의하지 않는 악의를 가지고 있다는 사실에 항상 놀랐습니다. 정치 결사의 종말은 무엇인가? 구성원의 보존과 번영을 위한 것입니다. 그리고 그들이 보존되고 번성하고 있다는 가장 확실한 신호는 무엇입니까? 이것은 그들의 수와 인구입니다. 그러니 이 많은 논란의 여지가 있는 표시를 찾기 위해 다른 곳을 찾지 마십시오. 모든 것이 평등하다면, 외국 수단 없이, 귀화 없이, 식민지 없이 시민들이 더 많이 인구를 늘리고 증식할 수 있는 정부가 틀림없이 최고입니다. 국민이 쇠퇴하고 쇠약해지는 것은 최악입니다. 계산기, 이제 귀하의 비즈니스입니다. 세고, 측정하고, 비교하십시오.[46]*

---

46) 우리는 인류의 번영을 위해 우선적으로 가치가 있는 세기를 동일한 원칙으로 판단해야 합니다. 우리는 문화의 비밀 대상을 관통하지 않고, 재앙적인 결과를 고려하지 않고, 문학과 예술이 번성하는 것을 본 사람들을 너무 많이 존경했습니다. 우리는 책의 격언에서 저자가 말하게 만드는 조잡한 관심을 결코 볼 수 없을 것입니까? 아니, 그들이 뭐라고 말하든, 나라가 화려함에도 불구하고 인구가 감소하면 모든 것이 잘되고 있다는 것은 사실이 아니며 시인이 한 세기 동안 십만 파운드의 수입을 얻는 것만으로는 최고가 될 수 없습니다. 우리는 지도자들의 겉보기에 보이는 휴식과 평온보다는 국가 전체, 특히 가장 많은 국가의 안녕에 주목해야 합니다. 우박은 일부 주州를 황폐화시키지만, 식량 부족을 초래하는 경우는 거의 없습니다. 폭동과 내전은 지도자들을 크게 겁주지만, 국민들에게는 진정한 불행을 초래할 수 없으며, 국민들은 안도할 수도 있고, 누가 그들을 압제할 것인가에 대한 논쟁이 벌어지고 있습니다. 그들의 번영이나 진정한 재난은 그들의 영구적인 상태에서 비롯됩니다. 모든 것이 멍에 아래서 짓밟힌 채 남아 있으면 모든 것이 멸망하고, 지도자들이 한가할 때 그들을 파괴합니다. 대왕들의 성가심이 프랑스 왕국을 동요시켰고, 파리의 부관이 주머니에 단검을 들고 의회로 갔을 때, 이것이 프랑스 국민들이 정직하고 자유롭고 편안하게 행복하고 많은 삶을 사는 것을 막지는 못했습니다. 이전 그리스는 가장 잔인한 전쟁 속에서 번영을 누렸습니다. 피가 자유롭게 흘렀고 온 나라가 남자

10

정부의 권력남용과 그 타락 경향에 관하여
De l'abus du Gouvernement & de sa pente à dégénérer

⋮

특정 개인이 지속적으로 일반의지에 반하여 행동하는 것처럼 정부도 주권에 반하는 지속적인 노력을 기울이고 있습니다. 이러한 노력이 증가할수록 헌법은 더 많이 변경되며, 여기에 균형을 맞추기 위해 군주의 의지에 저항하는 신체의 다른 의지가 없기 때문에 조만간 군주가 최종적으로 주권자를 억압하고 사회 조약을 깨뜨리는 일

들로 뒤덮였습니다. 마키아벨리는 살인, 금지, 내전 속에서 우리 공화국이 더욱 강력해진 것처럼 보였다고 말했습니다. 시민의 미덕, 도덕, 독립성은 모든 불화로 인해 약화되었던 것보다 강화되는 데 더 큰 영향을 미쳤습니다. 약간의 동요는 영혼에 봄을 주고, 실제로 종을 번영하게 만드는 것은 평화보다는 자유입니다.

이 일어나야 합니다. 이것은 늙음과 죽음이 마침내 인간의 육체를 파괴하는 것과 마찬가지로 정치 신체가 탄생할 때부터 그것을 끊임없이 파괴하려는 선천적이고 피할 수 없는 악입니다.

정부가 타락하는 데에는 두 가지 일반적인 방법이 있습니다. 즉, 긴축되거나 국가가 해체될 때입니다.

정부는 다수에서 소수로, 즉 민주주의에서 귀족으로, 귀족에서 왕족으로 넘어갈 때 강화됩니다. 이것은 자연스러운 성향입니다. 그들은 그들의 주권자가 아니었습니다.

사람들은 군주제에서 귀족제로, 귀족제에서 민주주의로 넘어가는 정반대의 진전을 이룬 로마 공화국에 반대하지 않을 수 없을 것입니다. 나는 그런 식으로 생각하는 것과는 거리가 있습니다.

로물루스[47]의 첫 번째 설립은 빠르게 전제주의로 타락한

---

47) **로물루스**(Romulus: 기원전 772년?~기원전 716년?) : 로마의 건국자이자 초대 왕이라고 전해지는 전설적 인물이다. 알바 롱가의 왕 누미토르의

혼합 정부였습니다. 특별한 원인으로 인해 국가는 시대가 오기 전에 멸망했습니다. 갓 태어난 아기가 성년이 되기 전에 죽는 것을 볼 수 있듯이, 타르퀴니우스[48] 가문의 추방은 공화국 탄생의 진정한 시대였

로물루스

습니다. 그러나 처음에는 일정한 형태를 취하지 않았습니다. 왜냐하면 작업의 절반만이 귀족(Patriciat)에 의해 폐지함으로써 수행되었기 때문입니다. 이런 식으로 합법적인 행정 중 최악인 세습 귀족이 민주주의와 계속 충돌하고 있기

딸 레아 실비아의 아들들인 로물루스와 레무스 형제 중 형으로서, 팔라티노 언덕에 세력을 구축했다. 아벤티노 언덕에 자리를 잡은 레무스와 경쟁한 끝에 기원전 753년 4월 21일 레무스를 죽이고 다른 5개 언덕의 동맹체로서 로마를 건국한다. 로물루스는 조세와 징병을 위해 시민들을 세 개의 부족들로 나누고, 상비군 친위대인 켈레레스를 창설하고, 여성 인구 부족 해결을 위해 사비니 여인들을 약탈하는 등 로마라는 국가의 기틀을 세웠다. 재위 37년째 되던 해 로물루스는 실종되었다. 왕권강화에 의해 이권이 침해받던 귀족들에게 암살당했다는 소문도 있었지만 공식적으로는 퀴리누스라는 신이 되어 승천했다고 발표되었고 퀴리누스를 숭배하는 종교도 생겼다.

48) **루키우스 타르퀴니우스 수페르부스**(Lucius Tarquinius Superbus, 기원전 495년 사망)는 : 전설적인 로마의 7번째이자 마지막 왕으로, 로마 공화국을 수립하게 된 대중 봉기까지 25년 동안 통치했다. 그는 일반적으로 그의 별명인 수페르부스에서 나온 자랑스러운 타르퀴니(Tarquin the Proud)로 알려져 있다.

때문에 항상 불확실하고 유동적인 정부 형태는 마키아벨리[49]가 입증한 것처럼 호민관[50]의 설립으로만 고정되었습니다. 그때에만 진정한 정부와 진정한 민주주의가 존재했습니다. 사실 당시 인민은 주권자일 뿐만 아니라 치안판사와 판사이기도 했습니다. 원로원은 정부와 영사 자신을 조절하고 집중시키는 하위 재판소일 뿐이었습니다. 비록 귀족은 제1치안관이지만 전쟁에서는 절대적인 장군이었지만 로마에서는 인민의 대통령일 뿐이었습니다.

---

49) **니콜로 마키아벨리**(1469년 5월 3일~1527년 6월 21일) : 피렌체 공화국의 외교관, 정치학자, 역사가, 극작가.『군주론』의 저자로서 근대 정치철학의 기틀을 만든 사상가이다. 고대 철학이 '정치는 어떻게 되어야 할 것인가?'라는 당위적인 목표를 두고 도덕적 관점에서 정치를 서술했다면, 마키아벨리는 '정치가 실제 세계에서 작동하는 방식은 무엇인가?'라는 지극히 현실적인 관점에서 근대 정치철학을 개시했다. '정치적 목적을 달성하기 위해서는 수단과 방법을 가리지 않아야 된다.'는 마키아벨리즘으로 비판받기도 하지만, 그럼에도 오늘날 마키아벨리의 사상이 중요하게 평가받는 까닭은, 그 정치적 목적이 민중의 자유를 보장해야 달성할 수 있는 것이라고 주장했기 때문이다. 다수의 민중이 정치의 핵심이라는 마키아벨리의 주장은 이후 근대 유럽의 공화주의 담론 부활의 계기가 된다.

50) **호민관**護民官 : 로마 제국의 관직 중 하나로, 백성(民)을 지키고 돕는(護) 업무를 맡는 평민 대표 직책이다. 로마 공화정이 성립되고 해당 족장들이 그대로 원로원 귀족 의원으로 들어간 이후로 잘 쓰이지 않아 사어(死語)가 되어가던 표현이었다.

그때부터 우리는 또한 정부가 자연스러운 성향을 취하고 귀족주의에 강한 경향을 보이는 것을 보았습니다. 패트리샤(귀족)가 마치 그 자체로 폐지된 것처럼 귀족은 더 이상 베니스와 제노아에서와 같이 귀족의 몸에 있지 않고 귀족과 평민으로 구성된 원로원의 몸에 있었고 심지어 호민관이 적극적인 권력을 찬탈하기 시작했을 때에도 호민관에 있었습니다. 왜냐하면 말은 사물에 아무 상관이 없고 인민이 그들을 위해 통치하는 지도자가 있을 때, 이 지도자들의 이름이 무엇이든 상관없기 때문입니다. 그것은 여전히 귀족입니다.

귀족의 학대로부터 내전과 삼두정치[51]가 탄생했습니다. 술라[52], 율리우스 카이사르[53], 아우구스투스[54]는 사실상

---

51) **삼두정치** : 세 명의 강력한 개인에 의해 통치되거나 지배되는 정치 정권을 말한다.

52) **루키우스 코르넬리우스 술라 펠릭스**(Lucius Cornelius Sulla Felix, 기원전 138년~기원전 78년) : 로마 시대의 정치가이자 장군이었다. 뛰어난 술수와 군사적 재능으로 군대를 이끌고 로마에 두 번이나 진격하였고 독재관이 되어 반대파에 대한 무자비한 숙청으로 공포정치를 실시했다.

53) **가이우스 율리우스 카이사르**(\Gaius Julius Caesar: 기원전 100년 7월 12일~기원전 44년 3월 15일) **또는 줄리어스 시저** : 로마 공화국의 정치

진정한 군주가 되었고, 마침내 티베리우스[55]의 전제정치 아래에서 국가는 해체되었습니다. 그러므로 로마 역사는 나의 원칙과 모순되지 않습니다. 만약 그가 작은 숫자에서 큰 숫자로 퇴보했다면, 우리는 그가 편안하다고 말할 수 있습니다. 그러나 이 역진행은 불가능합니다.

인, 장군, 작가이다. 그는 로마 공화국이 로마 제국으로 변화하는 데 중요한 역할을 하였다.

54) **임페라토르 카이사르 디비 필리우스 아우구스투스**(Imperator Caesar divi filius Augustus, 기원전 63년 9월 23일~서기 14년 8월 19일) : 로마 제국 초대 황제(재위 기원전 27년~서기 14년)이다. 또한 로마 제국의 첫 번째 황조인 율리우스-클라우디우스 왕조의 초대 황제이기도 하다. 본명은 가이우스 옥타비우스 투리누스였으나, 카이사르의 양자로 입적된 후 가이우스 율리우스 카이사르 옥타비아누스로 불렸다. 기원전 44년 옥타비아누스는 자신의 외할머니 율리아 카이사리스의 남동생이자 자신의 외종조부뻘인 율리우스 카이사르가 암살되자, 유언장에 따라 카이사르의 양자가 되어 그 후계자가 되었다.

55) **티베리우스 율리우스 카이사르 아우구스투스**(Tiberius Julius Caesar Augustus, 기원전 42년 11월 16일~37년 3월 16일) : 로마 제국의 제2대 황제이다. 그의 계부, 제1대 로마 황제 아우구스투스의 뒤를 이어, 기원후 14년부터 기원후 37년까지 통치하였다. 아우구스투스의 양자로 들어가기 전 이름은 티베리우스 클라우디우스 네로이다. 로마 제국의 초대 황제 아우구스투스의 양아들이자 아우구스투스의 황후였던 리비아 드루실라의 친아들이다.

실제로 정부는 낡아서 자체 유지가 불가능할 정도로 약해지지 않는 한 결코 형태를 바꾸지 않습니다. 이제 뻗어나가면서 더 긴장을 풀면 힘이 완전히 제로가 되어 생존력도 더욱 떨어지게 됩니다. 그러므로 용수철이 무너지면 이를 감고 조여야 합니다. 그렇지 않으면 용수철이 지탱하고 있는 국가가 파멸하게 될 것입니다.

국가 해산의 경우는 두 가지 방식으로 발생할 수 있습니다.

첫째, 군주가 더 이상 법에 따라 국가를 통치하지 않고 주권을 찬탈하는 경우입니다. 그러면 놀라운 변화가 일어납니다. 그것은 정부가 아니라 국가가 강화된다는 것입니다. 나는 위대한 국가가 해체되고 그 안에 또 다른 국가가 형성된다는 것을 의미합니다. 정부 구성원들로만 구성되고 나머지 국민에게는 그 주인과 폭군에 지나지 않습니다. 따라서 정부가 주권을 찬탈하는 순간 사회 협약은 깨지고, 정당하게 자연적 자유를 회복한 모든 시민은 복종해야 하지만 의무는 아닙니다.

정부 구성원이 단체로서만 행사해야 하는 권한을 개별적

으로 찬탈하는 경우에도 동일한 경우가 발생합니다. 이는 법률을 덜 위반하는 것이 아니라 더 큰 혼란을 초래합니다. 그러면 우리는 말하자면 치안판사만큼 많은 왕자를 갖게 되고, 정부만큼이나 분열된 국가도 멸망하거나 형태가 변하게 됩니다.

국가가 해산되면 정부에 대한 남용은 그것이 무엇이든 간에 무정부 상태라는 통칭을 갖게 됩니다. 구별함으로써 민주주의는 오클로크라시(ochlocracy : 폭민정치)로, 귀족정은 올리가르시(oligarchy ; 과두정치)로 전락합니다. 나는 왕족이 폭정으로 변질된다는 점을 덧붙이고 싶습니다. 그러나 이 마지막 말은 모호하며 설명이 필요합니다.

저속한 의미에서 폭군은 정의와 법을 무시하고 폭력으로 통치하는 왕입니다. 정확한 의미에서 폭군은 왕권을 가질 권리가 없이 자신에게 왕권을 오용하는 개인입니다. 이것이 그리스인들이 폭군이라는 단어를 이해한 방법입니다. 그들은 권위가 적법하지 않은 선한 군주와 악한 군주에게 무관심하게 이 단어를 부여했습니다.[56] 따라서 폭군과 강탈자는 완전히 동의어인 두 단어입니다.

여러 가지 사물에 서로 다른 이름을 붙이기 위해 나는 왕권을 찬탈한 자를 폭군, 주권을 찬탈한 자를 독재자라고 부릅니다. 폭군은 법에 따라 통치하기 위해 법을 위반하는 사람입니다. 독재자는 자신을 법 자체 위에 두는 사람입니다. 따라서 폭군은 전제군주가 아닐 수도 있지만, 전제군주는 항상 폭군입니다.

---

56) 아리스토텔레스다. 폭군과 왕을 구별하는데, 전자는 자신의 효용을 위해 통치하고 후자는 신하의 효용만을 위해 통치한다는 점에서 그렇다. 그러나 그 외에도 모든 그리스 저자들은 일반적으로 폭군이라는 단어를 다른 의미로 취했는데, 무엇보다도 크세노폰의 히에로에서 나타납니다. 아리스토텔레스의 구별에 따르면, 세상이 시작된 이래로 단 한 명의 왕도 존재하지 않았습니다.

11

정치체의 죽음에 관하여
De la mort du Corps politique

이는 가장 잘 구성된 정부의 자연스럽고 피할 수 없는 성향입니다. 스파르타와 로마가 멸망했다면 어떤 국가가 영원히 지속되기를 바랄 수 있겠습니까? 우리가 영속적인 시설을 만들고 싶다면 그것을 영원하게 만들 생각을 하지 맙시다. 성공하기 위해 우리는 불가능한 일을 시도해서는 안 되며, 인간의 일에 인간이 갖지 못한 견고함을 부여하는 것에 대해 자부심을 가져서도 안 됩니다.

인간의 몸과 마찬가지로 정치체도 태어날 때부터 죽기 시작하며 그 파괴의 원인을 그 자체 안에 갖고 있습니다. 그러나 둘 다 어느 정도 견고하고 어느 정도 오랫동안 보존할 수 있는 구성을 가질 수 있습니다. 인간의 헌법은 자연의 작품이고, 국가의 헌법은 예술의 작품입니다. 자신의 생명을 연장하는 것은 인간에게 달려 있는 것이 아니라, 국가가 가질 수 있는 최고의 헌법을 제공함으로써 국가의 생명을 최대한 연장하는 것은 인간에게 달려 있습니다. 최선을 다해 구성된 것은 완료되지만 예상치 못한 사고가 시간 내에 손실을 가져오지 않으면 다른 것보다 늦게 완료됩니다.

정치 생활의 원칙은 주권에 있습니다. 입법권은 국가의 심장이고, 행정권은 모든 부분에 움직임을 주는 두뇌입니다. 뇌가 마비되어도 개인은 여전히 살아갈 수 있습니다. 인간은 여전히 바보로 남아 살아가지만, 심장이 그 기능을 멈추자마자 죽습니다.

국가가 존재하는 것은 법이 아니라 입법권을 통해서입니다. 어제의 법은 오늘을 구속하지 않지만, 암묵적인 동의는 침묵으로 추정되며 주권자는 자신이 폐지하지 않는 법을 끊임없이 확증할 수 있어야 합니다. 그가 한때 원한다고 말한 것이 무엇이든 취소하지 않는 한 그는 항상 그것을 원합니다.

그렇다면 우리는 왜 고대 법률을 그토록 존중합니까? 그렇기 때문에 우리는 그것을 오랫동안 보존할 수 있었던 것은 오직 고대 의지의 탁월함이었다는 것을 믿어야 합니다. 만약 주권자가 그것들이 항상 유익하다는 것을 인정하지 않았다면, 그는 그것들을 천 번이라도 취소했을 것입니다. 이것이 바로 모든 잘 구성된 국가에서 법이 약화되기는커녕 끊임없이 새로운 힘을 얻는 이유입니다. 고대의 편견은 날이 갈수록 그들을 더욱 존경하게 만듭니다. 반면에 나이가 들수록 법이 약해지는 곳에서는 이는 더 이상 입법권이 없고 국가도 더 이상 존재하지 않는다는 것을 증명합니다.

12

주권적 권위는 어떻게 유지되는가 (1)
Comment se maintient l'autorité souveraine

입법권 외에는 다른 힘이 없는 주권자는 오직 법을 통해서만 행동하며, 법은 일반의지의 진정한 행위일 뿐이므로 주권자는 국민이 모일 때만 행동할 수 있습니다. 모인 사람들은 정말 키메라라고 말할 것입니다! 오늘날은 키메라이지만 2000년 전에는 그렇지 않았습니다. 인간의 본성이 변했습니까?

도덕적인 문제에서 가능한 것의 한계는 우리가 생각하는 것보다 덜 좁습니다. 그 한계를 좁히는 것은 우리의 약점과 악덕과 편견입니다. 비열한 영혼은 위대한 사람을 믿지 않습니다. 사악한 노예는 자유라는 단어를 조롱하며 미소를 짓습니다.

지금까지 이루어진 일을 바탕으로 무엇을 할 수 있는지 생각해 봅시다. 나는 고대 그리스 공화국에 대해 이야기하지 않겠습니다. 그러나 제가 보기에 로마 공화국은 위대한 국가였으며 로마는 위대한 도시였습니다. 마지막 인구 조사에서는 로마에 40만 명의 무장 시민이 있었고, 제국의 마지막 집계에서는 신민, 외국인, 여성, 어린이, 노예를 제외하고 400만 명 이상의 시민이 있었습니다.

이 수도와 그 주변 지역의 수많은 사람들을 자주 모으는 것이 얼마나 어려운 일이겠습니까! 그러나 몇 주가 지나도 로마인들은 집결하지 못했으며 심지어 여러 차례도 그러했습니다. 그는 주권의 권리를 행사할 뿐만 아니라 정부 권리의 일부도 행사합니다. 그는 특정 사건을 다루었고, 특정 원인을 판단했으며, 이 모든 사람은 광장에서 거의 시민만큼이나 치안판사(행정관)였습니다.

국가의 초기 시대로 돌아간다면 우리는 대부분의 고대 정부와 심지어 마케도니아인과 프랑크인의 정부와 같은 군주제 정부에도 비슷한 공의회[57]가 있었다는 것을 알 수 있습니다. 어떤 경우이든, 논쟁의 여지가 없는 이 단 하나의 사실은 모든 어려움에 대한 답을 제공합니다. 즉, 존재하는 것부터 가능한 것까지 결과는 좋은 것 같습니다.

---

57) **공의회** : 교황이 세계의 추기경·주교·신학자들을 소집하는 종교 회의. 교리·규율 따위를 협의해서 규정함.

13

주권적 권위는 어떻게 유지되는가 (2)
Comment se maintient l'autorité souveraine

:
:
:
:
:

모든 국민이 일단 법률 체계를 승인함으로써 국가의 헌법을 확정한 것만으로는 충분하지 않습니다. 그분이 영구 정부를 세우셨다거나 행정관 선거를 위해 단번에 제공하신 것만으로는 충분하지 않습니다. 예상치 못한 경우에 필요할 수 있는 임시 집회 외에도 어떤 것도 폐지하거나 연장할 수 없는 고정되고 정기적인 집회가 있어야 하며, 지정된 날에 다른 공식적인 소집이 필요 없이 법에 따라 인민이 합법적으로 소집될 수 있어야 합니다.

그러나 날짜별 이러한 법적 집회 외에 이 목적을 위해 임명된 치안판사(행정관)가 규정된 형식에 따라 소집하지 않은 모든 인민 집회는 불법으로 간주되어야 하며 그곳에서 행해진 모든 일은 무효로 간주되어야 합니다. 왜냐하면 집회 명령 자체가 법에서 나와야 하기 때문입니다.

합법적인 조립품의 반환 빈도가 어느 정도인지에 관해서는 우리가 이에 대해 정확한 규칙을 제시할 수 없을 정도로 많은 고려 사항에 달려 있습니다. 오직 우리가 일반적으로 정부가 더 많은 힘을 가질수록 주권자는 더 자주 나타나야 한다고 말할 수 있습니다.

이것은 단일 도시에 좋을 수 있다고 들었습니다. 하지만 국가에 여러 개가 포함되어 있으면 어떻게 해야 할까요? 우리는 주권을 공유할 것인가, 아니면 그것을 하나의 도시에 집중시키고 다른 모든 것을 종속시켜야 할 것인가?

나는 둘 다 하지 말아야 한다고 대답합니다. 첫째, 주권은 단순하고 하나이며, 이를 파괴하지 않고서는 분할될 수 없습니다. 둘째, 국가와 마찬가지로 도시도 다른 도시에 합법적으로 복종할 수 없습니다. 왜냐하면 정치체의 본질은 복종과 자유의 일치에 있고 주체와 주권이라는 단어는 시민이라는 단어 아래 통합되어 있는 동일한 상관관계이기 때문입니다.

나는 더 나아가서 여러 도시를 하나의 도시로 통합하는 것은 언제나 악이며, 이러한 통합을 원할 때 자연적인 불리함을 피하고 있다고 자만해서는 안 된다고 대답합니다. 우리는 작은 국가만을 원하는 사람들에 대해 큰 국가가 남용하는 것에 반대해서는 안 됩니다. 그러나 작은 국가가 큰 국가에 저항할 만큼 충분한 힘을 어떻게 줄 수 있습니까? 과거와 마찬가지로 그리스 도시들은 대왕에게 저항했고 최근에는 네덜란드와 스위스가 오스트리아 왕가에 저항했습니다.

그러나 국가를 단지 한계를 줄일 수 없다면 여전히 자원이 남아 있습니다. 그곳에 수도를 두지 않고, 각 도시에 정부를 번갈아 가며, 그 나라의 주들을 차례로 모으는 것입니다.

영토에 균등하게 거주하고, 모든 곳에서 동일한 권리를 확장하고, 모든 곳에 풍요와 생명을 가져오십시오. 이것이 가능한 한 국가가 가장 강력하고 가장 잘 통치되는 방법입니다. 도시의 벽은 들판에 있는 집의 잔해로만 형성된다는 점을 기억하십시오. 수도에 지어진 궁궐 하나하나를 보면 나는 나라 전체가 움막에 들어가는 것을 보는 것 같습니다.

14

주권적 권위는 어떻게 유지되는가 (3)
Comment se maintient l'autorité souveraine

국민이 합법적으로 주권 기관으로 모이는 순간, 정부의 모든 관할권은 정지되고, 행정권도 정지되며, 마지막 시민의 인격도 첫 번째 치안판사(행정관)만큼 신성하고 침해할 수 없습니다. 대표자가 있는 곳에는 더 이상 대표자가 없기 때문입니다. 코미티아(comitia: 선거) 동안 로마에서 일어난 대부분의 소란은 이 규칙을 무시하거나 무시한 데서 비롯되었습니다. 당시 영사는 국민의 대통령일 뿐이었고 호민관은 단순한 연설가였습니다.[58] 원로원[59]은 전혀 아

---

58) 대략 영국 의회에서 이 이름에 부여된 의미에 따릅니다. 이러한 직업의 유사성은 모든 관할권이 정지되더라도 영사와 호민관 사이에 갈등

무엇도 아니었습니다.

군주가 현 상사를 인정하거나 인정해야 하는 정지 기간은 항상 그에게 무서운 일이었고, 정치체의 보호이자 정부의 제동자인 이 국민의회는 항상 지도자들에게 공포의 대상이었습니다. 그래서 그들은 시민들을 격퇴하기 위한 배려, 반대, 어려움, 약속을 결코 아끼지 않았습니다. 그들이 탐욕스럽고, 비겁하고, 소심하고, 자유보다 휴식을 더 좋아할 때, 그들은 정부의 배가된 노력에 오랫동안 저항하지 못합니다. 그리하여 저항하는 세력이 지속적으로 증가함에 따라 주권은 결국 사라지고 대다수의 도시는 시간이 지나기 전에 무너지고 멸망하게 됩니다.

그러나 주권과 자의적 정부 사이에 때로는 논의가 필요한 평균 권력이 도입되기도 합니다.

을 가져왔을 것입니다.

59) **로마 원로원**(senate) : 고대 로마의 정치 기관이다. 공화정 시대에 원로원은 집정관의 자문 기관이었지만, 명망가나 현직 및 전직 요직자 대부분을 의원으로 불렀고, 명망가들은 다수의 크리엔테스를 소유함으로써 입법 기관인 시민 집회에 큰 영향을 미치고 있었다. 따라서 그 실체는 로마의 외교·재정 등의 결정권을 장악한 실질적인 통치 기구였다.

15

대의원 또는 대표에 관하여
Des Députés ou Représentans

공적 봉사가 시민의 주된 사업이 되지 않고, 국민이 자신의 몸보다 돈으로 봉사하는 것을 더 좋아하자마자 국가는 이미 파멸에 가까워졌습니다. 우리는 전투에 참여해야 할까요? 그들은 군대에 돈을 지불하고 집에 있습니다. 우리가 평의회에 가야 할까요? 그들은 대리인을 임명하고 집에 있습니다. 게으름과 돈 때문에 그들은 마침내 고국을 위해 봉사할 군인과 그것을 팔 수 있는 대표자를 갖게 되었습니다.

개인 서비스를 돈으로 바꾸는 것은 상업과 예술의 번거로

움, 이득에 대한 탐욕스러운 관심, 부드러움과 편리함에 대한 사랑입니다. 우리는 이익을 쉽게 늘리기 위해 이익의 일부를 포기합니다. 돈을 주면 곧 다리미를 갖게 될 것입니다. 재정이라는 단어는 노예적인 단어입니다. 그는 도시에서 알려지지 않았습니다. 진정한 자유 국가에서 시민들은 모든 일을 손으로 하고 돈으로는 아무것도 하지 않습니다. 그들은 의무를 면제받기는커녕 스스로 의무를 이행하기 위해 돈을 지불했습니다. 나는 일반적인 생각과는 거리가 멀다고 생각합니다. 집안일은 세금보다 자유에 덜 반대된다고 믿습니다.

국가가 더 잘 구성될수록 시민들의 마음속에서 공적인 일이 사적인 일보다 더 많이 우세해집니다. 사적인 일이 훨씬 적습니다. 왜냐하면 공동의 행복의 총합이 각 개인의 행복에 비해 더 많은 부분을 차지하기 때문에 개인이 개인적으로 추구할 일이 더 적기 때문입니다. 잘 관리되는 도시에서는 모두가 의회로 날아갑니다. 나쁜 정부 아래에서는 누구도 거기에 도달하기 위해 한 발짝 나아가는 것을 좋아하지 않습니다. 왜냐하면 아무도 거기에서 일어나는 일에 관심을 가지지 않기 때문입니다. 왜냐하면 일반의지가 그곳을 지배하지 못할 것이라고 예상되기 때문이며 결국 가정의 걱정이 모든 것을 흡수하기 때문입니다. 좋은 법은 더 나은 법을 낳고, 나쁜 법은 더 나쁜 법을 낳습니다. 누군가 국정에 관해 이야기하자마자 그것이 나에게 무슨 상관이겠는가? 우리는 국가가 상실되었다고 가정해야 합니다.

조국에 대한 사랑의 약화, 사익 활동, 국가의 광대함, 정복, 정부의 남용으로 인해 우리는 국가 의회에서 국민 대표 또는 대표의 길을 상상하게 됩니다. 이것이 일부 국가에서 우리가 감히 제3신분(삼부회)[60]이라고 부릅니다. 따라서 두 명령의 특정 이익이 첫 번째와 두 번째로 배치되고 공익은 세 번째에 불과합니다.

---

60) **삼부회** : 프랑스 세 신분(귀족, 가톨릭 고위 성직자, 평민)의 대표자가 모여 중요 의제에 관하여 토론하는 장으로써, 근대에 이르기까지 존재했던 신분제 의회다. 1302년 4월 10일 프랑스 왕 필리프 4세는 교황 보니파시오 8세와의 분쟁시 필요했던 국민의 지지를 얻을 수 있도록 파리의 가톨릭 성당인 노트르담 대성당에 각 신분의 대표를 소집시킨 것이 삼부회의 시초가 되고 있다. 1614년을 마지막으로 하여 이후 175년이나 열리지 않았으며, 1789년 세금 징수 문제로 국왕 루이 16세에 의해 다시 소집되었다. 하지만 평민대표인 부르주아(제3신분)들이 머릿수에 따른 표결을 주장하면서 삼부회는 사실상 해산되었다.

주권은 양도될 수 없는 것과 같은 이유로 대표될 수 없습니다. 그것은 본질적으로 일반의지로 구성되어 있으며 의지는 재현될 수 없습니다. 그것은 동일하거나 다릅니다. 중간이 없습니다. 그러므로 인민 대표는 대표가 아니며 대표가 될 수도 없고 단지 위원일 뿐입니다. 그들은 어떤 것도 확실하게 결론 내릴 수 없습니다. 국민이 직접 비준하지 않은 모든 법률은 무효입니다. 그것은 법이 아닙니다. 영국인들은 자신들이 자유롭다고 생각합니다. 매우 틀렸습니다. 국회의원 선거에서만 틀렸습니다. 그들이 선출되자마자 그는 노예가 되고 아무것도 아닙니다. 자유의 짧은 순간에 그가 그것을 사용하는 것은 그 자유를 잃는 것이 마땅합니다.

대표자에 대한 생각은 현대적입니다. 그것은 봉건 정부, 인류를 타락시키고 인간의 이름을 불명예스럽게 만드는 이 사악하고 터무니없는 정부에서 우리에게 왔습니다. 고대 공화국과 심지어 군주제에서도 국민은 대표자를 갖지 못했습니다. 우리는 그 단어를 몰랐습니다. 호민관이 그토록 신성했던 로마에서 호민관이 국민의 기능을 찬탈할 수 있다는 것은 상상조차 하지 못했고, 그토록 많은 군중 속에서도 스스로 국민투표를 단 한 번도 통과시키려는 시도를 하지 않았다는 것은 매우 특이한 일입니다. 그러나 당시 일부 시민들이 옥상에서 투표를 했던 사건으로 인해 때때로 군중들이 당혹감을 느꼈을 수도 있다는 점을 판단해 보십시오.

권리와 자유가 모든 것이라면 불이익은 아무것도 아닙니다. 이 현명한 사람들 사이에서는 모든 것이 적절한 조치로 이루어졌습니다. 그들은 그들의 호민관이 감히 할 수 없었던 일을 그들의 릭터(작가)들이 하도록 허용했습니다. 그는 자신의 릭터들이 자신을 대표하고 싶어할 것을 두려워하지 않았습니다.

그러나 호민관이 때때로 그를 어떻게 대표했는지 설명하려면 정부가 주권자를 어떻게 대표하는지 이해하는 것으로 충분합니다. 법은 일반의지의 선언일 뿐이므로 입법권에서 국민을 대표할 수 없다는 것이 분명합니다. 그러나 그것은 법에 적용되는 힘인 행정권에 있을 수 있고 또 있어야 합니다. 이는 우리가 사물을 주의 깊게 조사해 보면 법률을 갖고 있는 국가가 거의 없다는 사실을 알 수 있습니다. 어떤 경우이든 행정권의 일부가 없는 호민관은 직위의 권리로 로마 국민을 대표할 수 없고 원로원의 권리를 찬탈함으로

써만 로마 국민을 대표할 수 있다는 것은 확실합니다.

그리스 사람들은 무슨 일을 하든 스스로 해냈습니다. 그는 끊임없이 광장에 모였고 온화한 기후에서 살았으며 탐욕스럽지 않았습니다. 노예들이 그의 일을 했고, 그의 큰 사업은 그의 자유였습니다. 더 이상 동일한 이점을 누릴 수 없는 상황에서 어떻게 동일한 권리를 유지할 수 있습니까? 더 가혹한 기후는 더 많은 요구 사항을 제공합니다.[61] 1년 중 6개월은 광장이 견딜 수 없으며, 당신의 귀머거리 혀는 야외에서 들을 수 없으며, 당신은 자유보다 이득을 더 많이 주고, 가난보다 노예 생활을 훨씬 덜 두려워합니다.

무엇! 자유는 노예 생활을 뒷받침할 때만 유지됩니까? 아마도. 두 초과분은 서로 접촉합니다. 자연에 존재하지 않는 모든 것에는 단점이 있으며 시민 사회는 다른 모든 것보다 더 중요합니다. 다른 사람의 자유를 희생해야만 자신의 자유를 보존할 수 있고, 노예가 극도로 노예가 되지 않으면 시민

---

[61] 추운 나라에서 동양인의 사치와 부드러움을 받아들이는 것은 자신에게 사슬을 주고 싶어하는 것입니다. 그것은 그들보다 훨씬 더 필연적으로 그것에 복종하는 것입니다.

이 완벽하게 자유로울 수 없는 불행한 입장이 있습니다. 이것이 스파르타의 입장이었습니다. 현대인 여러분에게는 노예가 없지만 노예가 있습니다. 당신은 그들의 자유를 당신의 자유로 지불합니다. 당신은 이러한 선호를 자랑스러워할 수도 있습니다. 나는 거기에서 인류보다 더 비겁함을 발견합니다.

이 모든 것은 우리가 노예를 가져야 한다거나 노예 제도에 대한 권리가 합법적이라는 것을 의미하는 것이 아닙니다. 왜냐하면 나는 그 반대를 증명했기 때문입니다. 나는 단지 자신이 자유롭다고 믿는 현대인들이 대표자를 갖고 있는 이유와 고대인들은 왜 대표자가 없는지에 대해서만 말할 뿐입니다. 어떤 경우든 국민이 스스로에게 대표자를 부여하는 순간 국민은 더 이상 자유롭지 않습니다. 그는 더 이상 존재하지 않습니다.

모든 것을 고려해 볼 때, 도시가 아주 작지 않다면 주권자가 우리 사이에서 자신의 권리를 행사하도록 유지하는 것이 이제 가능하지 않다고 생각합니다. 하지만 아주 작으면 정복당할까요? 아니요. 아래에 보여드리겠습니다.[62] 어떻게 우리가 큰 국민의 외부 권력을 작은 국가의 쉬운 경찰과 좋은 질서와 통합할 수 있는지 말입니다..

---

62) 이것은 내가 대외 관계를 다루면서 연맹에 왔을 때 이 작업의 나머지 부분에서 제안한 것입니다. 새로운 자료 및 원칙이 아직 확립되지 않은 곳입니다.

16

정부 기관(설립)은 계약이 아니다
Que l'institution du Gouvernement n'est point un contrat

입법권이 잘 확립되면 행정권도 마찬가지로 확립하는 문제입니다. 왜냐하면 후자는 다른 행위의 본질이 아닌 특정한 행위를 통해서만 작용하기 때문에 자연히 그것과 분리되기 때문입니다. 주권자가 행정권을 갖는다면, 법과 사실은 너무 혼란스러워서 무엇이 법이고 무엇이 아닌지를 더 이상 알 수 없을 것이며, 이렇게 변질된 정치체는 곧 그것이 제정된 폭력의 희생양이 될 것입니다.

시민은 사회계약에 의해 모두 평등하며, 모든 사람이 해야 할 일은 모두가 규정할 수 있지만, 누구도 자신이 하지 않는 일을 다른 사람에게 하라고 요구할 권리가 없습니다. 이제 주권자가 정부를 설립함으로써 군주에게 부여하는 것은 바로 정치체의 생명과 운동에 필수적인 이 권리입니다.

많은 사람들은 이 설립 행위가 국민과 지도자들 사이의 계약, 즉 한 쪽은 명령을 내리고 다른 쪽은 복종해야 하는 조건을 두 당사자 사이에 규정한 계약이었다고 주장해 왔습니다. 우리는 이것이 이상한 계약 방식이라는 점에 동의할 것이라고 확신합니다! 하지만, 이 의견이 타당한지 살펴보겠습니다.

첫째, 최고 권위(권력)는 양도될 수 없는 것과 마찬가지로 수정될 수도 없습니다. 이를 제한하는 것은 그것을 파괴하는 것입니다. 주권자가 자신을 상위자로 임명하는 것은 터무니없고 모순적입니다. 주인에게 복종하도록 의무를 다하는 것은 완전한 자유를 회복하는 것입니다.

더욱이 이 사람, 저 사람과의 국민의 계약은 특정한 행위임이 분명합니다. 따라서 이 계약은 법률이나 주권 행위가 될 수 없으며 결과적으로 불법이 됩니다.

우리는 또한 계약 당사자들이 유일한 자연법에 따라 상호 약속에 대한 어떠한 보증도 없이 그들 사이에 있게 될 것임을 알 수 있습니다. 이는 어떤 경우에도 민사 국가에 어긋납니다. 손에 힘을 갖고 있는 사람이 항상 집행의 주인이 되는 것은 다른 사람에게 말하는 사람의 행위에 계약이라는 이름을 부여하는 것과 같습니다. "당신이 원하는 대로 돌려준다는 조건으로 내 전 재산을 당신에게 드립니다."

국가에는 단 하나의 계약, 즉 결사의 계약만이 있으며, 이것만으로 다른 모든 계약은 제외됩니다. 우리는 첫 번째 위반이 아닌 공공 계약을 상상할 수 없습니다.

17

정부 설립에 관하여
De l'institution du Gouvernement

그렇다면 우리는 정부를 설립하는 행위를 어떤 생각으로 생각해야 합니까? 먼저 이 행위가 법의 제정과 법의 집행이라는 두 가지 행위로 복잡하게 구성되어 있다는 점을 언급하겠습니다.

첫째, 주권자는 이런저런 형태로 설립된 정부 기관이 있을 것이라고 규정합니다. 그리고 이 행위가 법률이라는 것은 분명합니다.

둘째, 국민은 현 정부를 책임질 지도자를 임명합니다. 이제 이 임명은 특정 행위이기 때문에 두 번째 법이 아니라 첫 번째 법의 연속이자 정부의 기능일 뿐입니다.

어려운 점은 정부가 존재하기 전에 어떻게 정부 행위를 가질 수 있는지, 그리고 주권자나 신민인 사람들이 어떻게 특정 상황에서 왕자나 행정관이 될 수 있는지를 이해하는 것입니다.

여기서 다시 정치체의 놀라운 특성 중 하나가 발견되는데, 이를 통해 명백히 모순되는 작업을 조정합니다. 이는 주권이 민주주의로 갑작스럽게 전환됨으로써 이루어지기 때문입니다. 따라서 눈에 띄는 변화 없이 모든 사람에 대한 새로운 관계를 통해서만 치안 판사가 된 시민은 일반 행위에서 특정 행위로, 법에서 집행으로 넘어갑니다.

이러한 관계의 변화는 실제로 사례가 없는 추측의 미묘함이 아닙니다. 영국 의회에서는 매일 발생합니다. 그곳에서 하원은 사안을 더 잘 논의하기 위해 대위원회로 바뀌고 이전 순간과 마찬가지로 주권 법원의 단순한 위원회가 됩니다. 그런 다음 대위원회에서 방금 결정한 내용을 하원으로서 스스로 보고하고, 이미 결정한 내용을 다른 제목으로 다시 심의하는 방식입니다.

이는 일반의지의 단순한 행위에 의해 실제로 수립될 수 있다는 점에서 민주 정부 특유의 장점입니다. 그 후에도 이 임시 정부는 그러한 형태가 채택되거나 법으로 규정된 주권자의 이름으로 정부를 설립하는 경우 계속 소유되며 모든 것이 규칙 내에 있습니다. 위에 확립된 원칙을 포기하지 않고는 다른 합법적인 방법으로 정부를 설립하는 것은 불가능합니다.

18

정부 찬탈을 방지하는 수단에 관하여
Moyen de prévenir les usurpations du Gouvernement

이러한 설명을 통해 정부를 설립하는 행위는 계약이 아니라 법률이며, 행정권의 수탁자는 국민의 주인이 아니라 공무원이며, 원할 때 그들을 설립하고 해고할 수 있으며, 계약의 문제가 아니라 복종의 문제이며, 국가가 그들에게 부과하는 기능을 담당함으로써 그들은 단지 의무를 이행할 뿐이라는 제16장을 확인하게 됩니다. 시민은 조건에 대해 논쟁할 권리가 전혀 없습니다.

따라서 국민이 가문의 군주제이든, 시민의 계급의 귀족이든 간에 세습 정부를 수립할 때, 그것은 그들이 하는 약속이 아닙니다. 이는 그가 달리 명령하기를 원할 때까지 행정부에 제공하는 임시 형식입니다.

이러한 변화는 항상 위험하며, 확립된 정부는 공공의 이익과 양립할 수 없는 경우를 제외하고는 결코 방해받아서는 안 된다는 것이 사실입니다. 그러나 이러한 신중함은 정책의 원칙이지 법의 지배가 아닙니다. 국가는 군사적 권한을 장군에게 맡기는 것과 마찬가지로 시민적 권한을 지도자에게 맡길 의무가 없습니다.

그러한 경우에는 정규적이고 합법적인 행위와 선동적인 소란을 구별하는 데 필요한 모든 형식을 너무 주의깊게 관찰할 수 없으며, 전체 국민의 의지와 한 파벌의 소란을 구별할 수 없다는 것도 사실입니다. 무엇보다도 이 가증스러운 사건에 법의 모든 엄격함 속에서 거부할 수 없는 것만을 주어야 하며, 군주가 국민에도 불구하고 자신의 권력을 유지하는 데 큰 이점을 얻는 것도 이 의무에서 비롯됩니다. 자신이 찬탈했다고 말할 수는 없습니다. 왜냐하면 자신의 권리만을 사용하는 것처럼 보이면 권리를 확대하고 공공 평화를 구실로 좋은 질서를 재건하려는 집회를 방지하는 것이 매우 쉽기 때문입니다. 그래서 그는 깨어지지 않도록 하는 침묵이나 범법 행위를 저지르는 것을 이용하여 두려움으로 침묵하는 사람들의 고백을 자기편으로 받아들이고 감히 말하는 사람들을 처벌합니다. 이것이 바로 처음 1년 동안 선출된 다음 1년 동안 선출된 데켐비르(Decemvirs)63)가 더 이상 코미티아(Comitia)의 집회를 허용하지 않음으로써 그들의 권력을 영구적으로 유지하려고 시도한 방법입니다. 그리고 이 손쉬운 수단을 통해 세계의 모든 정부는 한때 공권력을 부여받았지만 조만간 주권을 찬탈하게 됩니다.

앞에서 언급한 정기 집회는 이러한 불행을 예방하거나 연기하는 데 적합하며, 특히 공식적인 소집이 필요하지 않은 경우에는 더욱 그렇습니다. 왜냐하면 그렇게 되면 군주는 자신을 법의 위반자이자 국가의 적이라고 공개적으로 선언하지 않고는 그들을 막을 수 없을 것이기 때문입니다.

---

63) decemviri 또는 decemvirs는 로마 공화국이 설립 한 공식적인 10 인위원회를 나타냅니다. 고대 로마의 귀족 귀족과 평민 평민 사이의 질서 충돌 동안 로마 법을 개혁하고 성문화한 법률을 제정하기 위한 집정권을 가진 두 decemvirates의 사람들이었습니다.

사회 조약의 유지를 유일한 목적으로 하는 이러한 의회의 개최는 항상 삭제될 수 없고 별도로 투표를 통해 통과되는 두 가지 제안에 의해 이루어져야 합니다.

첫째, 주권자가 이 형태의 정부를 유지하는 것을 기쁘게 생각하는지 여부입니다.

둘째, 국민이 현재 행정을 맡고 있는 사람에게 행정을 맡기는 것이 마음에 드는지 여부입니다.

나는 여기에서 내가 증명했다고 믿는 것을 가정합니다. 즉 국가에는 취소될 수 없는 기본법이 없으며 심지어 사회 협약도 없다는 것입니다. 만약 모든 시민들이 공동의 합의로 이 조약을 파기하기 위해 모였다면, 우리는 이 조약이 매우 합법적으로 파기될 것이라는 점을 의심할 수 없기 때문입니다. 그로티우스는 심지어 모든 사람이 자신이 속한 국가를 포기하고 국가를 떠나 자연의 자유와 재산을 회복할 수 있다고 생각합니다.[64] 이제 시민 모두가 뭉쳐서 각자 할 수

---

64) 물론 우리는 조국이 우리를 필요로 하는 순간에 우리의 의무를 회피하고 조국에 봉사하는 일에서 면제되기 위해 떠나는 것이 아닙니다.

있는 일을 하지 못한다면 어처구니가 없을 것이다.

그러면 그 결과는 범죄적이고 처벌받을 수 있습니다. 더 이상 은퇴가 아니라 탈영이 될 것입니다.

01

일반의지는 파괴될 수 없다
Que la volonté générale est indestructible

여러 사람이 연합하여 자신을 하나의 몸으로 생각하는 한, 그들은 공동의 보존과 일반적인 복지와 관련된 단 하나의 의지만을 가지고 있습니다. 그러면 국가의 모든 샘은 활기차고 단순하며, 그 준칙은 명확하고 빛나며, 얽히고 모순된 이해관계가 없으며, 공동선은 어디에서나 명백하며, 상식이 인식되기만 하면 됩니다. 평화, 연합, 평등은 정치적 미묘함의 적입니다. 정직하고 단순한 사람은 단순하기 때문에 속이기 어렵습니다. 유혹과 세련된 구실은 그들에게 감명을 주지 않습니다. 그들은 속을 만큼 날쌘하지도 않습니다. 세계에서 가장 행복한 사람들 사이에서

떡갈나무 아래에서 국가의 일을 통제하고 항상 현명하게 행동하는 농민군을 볼 때, 우리는 수많은 예술과 신비로 스스로를 유명하고 비참하게 만드는 다른 민족의 교양을 경멸하지 않을 수 없겠습니까?

이렇게 통치되는 국가에는 법률이 거의 필요하지 않으며, 새로운 법률을 공포할 필요가 있을 정도로 이러한 필요성은 보편적으로 나타납니다. 이를 제안하는 첫 번째 사람은 모든 사람이 이미 느꼈던 것을 말하는 것뿐이며, 다른 사람이 자신처럼 할 것이라고 확신하는 즉시 모든 사람이 이미 하기로 결심한 것을 법으로 통과시키는 데에는 음모나 웅변이 필요하지 않습니다.

추론자들을 속이는 것은 단지 국가가 그 기원에서 빈약하게 구성되어 있다고 보고 그곳에서 유사한 경찰력을 유지하는 것이 불가능하다는 사실에 충격을 받는다는 것입니다. 그들은 영리한 사기꾼, 교활한 연설가가 파리나 런던 사람들을 설득할 수 있다는 모든 말도 안 되는 상상을 하며 웃습니다. 그들은 크롬웰이 베른 사람들에 의해 종소리에 처해졌고, 보퍼트 공작이 제네바 사람들에 의해 징계를 받았다는 사실을 모릅니다.

그러나 사회적 매듭이 풀리고 국가가 약화되기 시작하면, 특정 이익이 나타나기 시작하고 작은 사회가 더 큰 사회에 영향을 미치기 시작할 때, 공동의 이익은 변화하고 반대자를 찾아내고, 더 이상 만장일치가 목소리를 지배하지 않으며, 일반의지는 더 이상 모든 사람의 의지가 아니며, 모순이 발생하고 논쟁이 발생하며 최선의 의견은 논쟁 없이 통과되지 않습니다.

마지막으로 국가가 거의 파멸에 이르렀을 때, 환상적이고 헛된 형태 외에는 더 이상 존재하지 않을 때, 사회적 유대가 모든 마음에서 깨어지고 가장 사악한 이익이 공익이라는 신성한 이름으로 뻔뻔스럽게 스스로를 장식할 때; 그러면 일반의지는 침묵하게 된다. 모두가 은밀한 동기에 이끌려 국가가 존재하지 않았던 것처럼 시민으로서 더 이상 의견을 피력할 수 없으며, 사적 이익만을 목적으로 하는 법률의 이름으로 불공정한 법령이 거짓으로 통과됩니다.

이로 인해 일반의지가 파괴(소멸)되거나 부패(타락)되는가?

아니요, 그것은 항상 일정하고 변경될 수 없으며 순수합니다. 그러나 그녀는 자신보다 우선하는 다른 사람들에게 종속되어 있습니다. 공동 이익에서 자신의 이익을 분리한 모든 사람은 공동 이익을 완전히 분리할 수 없다는 것을 분명히 알고 있지만, 자신이 차지한다고 주장하는 배타적 선에 비하면 공공의 악에 대한 자신의 몫은 그에게 아무것도 아닌 것처럼 보입니다. 이 특정 이익을 제외하고 그는 다른 이익과 마찬가지로 자신의 이익을 위해 일반 이익도 원합니다. 돈을 받고 자신의 표를 팔아도 그는 자신 안에 있는 일반의지를 소멸하지 않고 회피합니다. 그가 저지르는 실수는 문제의 상태를 바꾸고 자신에게 요청된 것이 아닌 다른 것에 대답하는 것입니다. 그래서 그의 투표로 말하는 것이 국가에 이익이 되는 대신에 이 의견 또는 저 의견이 통과되는 것이 그러한 사람이나 그러한 정당에 유익하다고 그는 말합니다. 따라서 집회의 공공질서 법칙은 일반의지를 유지하는 것이 아니라 일반의지가 항상 질문을 받고 항상 응답하도록 보장하는 것입니다.

나는 여기에서 모든 주권 행위에 있어서 투표할 수 있는 단순한 권리에 대해 많은 생각을 하게 됩니다. 그 무엇도 시민에게서 빼앗을 수 없다는 권리와 그리고 의견, 제안, 분할, 토론에 대해 정부는 항상 회원들에게만 맡기기 위해 세심한 주의를 기울입니다. 그러나 이 중요한 주제는 별도의 논문이 필요할 것이므로 이 논문에서 모든 것을 말할 수는 없습니다.

02

투표에 관하여
Des Suffrages

우리는 앞 장에서 일반 문제가 처리되는 방식이 현재의 도덕 상태와 정치 체제의 건전성을 상당히 확실하게 나타낼 수 있다는 것을 알았습니다. 집회에서 더 많은 일치가 지배할수록, 즉 더 많은 의견이 만장일치에 가까워질수록 일반의지가 더 지배적입니다. 그러나 오랜 논쟁, 불화, 소동은 특정 이익의 우세와 국가의 쇠퇴를 알립니다.

로마의 귀족과 평민처럼 두 개 이상의 조직이 헌법에 포함될 때 이는 덜 분명해 보입니다. 이들의 싸움은 공화국의 전성기에도 코미티아를 종종 혼란에 빠뜨렸습니다. 그러나

이 예외는 실제보다 더 명백합니다. 왜냐하면 신체 정치의 고유한 악덕을 통해 우리는 말하자면 두 국가를 하나로 가지게 되기 때문입니다. 둘이 함께 있을 때 참이 아닌 것은 각각 따로도 참입니다. 그리고 실제로 가장 격동적인 시기에도 국민투표는 상원이 개입하지 않았을 때 항상 조용히 많은 표를 얻어 통과되었습니다.

원의 반대쪽 끝에서는 만장일치가 돌아옵니다. 그것은 예속 상태에 빠진 시민이 더 이상 자유도 의지도 갖지 못하는 때이다. 그러면 두려움과 아첨이 투표를 환호로 바꿉니다. 우리는 더 이상 고민하지 않고, 숭배하거나 저주하지 않습니다. 이것이 황제 치하의 원로원의 사악한 의견 방식이었습니다. 때때로 이것은 터무니없는 예방 조치로 이루어졌습니다. 타키투스(Tacitus)[65]는 오토(Otho) 휘하의 원로원 의

---

65) **푸블리우스 코르넬리우스 타키투스**(56년~117년) : 고대 로마의 역사가이다. 타키투스가 역사가로서 후대에 이름을 남기게 되는 저서 『타키투스의 역사』와 『타키투스의 연대기』는 110년 혹은 114년을 전후로 출판된 것으로 여겨지고 있다. 그의 저작은 로마 제국의 쇠망을 한탄하고 공화정 시대의 기풍을 회복할 것을 호소하는 류가 많다. 이는 타키투스가 당시 로마 본토의 '퇴폐'와는 다소 거리가 먼 속주 출신이

타키투스

원들이 비텔리우스[66]를 욕설로 압도하는 원로원 의원들이 동시에 끔찍한 소음을 내는 데 영향을 미쳐 우연히 그가 주인이 된다면 그들 각자가 무슨 말을 했는지 알 수 없었다고 관찰합니다.

비텔리우스

이러한 다양한 고려 사항으로부터 일반의지가 어느 정도 알기 쉬운지, 국가가 어느 정도 쇠퇴하고 있는지에 따라 투표 수를 계산하고 의견을 비교하는 방식을 규제해야 하는 준칙이 나옵니다.

그 성격상 만장일치의 동의를 요구하는 법은 단 하나뿐입니다. 그것은 사회 협약입니다. 왜냐하면 시민 단체는 세상에서 가장 자발적인 행위이기 때문입니다. 모든 사람은 자

자 기사 신분 출신이었던 점, 플라비우스 왕조 치하에서 로마의 풍속이 제재되고 있던 점, 도미티아누스 치하에서 '폭군'을 경험한 점 등이 작용한 것으로 여겨진다. 또한 타키투스의 저작이 자유 언론이 허용되었던 네르바, 트라야누스 치하의 환경에서 서술되어 서술되었다는 점도 지적된다.

66) **아울루스 비텔리우스** (15년 9월 24일~69년 12월 22일) : 로마 제국의 여덟 번째 황제이며, 69년에 죽은 로마 제국 황제이다.

유롭게 태어났고 자기 자신의 주인이기 때문에 어느 누구도 어떤 구실로든 그의 동의 없이 그를 복종시킬 수 없습니다. 노예의 아들이 노예로 태어났다고 결정하는 것은 그가 남자로 태어나지 않았다고 결정하는 것과 같습니다.

따라서 사회계약 중에 반대자가 있는 경우, 그들의 반대는 계약을 무효화하지 않으며 단지 계약에 포함되는 것을 방해할 뿐입니다. 그들은 시민들 사이에서 낯선 사람들입니다. 국가가 설립되면 거주 동의가 이루어집니다. 그 영토에 거주하는 것은 주권에 복종하는 것입니다.[67]

이 원시적 계약과는 별도로, 최대 다수의 목소리는 항상 다른 모든 사람을 구속합니다. 이는 계약 자체의 연속입니다. 그러나 우리는 인간이 어떻게 자신의 것이 아닌 소망에 따르도록 자유롭고 강제될 수 있는지 묻습니다. 반대자들은 어떻게 자유롭고 그들이 동의하지 않은 법률의 적용을 받습니까?

---

67) 이것은 항상 자유 국가로 이해되어야 합니다. 게다가 가족, 재산, 망명 부족, 필요성, 폭력 등으로 인해 주민이 자신의 의지에 반하여 그 나라에 머물 수 있고, 주민의 단독 체류가 더 이상 계약이나 계약 위반에 대한 동의를 전제로 하지 않기 때문입니다.

나는 질문이 잘못 제기되었다고 대답합니다. 시민은 자신의 의지에 반하여 통과된 법률, 감히 위반할 경우 처벌하는 법률까지도 포함하여 모든 법률에 동의합니다. 국가의 모든 구성원의 변함없는 의지는 일반의지입니다. 그것을 통해서 그들은 시민이자 자유인이 됩니다.[68] 국민의회에서 법률이 제안될 때, 국민들에게 질문되는 것은 정확하게 그 제안을 찬성하느냐, 거부하느냐가 아니라 그것이 그들의 일반의지에 부합하느냐 하는 것입니다. 각자는 자신의 투표를 통해 이에 대한 자신의 의견을 말하고 투표 계산에서 일반의지의 선언이 도출됩니다. 그러므로 나와 반대되는 의견이 우세할 때, 이는 내가 틀렸다는 것과 내가 일반의지라고 생각했던 것이 그렇지 않았다는 것을 증명하는 것뿐입니다. 만약 내 사견이 우세했다면 나는 내가 원하는 것과 다른 일을 했을 것이고, 그러면 나는 자유로울 수 없었을 것입니다.

---

[68] 제노바에서 우리는 감옥 앞과 갤리선 노예들의 철판에 Libertas라는 단어를 읽습니다. 이 모토 응용 프로그램은 아름답고 공정합니다. 사실, 시민의 자유를 막는 것은 모든 주의 범죄자들뿐입니다. 이 모든 사람이 갤리선에 있는 나라에서 우리는 가장 완벽한 자유를 누릴 수 있을 것입니다.

이는 일반의지의 모든 성격이 여전히 복수성 안에 있다고 가정하는 것이 사실입니다. 그들이 존재하기를 멈추면 우리가 어느 편을 택하든 더 이상 자유가 없습니다.

위에서 공적 심의에서 일반의지가 어떻게 특정 희망으로 대체되었는지 보여줌으로써 나는 이러한 남용을 방지할 수 있는 실행 가능한 수단을 충분히 제시했습니다. 이에 대해서는 아래에서 다시 이야기하겠습니다. 이 유언장을 선언하기 위한 비례표 수에 관해서도 이를 결정할 수 있는 원칙을 제시했습니다. 단일 투표의 차이는 평등을 깨뜨립니다. 한 명의 상대가 만장일치를 깨뜨립니다. 그러나 만장일치와 평등 사이에는 여러 가지 불평등한 구분이 있으며, 각 구분의 수는 정치 단체의 상태와 필요에 따라 고정될 수 있습니다.

이러한 관계를 규제하는 데는 두 가지 일반적인 격언이 사용될 수 있습니다. 하나는 심의가 더 중요하고 심각할수록 지배적인 의견이 만장일치에 가까워져야 한다는 것입니다. 즉시 종료되어야 하는 심의에서는 한 표를 초과하는 것으로 충분해야 합니다. 이 격언 중 첫 번째는 법률에 더 적합하고 두 번째는 비즈니스에 더 적합해 보입니다. 어쨌든 복수의 발음에 부여할 수 있는 최상의 관계가 확립되는 것은 이들의 조합입니다.

03

선거에 관하여
Des Elections

내가 말했듯이 복잡한 행위인 왕자와 행정관의 선거와 관련하여 진행하는 방법에는 두 가지가 있습니다. 즉 선택과 운명입니다. 둘 다 다양한 공화국에서 사용되었으며 오늘날에도 베니스 총독 선거에서 이 둘의 매우 복잡한 혼합을 볼 수 있습니다.

추첨에 의한 참정권은 민주주의의 본질이라고 몽테스키외는 말합니다. 동의합니다. 그런데 그게 어때요? 그는 계속해서 롯은 아무에게도 해를 끼치지 않는 선택의 방법이라고 말합니다. 이는 각 시민에게 국가에 봉사하려는 합리적인 희망을 남깁니다. 이것들은 이유가 아닙니다.

지도자 선출이 주권의 기능이 아니라 정부의 기능이라는 사실에 주목한다면, 운명의 길은 행위의 수가 적을수록 행정이 더욱 좋아지는 민주주의의 본질에 더 가까운 이유를 알게 될 것입니다.

진정한 민주주의에서 사법부는 이점이 아니라 부담스러운 부담이며, 이는 다른 개인이 아닌 한 개인에게 정당하게 부과될 수 없습니다. 법만이 운명에 처한 사람에게 이러한 부담을 지울 수 있습니다. 조건은 모든 사람에게 평등하고 선택은 인간의 의지에 좌우되지 않기 때문에 법의 보편성을 변경하는 특별한 적용은 없습니다.

귀족 사회에서는 왕자가 왕자를 선택하고, 정부가 스스로를 보존하며, 이것이 바로 투표가 잘 이루어지는 곳입니다. 베니스 총독 선출의 예는 이러한 구별을 파괴하기는커녕 확증해 줍니다. 이 혼합 형태는 혼합 정부에 적합합니다. 베니스 정부를 진정한 귀족으로 여기는 것은 오류이기 때문입니다. 국민이 정부에 참여하지 않는다면 귀족은 국민 그 자체입니다. 수많은 불쌍한 바르나보테들은 어떤 행정관에게도 접근한 적이 없으며, 헛된 우수 칭호와 대의회에 참석할 권리 외에는 귀족이 없습니다. 이 대평의회는 제네바에 있는 우리의 총평의회만큼 그 수가 많기 때문에 그 저명한 회원들은 우리의 단순한 시민들보다 더 많은 특권을 갖지 못합니다. 두 공화국의 극단적인 차이를 제외하면 제네바의 부르주아지는 정확히 베네치아 귀족을 대표하고, 우리 원주민과 주민들은 도시 거주자와 베니스 국민을 대표하며, 우리 농민은 본토의 신민을 대표한다는 것은 확실합니다. 마지막으로, 이 공화국을 어떻게 생각하든, 그 위대함에 관계없이 그 정부는 우리 정부보다 더 귀족적이지 않습니다. 차이점은 삶의 지도자가 없기 때문에 운명에 대한 욕구가 동일하지 않다는 것입니다.

추첨에 의한 선거는 모든 것이 평등하고 도덕과 재능이 금언과 재산만큼 동등하다면 선택이 거의 무관심해지는 진정한 민주주의에서는 거의 단점이 없을 것입니다. 그러나 나는 이미 진정한 민주주의는 없다고 말했습니다.

선택과 운명이 엇갈릴 때 전자는 군사직과 같이 특정한 재능을 요구하는 직위를 채워야 하며, 후자는 사법관과 같이 상식, 정의, 청렴함이 충분한 직위에 적합합니다. 왜냐하면 잘 구성된 국가에서는 이러한 자질이 모든 시민에게 공통되기 때문입니다.

군주제 정부에는 운명이나 투표가 있을 수 없습니다. 군주는 법적 단독 왕자이자 단독 행정관이므로 그의 부관의 선택은 오직 그에게만 속합니다. 생 피에르(S. Pierre) 수도원69) 장은 프랑스 국왕의 의회를 늘리고 투표로 의원을 선출하자고 제안했을 때, 자신이 정부 형태를 바꾸겠다고 제안하고 있다는 사실을 깨닫지 못했습니다.

국민의회에서 투표를 하고 표를 모으는 방식에 대해 말씀드리겠습니다. 그러나 아마도 이 점에 있어서 로마 경찰의 역사는 내가 확립할 수 있는 모든 격언을 더 현명하게 설명할 것입니다. 현명한 독자라면 20만 명으로 구성된 의회에

---

69) Dames de Saint-Pierre 수도원 또는 단순히 Palais Saint-Pierre라고도 알려진 리옹의 Saint-Pierre-les-Nonnains 수도원은 10세기부터 베네딕토 회 수녀를 수용 한 고대 가톨릭 종교 건물로 17 세기에 재건되었다. 프랑스 혁명 기간 동안 폐쇄된 이전 수도원은 현재 리옹 미술관(Musée des Beaux-Arts de Lyon)의 본거지이다.

서 공적인 일과 사적인 일이 어떻게 처리되었는지 자세히 살펴보는 것이 나쁘지 않을 것입니다.

04

로마 민회에 관하여
Des Comices Romains.

로마 초기부터 잘 확립된 기념물은 없습니다. 그것에 대해 이야기되는 대부분의 내용은 우화일 가능성이 매우 높습니다.[70] 그리고 일반적으로 민족 연대기와 민족 건국의 역사에서 가장 교훈적인 부분은 우리가 가장 그리워하는 부분입니다. 경험은 매일 우리에게 제국 혁명의 원인을 가르쳐 줍니다. 그러나 인간이 더 이상 형성되지 않

---

[70] 로물루스에서 유래했다고 주장되는 로마의 이름은 그리스어로 힘을 의미합니다. 누마(Numa)라는 이름도 그리스어로 법을 의미합니다. 이 도시의 처음 두 왕이 그들이 한 일과 매우 잘 연관되어 미리 이름을 지었다는 것은 어떤 모습입니까?

으므로 그들이 어떻게 형성되었는지 설명할 수 있는 것은 추측밖에 없습니다.

우리가 발견한 확립된 용도는 적어도 이러한 용도에 기원이 있었다는 것을 증명합니다. 이러한 기원으로 거슬러 올라가는 전통과 가장 위대한 권위자들의 지지를 받고 가장 강력한 이유에 의해 확인되는 전통은 가장 확실한 것으로 간주되어야 합니다. 이것은 지구상에서 가장 자유롭고 가장 강력한 사람들이 자신의 최고의 권력을 어떻게 행사하는지 연구하면서 내가 따르려고 노력한 격언입니다.

로마가 건국된 후 초기 공화국, 즉 알바인, 사비인, 외국인으로 구성된 창립자의 군대는 세 계급으로 나뉘었는데, 이 계급에서 부족이라는 이름을 얻었습니다. 이 부족들 각각은 10개의 쿠리아에(Curiae)로 세분되었고, 각 쿠리아(Curia)는 데스테이블(Destables)로 나뉘어졌으며, 그 우두머리에는 쿼리온(Curions)과 데쿠리온(Decurions)이라고 불리는 족장들이 배치되었습니다.

이 외에도 각 부족에서 100명의 기병이나 기사로 이루어진

부대가 선발되었는데, 이를 통해 우리는 도시에서는 그다지 필요하지 않았던 이러한 사단이 처음에는 군대에 불과했음을 알 수 있습니다. 그러나 위대함에 대한 본능이 로마라는 작은 도시가 세계의 수도에 적합한 경찰력을 미리 갖추게 한 것 같습니다.

이 첫 번째 부서에서 곧 불편을 초래했습니다. 왜냐하면, 알반족 부족과 사빈족 부족은 항상 같은 상태에 머물러 있었고, 한편 외국인의 부족은 후자의 끊임없는 동의에 의해 끊임없이 증가하였으며, 후자가 다른 둘을 능가하는 데는 그리 오래 걸리지 않았기 때문입니다. 이 위험한 남용에 대해 세르비우스가 발견한 치료법은 인종 구분을 변경하고, 그가 폐지한 인종의 구분을 위해 각 부족이 점령한 도시의 장소에서 가져온 다른 인종으로 대체하는 것이었습니다. 세 지파 대신에 그는 네 지파를 만들었습니다. 각각은 로마의 언덕 중 하나를 차지하고 그 이름을 따 왔습니다. 그리하여 그는 현재의 불평등을 해결하면서도 미래를 위해 불평등을 예방했습니다. 그리고 이 구분은 장소뿐만 아니라 사람에게도 이루어지도록 그는 한 지역의 주민들이 다른 지역으로 이동하는 것을 금지하여 인종이 합쳐지는 것을 막았습니다.

그는 또한 3세기의 오래된 기병을 두 배로 늘리고 12명의 다른 기병을 추가했지만, 여전히 이전 이름을 사용하고 있습니다. 그는 간단하고 현명한 방법으로 기사단과 인민을 불평하지 않고 구별하는 데 성공했습니다.

이 네 개의 도시 부족에 세르비우스는 시골 부족이라고 불리는 15개의 다른 부족을 추가했는데, 이는 그들이 많은 주州로 나누어진 시골 주민들로 구성되었기 때문입니다. 그 후, 많은 새로운 부족이 만들어졌고 로마 사람들은 마침내 35개의 부족으로 나뉘었습니다. 공화국이 끝날 때까지 고정된 숫자로 유지되었습니다.

도시의 지파들과 시골의 지파들 사이의 이러한 구별로부터 관찰할 만한 효과가 나타났습니다. 왜냐하면 그것에 대한 다른 예가 없기 때문입니다. 그리고 로마는 그에게 도덕을 보존하고 제국을 성장시켰습니다. 사람들은 도시 부족들이 곧 권력과 명예를 얻었고 시골 부족들을 타락시키는 데 오래 걸리지 않았다고 믿을 것입니다. 그것은 정반대였습니다. 우리는 시골 생활에 대한 최초의 로마인의 취향을 알고 있습니다. 이러한 취향은 소박한 군사적 노동을 자유와 결합시키고 예술, 무역, 음모, 부와 노예 제도를 도시로 이관한 현명한 교사에게서 나왔습니다.

그리하여 로마는 들판에 살면서 땅을 경작하는 저명한 모든 것을 가지고 그곳에서만 공화국의 지원을 구하는 데 익숙해졌습니다. 가장 합당한 귀족의 상태인 이 상태는 모든 사람에게 존경을 받았습니다. 마을 사람들의 단순하고 힘든 생활은 로마 부르주아의 게으르고 비겁한 생활보다 선호되었으며, 그러한 사람은 도시의 불행한 프롤레타리아였을 뿐이며 밭의 농부로서 존경받는 시민이 되었습니다. 바로(Varro)[71]는 우리의 관대한 조상들이 전쟁 시에 그들을 보호하고 평화 시에 그들을 먹여 살렸던 이 강인하고 용감

---

71) **마르쿠스 테렌티우스 바로**(Marcus Terentius Varro, 기원전 116-27년) : 로마의 박학다식한 작가이자 다작의 작가이다. 바로는 리테 또는 그 근처에서 태어났으며 승마 계급으로 생각되는 가정에서 태어났다. 그는 노년까지 레아티노 평원에 큰 농장을 소유하면서 항상 이 지역의 뿌리에 가깝게 머물렀다. 그는 폼페이우스를 지지하여 인민의 호민관 등을 역임한 후 집정관의 직위에 올랐다. 카푸아와 캄파니아의 재정착을 위해 카이사르의 위대한 농업 계획을 수행한 20명의 위원 중 한 명이었다 (기원전 59 년).

한 사람들의 보육원을 마을에 설립한 것은 이유가 없다고 말했습니다. 플리니우스는 들판의 부족들이 그들을 구성한 사람들 때문에 영광을 받았다고 긍정적으로 말합니다. 대신, 수치심 때문에 타락하기를 원하는 겁쟁이들은 도시의 사람들에게 옮겨졌습니다. 로마에 정착한 사비니 아피우스 클라우디우스(Sabine Appius Claudius)[72]는 명예를 누리고 나중에 그의 가족의 이름을 딴 시골 부족에 등록되었습니다. 마지막으로, 자유민들은 모두 도시 부족에 속했고, 결코 시골 부족에 속하지 않았습니다. 그리고 공화국 전역에서 이들 자유민 중 시민이 되었음에도 불구하고 행정관직에 오른 사례는 단 한 명도 없습니다.

이 격언은 훌륭했습니다. 그러나 그것은 지금까지 추진되어 마침내 변화를 가져왔고 확실히 경찰에 학대를 초래했

---

[72] **아피우스 클라우디우스 사비누스 레길렌시스 또는 인레길렌시스** (fl. 505~480 BC) : 로마 겐스 클라우디아의 전설적인 창시자이자 기원전 495년의 집정관이었다. 그는 초기 로마 공화국에서 귀족 정당의 지도적 인물이었다. 기원전 504년경에 그는 사빈(Sabine) 영토의 레길룸(Regillum)에서 로마로 이주하여 귀족 계급을 받았다. 그의 추종자들은 로마 시민권과 아니오(현대의 아니에네) 강 너머의 땅을 받았습니다. 이 지역은 옛 귀족 가문에서 이름을 딴 시골 부족 (정치 부문) 중 하나인 Claudian tribus의 중심지를 형성했다.

습니다.

첫째, 검열관들은 시민들을 한 부족에서 다른 부족으로 임의로 이전할 수 있는 권리를 오랫동안 스스로 주장해 온 후, 대다수가 원하는 어느 부족에든 등록할 수 있도록 허용했습니다. 확실히 아무 소용이 없었고 검열의 가장 큰 원천 중 하나를 제거한 허가였습니다. 더욱이 위대하고 강력한 사람들은 모두 시골 지파에 등록되었고, 시민이 된 자유민은 도시의 대중과 함께 남아 있었으며, 일반적으로 지파들은 더 이상 장소나 영토를 갖지 못했습니다. 그러나 그들 모두는 너무 뒤죽박죽이어서 각 구성원을 기록부를 통해서만 식별할 수 있었기 때문에 부족이라는 단어의 개념은 실제에서 개인으로 전달되거나 오히려 거의 키메라가 되었습니다.

또한 더 쉽게 접근할 수 있는 도시의 부족들은 종종 선거에서 자신들이 가장 강력하다는 것을 깨닫고 그들을 구성한 폭도들의 표를 사기로 결정한 사람들에게 국가를 팔았습니다.

퀴리에 관해서는 교사가 각 부족에 10명을 만들었고, 그 당시 도시의 성벽 안에 갇힌 모든 로마 사람은 30명의 퀴리로 구성되어 있었으며, 각 퀴리에는 신전, 신, 관리, 사제 및 콤피탈리아라고 불리는 축제가 있었는데, 이는 나중에 시골 부족들이 가졌던 이교도와 비슷했습니다.

세르비우스의 새로운 사단에서 이 30명의 숫자는 그의 네 부족에게 균등하게 분배될 수 없었기 때문에 그는 그것을 건드리고 싶지 않았으며 부족과 독립된 퀴리파는 로마 주민의 또 다른 부대가 되었습니다. 그러나 소박한 부족이나 그들을 구성한 사람들 모두에서 퀴리에 대한 의문의 여지가 없었습니다. 왜냐하면 이 부족은 순전히 민간 조직이 되었고 군대 징집을 위해 또 다른 경찰력이 도입되었기 때문에 로물루스의 군사 사단이 발견되었기 때문입니다. 불필요한 따라서 모든 시민이 부족에 등록되었지만, 모든 사람이 교황청에 등록되는 것과는 거리가 멀었습니다.

세르비우스는 이전의 두 분할과 아무런 관련이 없는 또 다른 세 번째 분할을 만들었고 그 결과 가장 중요한 분할이 되었습니다. 그는 모든 로마인을 여섯 계층으로 나누었는데,

그는 그것을 위치나 사람에 따라 구분하지 않고 재화에 따라 구분했습니다. 그래서 첫 번째 계급은 부자들이, 마지막 계급은 가난한 사람들이, 중간 계급은 평범한 재산을 누리는 사람들이 채웠습니다. 이 6개 클래스는 센추리아고 불리는 193개의 다른 클래스로 세분화되었으며, 이러한 클래스는 너무 분산되어 첫 번째 클래스만 절반 이상을 구성하고 마지막 클래스는 하나만 구성했습니다. 그리하여 인간 중에서 수가 가장 적은 계급이 수세기 동안 가장 많은 계급이었으며, 마지막 전체 계급만이 로마 주민의 절반 이상을 포함하고 있음에도 불구하고 단지 하위 부문으로 간주되었다는 것이 밝혀졌습니다.

사람들이 이 마지막 형태의 결과를 덜 인식하도록 하기 위해 세르비우스는 이 형태에 군사적인 느낌을 주기 위해 영향을 미쳤습니다. 그는 2세기에 걸친 갑옷 제작자를 두 번째 등급에 삽입하고 두 개의 전쟁 도구를 네 번째 등급에 삽입했습니다. 마지막 계층을 제외한 각 계층에서 그는 젊은이와 노인, 즉 무기를 들어야 하는 사람과 법에 따라 무기를 들 수 없는 연령의 사람을 구별했습니다. 상품의 구별보다 더 자주 인구 조사나 계수를 다시 시작해야 하는 필요성이 발생했습니다. 마지막으로 그는 샹 드 마르스(Champ de Mars)[73]에서 집회가 열리고 봉사할 수 있는 나이가 많은 모든 사람들이 무기를 들고 그곳에 오기를 원했습니다.

그가 마지막 수업에서 이와 같은 남녀 노소 구분을 따르지 않은 이유는 그것이 구성된 대중이 국가를 위해 무기를 들고 있는 영예를 부여받지 못했기 때문입니다. 그들을 방어할 권리를 얻으려면 집이 있어야 했고, 오늘날 왕의 군대를 빛나게 하는 이 수많은 거지 군대 중에서 군인들이 자유의 수호자였을 때 로마 집단으로부터 경멸을 받으며 쫓겨나지 않았을 사람은 아마 한 명도 없을 것입니다.

그러나 우리는 여전히 마지막 계급에서 프롤레타리아를

---

[73] **샹 드 마르스**(Champ de Mars ; 화성의 들판) : 프랑스 파리의 북서쪽 에펠탑과 남동쪽 에콜 밀리테르 사이의 7구에 위치한 대규모 공공녹지 공간이다. 이 공원은 화성 신에게 헌정된 로마의 캠퍼스 마티우스(화성 들판)의 이름을 따서 명명되었다. 샹 드 마르스는 1794년 6월 8일 최고의 존재 축제의 장소이다. 화가 자크 루이 다비드의 디자인으로 인공산 꼭대기에 거대한 "국가의 제단"이 세워지고 자유의 나무로 그 위에 섰습니다. 이 축제는 혁명에서 가장 성공적인 축제로 간주된다. 100일 동안 복원된 나폴레옹은 샹 드 마르스에서 1815년 헌장을 지키겠다고 맹세하는 샹 드 마이 의식을 열었다.

capite censi[74]라고 불리는 사람들과 구별했습니다. 전자는 완전히 아무것도 아닌 상태로 최소한 시민, 때로는 긴급한 필요에 따라 군인까지 국가에 제공했습니다. 아무것도 없고 머리로만 셀 수 있는 사람들에게 그들은 완전히 무가치한 것으로 간주되었고, 마리우스는 그들을 모집한 첫 번째 사람이었습니다.

이 세 번째 열거가 그 자체로 좋은지 나쁜지 여기에서 결정하지 않고도 그것을 실행가능하게 만든 것은 단지 초기 로마인의 단순한 도덕, 그들의 무관심, 농업에 대한 취향, 상업에 대한 경멸 및 이득에 대한 열정이었다고 단언할 수 있습니다. 탐욕스러운 탐욕, 불안한 정신, 음모, 계속되는 이동, 부단한 재산의 변화로 인해 국가 전체를 뒤흔들지 않고

---

[74] Capite censi는 고대 로마에서 가장 낮은 계급의 시민으로 귀족이나 중산층이 아닌 사람들이다. 라틴어로 된 용어는 고대 로마 인구 조사에서 '머리로 세는 사람들'을 의미한다. 'head count'라고도 알려진 capite censi는 재산을 거의 또는 전혀 소유하지 않았기 때문에 재산이 아닌 머리로 계산되었다. 처음에 capite censi 는 프롤레타리와 동의어였으며, 재산이 너무 작아서 인구 조사에 평가되지 않은 시민을 의미했다. 그러나 나중에, 프롤레타리오는 11,000 나귀 이하의 가치에 대한 상당한 재산을 가진 것으로 capite censi와 구별되었다. 대조적으로 capite censi는 중요한 재산을 소유하지 않은 것으로 간주되었다.

그러한 체제가 20년 동안 지속될 수 있었던 현대인이 어디에 있습니까? 이 제도보다 더 강력한 도덕과 검열이 로마의 악행을 바로잡았으며, 그러한 부자가 자신의 부를 너무 과시했기 때문에 자신이 가난한 사람들의 계급으로 전락했다고 생각했다는 사실도 주목해야 합니다.

이 모든 것에서 우리는 실제로는 6개의 클래스가 있었음에도 불구하고 단지 5개의 클래스에 대한 언급이 거의 없는 이유를 쉽게 이해할 수 있습니다. 여섯째, 군대에 군인도 제공하지 않고 챔프 드 마르스(Champ de Mars)에 유권자도 제공하지 않습니다.[75] 그리고 공화국에서 거의 쓸모가 없다는 것은 거의 아무것도 고려되지 않았습니다.

이들은 로마인의 다양한 구분이었습니다. 이제 어셈블리에서 생성된 효과를 살펴보겠습니다. 합법적으로 소집된 이러한 회의를 코미티아(comitia)라고 불렀습니다. 그들은 일반적으로 로마 광장이나 마르스 지역에서 열렸으며 큐리

---

[75] 나는 챔프 드 마르스(Champ de Mars)에게 말합니다. 다른 두 가지 형태로 사람들은 포럼이나 다른 곳에 모였고, capite censi는 최초의 시민만큼 많은 영향력과 권위를 가졌습니다.

아에 의한 코미시아, 세기에 따른 코미시아, 부족에 의한 코미티아로 구별되었으며, 이 세 가지 형식 중 어떤 형식에 따라 순서가 지정되었습니다. 큐리아에 의한 코미시아는 로물루스 제도에 속했고, 세기에 따른 세르비우스 제도에 속했고, 부족에 의한 코미시아는 인민 호민관에 속했습니다. 어떤 법도 제재를 받지 않았고, 코미시아를 제외하고는 어떤 치안판사(행정관)도 선출되지 않았으며, 큐리아나 백부대, 부족에 등록되지 않은 시민이 없었으므로 참정권에서 어떤 시민도 제외되지 않았으며 로마 국민은 법과 사실상 진정한 주권을 가졌습니다.

위원회가 합법적으로 소집되고 그곳에서 행해진 일이 법의 효력을 갖기 위해서는 세 가지 조건이 필요했습니다. 첫째, 위원회를 소집한 기관이나 치안판사가 이 목적을 위해 필요한 권한을 부여받았습니다. 둘째, 집회는 법이 허용하는 날에 열렸다. 셋째, 징조가 좋았다는 것입니다.

첫 번째 규제의 이유는 설명할 필요가 없다. 두 번째는 경찰 문제입니다. 따라서 공휴일과 장날에는 인민위원회를 개최하는 것이 허용되지 않았습니다. 시골에서 사업을 위해 로마에 오는 사람들이 광장에서 하루를 보낼 시간이 없었기 때문입니다. 세 번째로 원로원은 오만하고 불안한 국민을 견제하고 선동적인 호민관들의 열정을 적절하게 누그러뜨렸습니다. 그러나 그들은 이러한 당혹감에서 벗어날 수 있는 여러 가지 방법을 찾았습니다.

법률과 지도자 선출만이 위원회의 판단에 제출된 유일한 사항은 아니었습니다. 로마 국민이 정부의 가장 중요한 기능을 찬탈했기 때문에 유럽의 운명이 의회에서 결정되었다고 말할 수 있습니다. 이러한 다양한 대상은 그가 선언해야 하는 문제에 따라 이러한 집회가 취하는 다양한 형태를 낳았습니다.

이러한 다양한 형태를 판단하려면 비교하는 것만으로도 충분합니다. 로물루스는 교황청을 설립함으로써 인민에 의한 원로원, 원로원에 의한 인민을 모두 동등하게 지배함으로써 봉쇄할 것을 염두에 두었습니다. 따라서 그는 귀족들에게 맡긴 권력과 부의 균형을 맞추기 위해 이 형태의 사람들에게 숫자의 모든 권한을 부여했습니다. 그러나 군주제의 정신에 따르면 그럼에도 불구하고 다수의 투표에 대한 고객의 영향을 통해 귀족들에게 더 많은 이점을 남겼습니다. 상사와 고객으로 구성된 이 훌륭한 제도는 정치와 인류의 걸작이었고, 이것이 없었다면 공화국의 정신에 어긋나는 귀족은 존재할 수 없었을 것입니다. 로마만이 이 훌륭한 모범을 세상에 제시하는 영예를 누렸으며, 이로 인해 어떠한 학대도 발생하지 않았으나 결코 따르지 않았습니다.

이와 동일한 형태의 큐리아가 세르비우스까지 왕들 아래에 존재했고 마지막 타르퀴니우스의 통치는 합법적인 것으로 간주되지 않았으며 이로 인해 왕실 법률은 일반적으로 레게스 큐리아테(leges curiatae)[76]라는 이름으로 구별되었습니다.

공화정 아래에서 항상 4개의 도시 부족으로 제한되고 로마 시민만을 포함하는 퀴리아에(curiae)는 귀족의 우두머리인 원로원이나 평민이지만 부유한 시민의 우두머리인 호민관을 수용할 수 없었습니다. 따라서 그들은 불신에 빠졌고, 그들의 타락은 30명의 모인 릭터들이 법원에 의한 위원회

---

76) 고대 로마 헌법에서 lex curiata de imperio (복수형 leges curiatae)는 고위 치안 판사가 권력 또는 제국을 보유 할 권리를 확인하는 법이다.

가 해야 할 일을 할 정도로 타락했습니다.

수 세기에 따른 구분은 귀족에게 매우 유리했기 때문에 이 이름을 지닌 위원회에서 원로원이 항상 승리하지 못했고 집정관, 검열관 및 기타 큐룰 행정관이 선출된 위원회에서 어떻게 상원이 항상 승리하지는 않았는지 처음에는 알 수 없습니다. 사실 전체 로마인의 6개 계급을 형성한 193세기 동안 첫 번째 계급은 98명으로 구성되었으며, 투표 수는 세기 단위로만 계산되었으며, 이 첫 번째 계급만이 투표 수에서 다른 모든 계급보다 많았습니다. 이 모든 세기가 일치했을 때 우리는 투표를 계속하지도 않았습니다. 가장 적은 수에 의해 결정된 것은 다수의 결정으로 통과되었으며, 우리는 수 세기에 걸쳐 위원회에서 문제가 투표보다 훨씬 더 많은 왕관에 의해 규제되었다고 말할 수 있습니다.

그러나 이 극단적인 권위는 두 가지 수단으로 완화됩니다. 처음에는 일반 사람들을 위한 트리뷴, 그리고 항상 부유층에 속하는 많은 수의 평민이 이 첫 번째 등급에 있는 귀족의 공로를 균형 있게 유지합니다.

두 번째 방법은 항상 첫 번째부터 시작하는 순서에 따라 세기 투표를 하는 대신에 하나는 추첨에 의해 추첨되고 그 하나는[77] 혼자 선거를 진행했습니다. 그 후 모든 세기는 그들의 순위에 따라 다른 날을 요구하여 동일한 선택을 반복하고 일반적으로 그것을 확인했습니다. 이로써 계급의 권위는 빼앗기고 민주주의의 원리에 따라 제비에게 주어졌습니다.

이 사용으로 인해 또 다른 이점이 발생했습니다. 그것은 시골 시민들이 두 선거 사이에 임시 지명된 후보자의 장점을 스스로 알고 대의명분을 알고 투표할 시간을 가졌다는 것입니다. 그러나 속도를 핑계로 이러한 관행은 폐지되었고, 두 선거는 같은 날 치러졌습니다.

부족에 의한 위원회는 본래 로마 국민의 의회였습니다. 그들은 호민관들에 의해서만 소환됩니다. 그곳에서 트리뷴이 선출되었고 그곳에서 국민투표가 열렸습니다. 상원에는 지위가 없었을 뿐만 아니라, 참석할 권리도 없었고, 투

---

[77] 이렇게 추첨에 의해 추첨된 이 세기를 proe rogativa라고 불렀습니다. 특권의 말.

표할 수 없는 법률을 준수해야 했기 때문에 이 점에서 상원의원은 가장 낮은 시민보다 자유롭지 못했습니다. 이 불의는 완전히 오해되었으며 그것만으로도 모든 구성원이 승인되지 않은 조직의 법령을 무효화하기에 충분했습니다. 모든 귀족들이 시민으로서의 권리에 따라 이 선거에 참석했을 때, 그들은 단순한 개인이 되었기 때문에 우두머리가 수집하는 투표 형식에 거의 영향을 미치지 못했을 것이며 가장 적은 프롤레타리아인이라도 원로원의 군주만큼 많은 권력을 가질 수 있었을 것입니다.

따라서 우리는 그렇게 많은 사람들의 투표를 수집하기 위한 이러한 다양한 분배로 인해 발생한 순서에 더해 이러한 분배가 그 자체로 무관심한 형태로 축소된 것이 아니라 각각이 그것을 선호하게 만든 견해에 상대적인 영향을 미쳤다는 것을 알 수 있습니다.

이것에 대해 더 자세히 설명하지 않고, 이전의 설명에 따르면 부족별 민회(comitia)는 대중 정부에 가장 유리했고, 수세기에 걸쳐 민회는 귀족에게 가장 유리했습니다. 로마의 유일한 대중이 다수를 형성한 교황청 위원회에 관해서는 그들은 폭정과 나쁜 계획을 선호하는 데 능숙했기 때문에 비난에 빠질 수밖에 없었고, 선동적인 사람들은 자신들의 계획을 너무 많이 노출시키는 수단을 삼가했습니다. 로마 국민의 모든 위엄은 수백 년에 걸쳐 코미시아에서만 발견되었으며, 그것만이 완전했다는 것은 확실합니다. 반면에 큐리에 의한 코미시아에는 소박한 부족이 없었고, 부족에 의한 코미시아에는 원로원과 귀족이 없었습니다.

표를 모으는 방법은 스파르타보다 훨씬 덜 단순했지만 관습만큼 단순했던 최초의 로마인 중 하나였습니다. 모두가 큰 소리로 투표했고 등록관이 이를 기록했습니다. 각 부족의 다수표는 부족의 참정권을 결정했고 부족 간의 다수표는 국민의 참정권을 결정했으며 따라서 큐리와 세기의 참정권을 결정했습니다. 이 관행은 시민들 사이에서 정직이 지배하고 모든 사람이 부당한 의견이나 합당하지 않은 주제에 공개적으로 투표하는 것을 부끄러워하는 한 좋은 것입니다. 그러나 국민이 부패하고 투표권이 매수되면 불신으로 매수자들을 억제하고 악당들에게 반역자가 되지 않을 수단을 제공하기 위해 투표권을 비밀리에 제공해야 한다는 데 동의했습니다.

나는 키케로가 이러한 변화를 비난하고 부분적으로는 공화국의 파멸을 그 탓으로 돌린다는 것을 알고 있습니다. 그러나 나는 여기서 키케로의 권위가 가져야 할 무게를 느끼지만 그의 의견에 동의할 수는 없습니다. 반대로 유사한 변화를 충분히 하지 않으면 국가의 손실이 가속화될 것이라고 생각합니다. 건강한 사람들의 정권은 아픈 사람들에게 적합하지 않기 때문에 우리는 선한 사람들에게 적합한 법으로 타락한 사람들을 통치하기를 원하지 않아야 합니다. 베네치아 공화국의 존속 기간보다 이 격언을 더 잘 증명하는 것은 없습니다. 베네치아 공화국의 모형은 여전히 존재합니다. 그 법은 오직 나쁜 사람들에게만 적합하기 때문입니다.

따라서 모든 사람이 자신의 의견이 무엇인지 알지 못한 채 투표할 수 있도록 태블릿이 시민들에게 배포되었습니다. 명판 수집, 투표 수 계산, 숫자 비교 등을 위한 새로운 절차도 확립되었습니다. 이는 이러한 기능[78]을 담당하는 장교의 충성심이 종종 의심되는 것을 막지 못했습니다. 마지막

---

78) Custodes, diribitores, Rogatores suffragiorum. 경비원, 판사, 투표 청원자.

으로 선거 운동과 투표 거래를 방지하기 위해 칙령이 내려졌는데, 그중 다수는 쓸모가 없음을 보여줍니다.

마지막 시대에 이르러 우리는 법률의 부족함을 보완하기 위해 비상한 수단을 강구할 수밖에 없는 경우가 많았습니다. 때때로 신동이 상상되기도 했다. 그러나 국민에게 부과할 수 있는 이 수단은 그들을 통치하는 사람들에게 부과되지 않았습니다. 때때로 후보자들이 입찰할 시간도 갖기 전에 갑자기 의회가 소집되었고, 때로는 승리한 사람들이 나쁜 편을 들 준비가 되어 있는 것을 보고 전체 세션이 대화에 소모되었습니다. 그러나 결국 야망은 모든 것을 피했고 놀라운 것은 그토록 많은 학대 속에서도 이 거대한 국민은 고대 규정을 지지하지 않았다는 것입니다. 상원 자체가 할 수 있는 것만큼 쉽게 치안판사(행정관)를 선출하고, 법을 통과시키고, 원인을 판단하고, 사적 및 공적 업무를 신속하게 처리하는 데 실패하지 않았습니다.

05

호민관 제도에 관하여
Du Tribunat

국가를 구성하는 부분들 사이의 정확한 비율을 정할 수 없거나 불멸의 원인으로 인해 그들의 관계가 끊임없이 변할 때, 우리는 다른 행정관과 하나가 아닌 특정 행정관을 설립합니다. 이 행정관은 각 용어를 진정한 관계에 놓고 군주와 국민 사이, 군주와 주권자 사이, 또는 필요하다면 양쪽에 연결이나 중간 용어를 만듭니다.

내가 호민관이라고 부를 이 기관은 법률과 입법권의 수호자입니다. 로마에서 인민의 호민관이 그랬던 것처럼 때로는 정부에 맞서 주권자를 보호하는 역할을 하고 베네치아에서 현재 10인 위원회가 하는 것처럼 때로는 국민에 맞서 정부를 지원하는 역할도 하며 때로는 스파르타에서 에포로스가 했던 것처럼 양측의 균형을 유지하는 역할도 합니다.

호민관은 도시를 구성하는 부분이 아니며 입법권이나 행정권의 어떤 부분도 가져서는 안 됩니다. 그러나 바로 이 점에서 호민관의 권한이 더 크다는 것입니다. 왜냐하면 호민관은 아무것도 할 수 없기 때문에 모든 것을 막을 수 있기 때문입니다. 그는 법을 집행하는 군주나 법을 주는 주권자보다 법의 수호자로서 더 신성하고 존경받습니다. 이것은 항상 전체 인민을 경멸했던 이 교만한 귀족들이 후원도 관할권도 없는 단순한 인민 장교 앞에 굴복하도록 강요받았을 때 로마에서 매우 분명하게 본 것입니다.

현명하게 단련된 호민관은 좋은 헌법을 가장 확고하게 뒷받침하는 역할을 합니다. 그러나 그가 가진 힘이 너무 적기 때문에 그는 모든 것을 뒤집습니다. 약점에 관해서는 그것은 그의 본성에 있지 않으며 그가 무언가라면 그는 결코 필요 이상입니다.

자신이 단지 중재자일 뿐인 행정권을 찬탈하고 자신이 보호해야 하는 법률을 시행하려고 할 때 폭정으로 변질됩니다. 스파르타가 도덕을 지키는 한 무해했던 에포르스의 막강한 권력은 시작된 부패를 가속화시켰다. 이 폭군들에 의해 살해된 아기스의 피는 그의 후계자에 의해 복수되었습니다. 범죄와 에포르스의 처벌 또한 공화국의 상실을 재촉했고 클레오메네스 이후 스파르타는 아무것도 아니게 되었습니다. 로마는 같은 길로 다시 멸망했고, 점차 강탈된 호민관의 과도한 권력은 마침내 자유를 위해 제정된 법의 도움으로 로마를 파괴한 황제들에게 보호 장치가 되었습니다. 베네치아의 10인 평의회는 귀족들과 국민들에게 똑같이 끔찍한 피의 법정이며, 법을 고도로 보호하기는커녕 법이 타락한 후에는 우리가 감히 감지할 수 없는 어둠 속에서 타격을 가하는 역할만 할 뿐입니다.

호민관은 구성원의 증가로 인해 정부와 마찬가지로 약화됩니다. 처음에는 2명, 다음에는 5명으로 구성된 로마 인민의 호민관이 이 숫자를 두 배로 늘리기를 원했을 때 원로원은 당연히 그렇게 하도록 허용했습니다. 그것은 실패하지 않았습니다.

지금까지 어떤 정부도 생각해 낸 수단이 아닌 이러한 강력한 기관의 찬탈을 방지하는 가장 좋은 방법은 이 기관을 영구적으로 만드는 것이 아니라 억압된 상태로 유지되는 간격을 규제하는 것입니다. 남용의 시간이 걸릴 만큼 길지 않은 이러한 간격은 법으로 정할 수 있으므로 필요한 경우 임시 위원회를 통해 쉽게 단축할 수 있습니다.

내가 말했듯이 헌법의 일부가 아닌 재판소는 고통 없이 제거될 수 있고, 새로 복원된 치안판사(행정관)는 전임자가 가졌던 권한이 아니라 법이 그에게 부여한 권한에서 시작되기 때문에 이 방법은 나에게 불편함이 없는 것 같습니다.

06

독재관(절대권)에 관하여
De la Dictature

법이 사건에 휘둘리는 것을 막는 경직된 법은 어떤 경우에는 법을 해롭게 만들 수 있으며, 이로 인해 위기에 처한 국가의 손실을 초래할 수 있습니다. 형태의 질서와 느림은 상황이 때로는 거부하는 시간의 공간을 요구합니다. 입법자가 제공하지 않은 수천 가지 사례가 발생할 수 있으며, 모든 것을 예측할 수는 없다는 점을 깨닫는 것이 매우 필요합니다.

그러므로 우리는 정치 제도의 효력을 정지할 수 있는 권한을 제거할 정도로 정치 제도를 강화하는 것을 원하지 않아야 합니다. 스파르타 자체는 법을 잠자기 상태로 두었습니다.

그러나 공공질서를 바꾸는 것보다 더 큰 위험은 있을 뿐이며, 조국의 구원에 관한 경우를 제외하고는 법의 신성한 힘을 결코 막아서는 안 됩니다. 이러한 드물고 명백한 경우에는 가장 가치 있는 사람에게 책임을 부여하는 특별법을 통해 공공의 안전이 보장됩니다. 이 커미션은 위험 유형에 따라 두 가지 방법으로 제공될 수 있습니다.

이 문제를 해결하기 위해 정부 활동을 늘리는 것만으로도 충분하다면 정부는 한두 명의 구성원에게 집중됩니다. 따라서 변경되는 것은 법률의 권위가 아니라 법률의 행정 형태일 뿐입니다. 법의 장치가 이를 보장하는 데 장애가 될 정도로 위험이 크다면 모든 법을 침묵시키고 주권을 잠시 정지시키는 최고 지도자를 임명합니다. 그러한 경우 일반의지는 의심의 여지가 없으며, 국민의 첫 번째 의도는 국가가 멸망하지 않아야 한다는 것이 분명합니다. 이런 식으로 입법권이 정지된다고 해서 입법권이 폐지되는 것은 아닙니다. 그녀를 침묵시키는 치안판사(행정관)는 그녀가 말하게 할 수 없으며, 그녀를 대표할 수 없으면서 그녀를 지배합니다.

그는 법을 제외한 모든 것을 할 수 있습니다.

첫 번째 수단은 로마 원로원이 공화국의 구원을 제공하기 위해 봉헌된 공식으로 집정관들에게 명령할 때 사용되었습니다. 두 번째는 두 집정관 중 한 명이 독재자[79]를 임명했을 때 발생했습니다. 이는 알바가 로마에서 모범을 보인 관행이었습니다.

공화국 초기에는 독재정권에 의존하는 경우가 많았는데, 그 이유는 국가가 헌법의 유일한 힘으로 스스로를 지탱할 수 있을 만큼 충분히 고정된 기반을 아직 갖추지 못했기 때문입니다. 도덕은 다른 시대에 필요했을 많은 예방 조치를 불필요하게 만들었으므로 독재자가 자신의 권위를 남용하거나 임기 이상으로 권위를 유지하려고 시도할 것이라는 두려움이 없었습니다. 오히려 그 큰 힘은 그것을 부여받은 사람에게는 부담이 되는 것 같아서 서둘러 그것을 없애려고 했습니다. 마치 법의 자리를 차지하기에는 너무 고통스럽고 너무 위험한 자리인 것처럼!

---

[79] 이 임명은 사람을 법 위에 두는 것을 부끄러워하는 것처럼 밤에 비밀리에 이루어졌습니다.

그러므로 내가 초창기 최고 권력을 무분별하게 사용한 것을 비난하게 만드는 것은 남용의 위험이 아니라 타락의 위험입니다. 선거나 헌정, 형식적인 일에는 아낌없이 사용했지만, 필요할 때는 덜 위압적이게 되고 헛된 의식에만 사용되는 것을 공허한 칭호로 간주하는 것이 사람들에게 익숙해질까 두려웠기 때문입니다.

공화정이 끝날 무렵 더욱 신중해진 로마인들은 이전에 사용했던 것처럼 아무런 이유 없이 독재정권을 관리했습니다. 그들의 두려움은 근거가 없다는 것, 수도의 약함이 그 품안에 있는 행정관들로부터 안전하다는 것, 독재자가 어떤 경우에는 공공의 자유를 공격하지 않고도 수호할 수 있다는 것, 로마의 철은 로마 자체가 아니라 로마 군대에서 만들어질 것이라는 점을 쉽게 알 수 있었습니다. 마리우스가 술라에게, 폼페이우스가 카이사르에게 했던 작은 저항은 명백히 보여주었습니다. 외부의 힘에 맞서 내부의 권위로부터 기대할 수 있는 것.

이 오류로 인해 그들은 큰 실수를 범하게 되었습니다. 예를 들어, 카틸리나 사건에서 독재자를 임명하지 않은 경우는 그 문제가 단지 도시 내부와 기껏해야 이탈리아 일부 지역의 문제였기 때문에 법이 독재자에게 부여한 무한한 권한으로 독재자는 음모를 쉽게 진압했을 것이고, 이 음모는 인간의 신중함이 결코 기대할 수 없는 행복한 우연의 조합에 의해서만 진압되었을 뿐입니다.

대신 상원은 모든 권한을 영사에게 넘겨주는 데 만족했습니다. 따라서 키케로(Cicero)는 효과적으로 행동하기 위해 이 권한을 결정적인 지점으로 이전해야 했으며, 첫 번째 기쁨의 수송으로 인해 그의 행동이 승인된 경우 나중에 법을 위반하여 흘린 시민들의 피에 대해 설명하도록 요청받은 것은 정의로운 일이었습니다. 독재자에게 가할 수 없는 비난이었습니다. 그러나 영사의 웅변은 모든 것을 가져갔습니다. 그리고 그 자신은 비록 로마인이 조국보다 자신의 영광을 더 사랑했지만, 국가를 구하기 위한 가장 합법적이고 확실한 수단보다는 이 사건의 모든 명예를 누리는 수단을 추구하지 않았습니다.[80] 그래서 그는 로마의 해방자로서 정당하게 명예를 얻었고, 법을 위반한 사람으로서 정당하게

---

80) 이것이 그가 독재자를 제안함으로써 응답할 수 없었던 것입니다. 감히 자신의 이름을 밝히지 못하고 동료가 이름을 지을지 확신할 수 없습니다.

처벌을 받았습니다. 그의 기억이 아무리 훌륭했을지라도 그것은 은혜였다는 것은 확실합니다.

더욱이 이 중요한 임무가 어떤 방식으로 주어지든, 그 기간을 결코 연장할 수 없는 매우 짧은 기간으로 설정하는 것이 중요합니다. 국가를 확립하는 위기 속에서 국가는 곧 파괴되거나 구원되며, 절박한 필요가 지나가면 독재정권은 압제적이거나 헛된 것이 됩니다. 로마에서 독재자들은 단지 6개월 동안만 집권했고 대부분은 이 임기 전에 퇴위했습니다. 기간이 더 길었다면 아마도 데켐비르(Decemvirs)가 1년씩 연장했던 것처럼 기간을 더 연장하고 싶은 유혹을 느꼈을 것입니다. 독재자는 그를 선출하게 만든 필요를 충족시킬 시간만 있었고 다른 프로젝트를 생각할 시간이 없었습니다.

07

감찰관 제도에 관하여
De la Censure

일반의지의 선언이 법에 의해 이루어지는 것처럼 공적 판단의 선언도 검열에 의해 이루어집니다. 여론은 검열관이 장관이 되는 법의 유형이며 그는 왕자의 예를 따라 특정 사건에만 적용됩니다.

검열 재판소는 국민의 의견을 중재하는 역할을 하기는커녕 단지 자신의 선언자일 뿐이며, 검열 재판소에서 벗어나는 순간 그 결정은 헛되고 효력이 없습니다.

한 국가의 도덕과 존경의 대상을 구별하는 것은 쓸모가 없습니다. 왜냐하면 이 모든 것이 동일한 원칙에 기초하고 필연적으로 병합되기 때문입니다. 세상의 모든 사람들 중에서 그들의 즐거움을 선택하는 것은 자연이 아니라 의견입니다. 사람들의 의견을 바로잡아야 합니다. 그러면 그들의 도덕이 스스로 정화될 것입니다. 우리는 항상 아름다운 것과 아름답다고 생각하는 것을 사랑하지만, 우리가 틀렸다는 것은 바로 이 판단에서이고, 따라서 해결되어야 할 것은 바로 이 판단입니다. 도덕을 판단하는 사람은 명예를 판단하고, 명예를 판단하는 사람은 의견에서 법을 취합니다.

사람들의 의견은 그들의 헌법에서 비롯됩니다. 법이 도덕을 규제하지는 않지만, 도덕을 낳는 것은 입법입니다. 입법이 약화되면 도덕은 타락하게 됩니다. 그러나 검열관의 판단은 법의 힘이 하지 못한 일을 하지 못할 것입니다.

따라서 검열은 도덕을 보존하는 데 유용할 수 있으며 결코 도덕을 재건하는 데는 유용하지 않습니다. 법이 시행되는 동안 검열관을 설치합니다. 그것을 잃자마자 모든 것이 절망적으로 됩니다. 법이 더 이상 효력을 갖지 않으면 합법적인 어떤 것도 더 이상 효력을 갖지 않습니다.

검열은 의견이 부패하는 것을 방지함으로써 도덕을 유지합니다. 지혜로운 적용으로 그들의 의를 보존함으로써, 때로는 아직 불확실할 때 그것들을 고침으로써도 그렇게 할 수 있습니다. 결투에서 두 번째를 사용하는 것은 프랑스 왕국에서 분노를 일으켰고, 왕의 칙령의 단 한 마디에 의해 폐지되었습니다. 대중의 판단을 예상한 이 판단은 그를 단번에 결정했습니다. 그러나 같은 칙령이 결투를 벌이는 것도 비겁한 일이라고 선언하고 싶었을 때, 그것은 매우 사실이지만 일반적인 의견과 달리 대중은 이미 판단이 내려진 이 결정을 비웃었습니다.

나는 다른 곳에서 말했습니다.[81] 여론은 제약을 받지 않으므로 이를 대표하기 위해 설립된 재판소에서 여론의 흔적을 남길 필요가 없다고 말했습니다. 현대인들 사이에서 완전히 사라진 이 기술이 로마인들 사이에서, 더 나아가 라케다이몬인들 사이에서 사용된 예술에 우리는 지나치게 감탄할 수 없습니다.

---

81) 나는 단지 내가 M d'Alembert에게 보낸 편지에서 더 자세히 다룬 내용을 이 장에서 표시할 뿐입니다.

도덕이 나쁜 사람의 스파르타 회의에서 좋은 의견을 제시했지만, 에포르스[82]는 이를 고려하지 않고 한 고결한 시민이 제안한 것과 동일한 의견을 가지고 있었습니다. 어느 쪽에게도 칭찬도 비난도 하지 않은 채, 한 사람에게는 얼마나 큰 영예이고, 다른 사람에게는 얼마나 큰 표시입니까! 사모스(Samos) 출신[83]의 몇몇 술고래들이 에포르스의 궁정을 더럽혔습니다. 다음날 공개 칙령에 따라 사모스인들은 악당이 되는 것이 허용되었습니다. 실제 처벌은 그러한 불처벌보다 덜 가혹했을 것입니다. 스파르타가 정직한지 아닌지에 대해 판결을 내리면 그리스는 판결에 대해 항소하지 않습니다.

---

82) **에포르스**: 고대 그리스 스파르타에서 운영되던 공직이며, 스파르타의 왕과 함께 권력을 나눠 가졌다. 에포르스는 5명으로 구성되어 있으며, 스파르타 시민의 선거에 의해 선출되는 민선 장관이었다.

83) 그들은 우리 언어의 섬세함으로 인해 이 경우에 이름을 밝힐 수 없는 다른 섬 출신이었습니다.

08

시민 종교에 관하여
De la Religion civile

처음에 인간에게는 신 외에 다른 왕이 없었고, 신권 정부 외에는 다른 정부가 없었습니다. 그들은 칼리굴라와 추론을 했고, 그런 다음 그들은 올바르게 추론했습니다. 동료 인간을 자신의 주인으로 삼기로 결심하고, 그로 인해 부유해질 것이라고 자부할 수 있으려면 오랜 감정과 생각의 변화가 필요합니다.

이것만으로도 하나님이 각 정치 사회의 선두에 놓이게 되었고, 백성의 수만큼 많은 신이 있다는 결론이 나왔습니다. 서로 이질적이고 거의 항상 적이었던 두 민족은 오랫동안 같은 주인을 알아볼 수 없었습니다. 전투에 참여한 두 군대는 같은 지도자에게 복종할 수 없었습니다. 따라서 국가적 분열은 다신교를 낳았고, 따라서 아래에서 설명하겠지만 당연히 신학적이고 시민적인 불관용을 낳았습니다.

그리스인들이 야만인 중에서 자신의 신을 찾는 환상은 그들 자신을 이 민족의 자연적인 주권자로 보는 환상에서 비롯되었습니다. 그러나 요즘에는 여러 나라의 신들의 정체성을 중심으로 맴돌고 있는 매우 터무니없는 박식입니다. 마치 몰록(Moloch), 토성(Saturn), 크로노스(Chronos)가 같은 신일 수 있는 것처럼 말입니다. 마치 페니키아인의 바알, 그리스인의 제우스, 라틴인의 유피테르가 동일할 수 있는 것처럼 말입니다. 마치 다른 이름을 지닌 키메라 존재들에게는 공통점이 남아 있는 것처럼 말입니다.

각 국가가 자체 숭배와 신을 갖고 있는 이교에서는 어떻게 종교 전쟁이 없었는지 묻는다면 어떨까요? 나는 바로 이러한 이유 때문에 각 국가가 자신의 종교와 정부를 갖고 있어 자국의 신과 법률을 구별하지 않았다고 대답합니다. 정치적 전쟁은 또한 신학적인 전쟁이었습니다. 말하자면, 신들의 부서는 국가들의 경계에 의해 고정되었습니다. 한 민족의 신은 다른 민족에 대한 권리가 없었습니다. 이교도의 신들은 질투하는 신들이 아니었습니다. 그들은 그들 사이에 세계 제국을 공유했습니다. 심지어 모세와 히브리 사람들도 이스라엘의 하나님에 대해 말할 때 때때로 이런 생각을 하게 되었습니다. 그들은 가나안 사람들의 신, 금지된 백성, 멸망당할 운명의 백성, 그리고 그들이 차지할 자리를 무효로 여겼던 것은 사실이다. 그러나 그들이 공격하는 것이 금지된 이웃 민족의 신들에 대해 어떻게 말했는지 보십시오! 입다가 암몬 자손에게 말하되 그모스의 소유나 하나님의 소유가 정당하게 너희에게 있는 것이 아니냐? 우리는 승리하신 하나님께서 획득하신 땅과 같은 방식으로 소유하고 있습니다.[84] 이것은 제가 보기에 카모스의 권리와 이스라엘의 신의 권리 사이에 잘 인정된 동등성이었던 것 같

---

84) Nonne ea quoe possidet Chamos Deus tuus tibi jure debentur? 이것은 벌게이트(Vulgate)의 본문이다. Carrieres의 아버지가 번역했습니다. 너는 네 하나님 가모스의 것을 차지할 권리가 네게 없다고 생각하느냐? 나는 히브리어 본문의 강점을 알지 못합니다. 그러나 나는 벌게이트에서 입다(Jephthah)가 카모스(Chamos) 신의 권리를 긍정적으로 인정하고 번역자 프란시스(Francis)가 라틴어에 없는 당신의 견해에 따라 이 인식을 약화시킨 것을 봅니다.

습니다.

그러나 바빌론의 왕들과 나중에는 시리아 왕들의 지배를 받은 유대인들이 자신들의 신 외에는 다른 어떤 신도 인정하지 않기를 고집했을 때, 이러한 거부는 승자에 대한 반역으로 간주되어 그들에게 박해를 안겨 주었고, 우리는 그들의 역사에서 볼 수 있으며 기독교 이전에는 그 예를 전혀 볼 수 없습니다.[85]

따라서 각 종교는 그것을 규정한 국가의 법에만 종속되어 있기 때문에 사람들을 노예로 만드는 것 외에는 국민을 개종시킬 수 있는 다른 방법이 없으며, 정복자 이외의 다른 선교사를 노예로 삼는 것 외에는 종교를 바꾸는 의무는 정복당한 자의 법이므로, 그것에 대해 이야기하기 전에 정복부터 시작해야 했습니다. 인간이 신을 위해 싸우는 것이 아니라 호머의 경우처럼 인간을 위해 싸우는 것은 신이었다. 각자는 자신의 승리를 요구했고 새로운 제단으로 그 대가를

---

[85] 신성한 전쟁이라고 불리는 포카이아 전쟁은 종교 전쟁이 아니었음이 분명합니다. 그 목적은 불신자들을 제압하려는 것이 아니라 신성모독을 처벌하는 것이었습니다.

치렀습니다. 로마인들은 자리를 잡기 전에 그들의 신들에게 그곳을 버리라고 요청했고, 그들의 분노한 신들을 타렌틴 사람들에게 맡겼을 때, 그것은 그들이 이 신들을 그들의 신들에게 복종하는 것으로 보고 그들에게 경의를 표하도록 강요했기 때문입니다. 그들은 그들의 법을 그들에게 맡겼듯이 그들의 신들도 정복자들에게 맡겼습니다. 국회 의사당의 목성에 대한 왕관은 종종 그들이 부과한 유일한 공물이었습니다.

마지막으로 로마인들은 그들의 제국과 함께 그들의 숭배와 신들을 확장하고 어떤 사람들과 다른 사람들에게 도시의 권리를 부여함으로써 정복당한 자들의 것을 종종 채택하기 전에 이 광대한 제국의 사람들은 점차 어디에서나 거의 동일한 수많은 신과 숭배를 가지고 있음을 알게 되었습니다. 이것이 바로 이교가 알려진 세계에서 마침내 단 하나의 동일한 종교가 된 방식입니다.

예수께서 이 땅에 영적 왕국을 세우기 위해 오신 것은 바로 이러한 상황이었습니다. 이는 신학 체계와 정치 체계를 분리함으로써 국가가 하나가 되는 것을 멈추게 했고, 기독교 민족들을 끊임없이 동요시키는 내부 분열을 일으켰습니다. 이제 저승 왕국에 대한 이 새로운 관념은 이교도들의 머리 속에 결코 들어갈 수 없었기 때문에, 그들은 항상 기독교인들을 위선적인 복종 아래서 스스로 독립하고 주인이 될 순간만을 찾고 있으며, 그들이 약점 속에서 존경하는 척했던 권위를 교묘하게 찬탈하는 진정한 반역자로 여겼습니다. 이것이 박해의 원인이었습니다.

이교도들이 두려워했던 일이 일어났습니다. 그러자 모든 것이 바뀌었고, 겸손한 기독교인들도 그들의 언어를 바꾸었습니다. 그리고 곧 우리는 소위 저 세상의 왕국이 눈에 보이는 지도자 아래 이 세상에서 가장 폭력적인 전제정치가 되는 것을 보았습니다.

그러나 항상 왕자와 민법이 있었기 때문에 이 이중 권력은 기독교 국가에서 좋은 정치를 불가능하게 만드는 관할권의 영원한 갈등을 초래했으며 주인이나 사제 중 누구에게 복종해야 하는지를 결정하는 것이 결코 불가능했습니다.

그러나 유럽이나 그 인근 지역에서도 몇몇 사람들은 낡은 체제를 보존하거나 재건하기를 원했지만 성공하지 못했습니다. 기독교 정신이 모든 것을 이겼습니다. 신성한 예배는 항상 주권자로부터 독립적으로 유지되었거나 다시 독립되었으며 국가 기관과 필요한 연결이 없었습니다. 무함마드는 매우 건전한 견해를 가지고 있었고, 그의 정치 체제를 잘 연결시켰으며, 그의 정부 형태가 그의 후임자들의 통치 아래에 존속하는 한, 이 정부는 정확히 하나였으며 그 점에서 훌륭했습니다. 그러나 번성하고 글을 읽고 예의 바르고 온화하고 비겁한 아랍인들은 야만인들의 지배를 받았습니다. 그러자 두 세력 사이의 분열이 다시 시작되었습니다. 기독교인보다는 이슬람교인 사이에서는 덜 분명하지만 그럼에도 불구하고 특히 알리 종파에는 존재하며 페르시아와 같은 국가에서는 계속해서 느껴지고 있습니다.

우리 중에는 영국의 왕들이 차르와 마찬가지로 교회의 수장으로 자리 잡았습니다. 그러나 이 칭호로 인해 그들은 스스로를 주인이라기보다는 목사로 만들었습니다. 그들은 그것을 바꿀 수 있는 권리보다 그것을 유지할 수 있는 힘을 더 적게 획득했습니다. 그들은 그곳의 입법자가 아니라 단지 왕자일 뿐입니다. 성직자가 한 몸을 이루는 곳 어디에서

나86) 그는 그의 부분에서 주인이자 입법자입니다. 그러므로 다른 곳과 마찬가지로 영국과 러시아에도 두 개의 권력, 두 개의 주권자가 있습니다.

모든 기독교 작가들 중에서, 철학자 홉스는 해악과 해결책을 분명히 보았고, 독수리의 두 머리를 결합하여 모든 것을 정치적 통일로 되돌릴 것을 감히 제안한 유일한 사람입니다. 이것이 없이는 국가나 정부가 결코 제대로 구성되지 않을 것입니다. 그러나 그는 기독교의 지배적인 정신이 그 체계와 양립할 수 없으며, 사제의 이익이 국가의 이익보다 항상 더 강하다는 것을 알았음에 틀림없습니다. 그의 정책에서 끔찍하고 거짓된 것이 아니라 그것을 혐오스럽게 만드는 정의롭고 진실한 것입니다.87)

---

86) 성직자를 한 몸으로 묶는 것은 프랑스의 집회처럼 공식적인 집회가 아니라 교회의 친교라는 점에 유의해야 합니다. 성찬과 파문은 성직자들의 사회적 협약이며, 이 협약을 통해 그들은 언제나 민족과 왕의 주인이 될 것입니다. 함께 소통하는 모든 사제는 비록 세상 양쪽 끝에서 왔다고 할지라도 동료 시민입니다. 이 발명은 정치의 걸작이다. 이교도 성직자들 사이에는 비슷한 것이 없었습니다. 그러므로 그들은 결코 성직자 집단을 형성하지 않았습니다.

87) 그로티우스가 1643년 4월 11일에 그의 형제에게 보낸 편지에서 이 학식 있는 사람이 승인한 것과 그가 Cive의 책에서 비난한 것을 보십시오.

나는 이러한 관점에서 역사적 사실을 전개함으로써 베일과 워버튼의 반대 의견을 쉽게 반박할 수 있다고 믿습니다. 한 사람은 어떤 종교도 신체 정치에 유용하지 않다고 주장하고, 다른 한 사람은 반대로 기독교가 신체 정치의 가장 강력한 지지자라고 주장합니다. 우리는 첫째로 종교가 기초가 되지 않고는 어떤 국가도 설립될 수 없다는 것을 증명할 것이며, 둘째로 기독교 법은 궁극적으로 국가의 강력한 헌법에 유용하기보다는 해롭다는 것을 증명할 것입니다. 내 목소리를 들으려면 내 주제와 관련된 종교의 모호한 개념을 좀 더 정확하게 설명하면 됩니다.

사회와 관련하여 생각되는 종교는 일반적이든 특수적이든 두 가지, 즉 인간의 종교와 시민의 종교로 나눌 수 있습니다. 성전도 없고, 제단도 없고, 의례도 없는, 지고하신 하나님에 대한 순전한 내적 예배와 영원한 도덕의 의무에 국한되는 첫째는 순수하고 단순한 복음의 종교, 참된 유신론, 자연적 신권이라 할 수 있는 것입니다. 다른 하나는 단일 국가에 등록되어 있으며 그 국가에 신, 자체 및 수호 후원자를

그가 관대함을 느끼면서 저자의 악을 위해 선을 용서하는 것처럼 보이는 것은 사실입니다. 하지만 모두가 그렇게 관대하지는 않습니다.]

제공합니다. 그 나라에는 법으로 규정된 교리, 의식, 외적 예배가 있습니다. 그것을 따르는 유일한 민족을 제외하고는 모든 것이 불성실하고 이질적이며 야만적입니다. 그것은 인간의 의무와 권리를 제단까지만 확장합니다. 이것이 최초의 민족의 모든 종교였으며, 여기에 시민권 또는 적극적인 신권이라는 이름을 붙일 수 있습니다.

세 번째로 더 기괴한 종류의 종교가 있는데, 이는 인간에게 두 가지 법, 두 지도자, 두 조국을 부여하고 그들에게 모순된 의무를 부과하며 신자이자 시민이 될 수 없도록 막는 것입니다. 이것이 라마교의 종교이고, 일본인의 종교이며, 로마 기독교의 종교입니다. 우리는 이것을 사제의 종교라고 부를 수 있습니다. 그 결과는 이름이 없는 일종의 혼합되고 연관되지 않은 권리입니다.

이 세 가지 종교를 정치적으로 생각해 보면 모두 결점이 있습니다. 세 번째는 너무 명백해서 나쁘기 때문에 재미있게 시연하는 것은 시간 낭비입니다. 사회적 단결을 깨뜨리는 것은 무엇이든 가치가 없습니다. 인간을 자신과 모순되게 만드는 모든 제도는 가치가 없습니다.

두 번째는 신성한 숭배와 법에 대한 사랑을 결합시키고 조국을 국민 숭배의 대상으로 삼음으로써 국가를 섬기는 것이 곧 수호신이신 하느님을 섬기는 것임을 가르친다는 점에서 좋은 것입니다. 이는 왕자 외에는 교황이 없고, 치안판사 외에는 사제가 있어서는 안 되는 일종의 신권정치입니다. 그러므로 조국을 위해 죽는 것은 순교하는 것이며, 법을 위반하는 것은 불경건한 일이며, 죄를 지은 사람을 공개적으로 처형하는 것은 그를 신의 진노에 바치는 것입니다.

그러나 그것은 오류와 거짓에 기초를 두고 사람을 속이고, 사람을 속이고 미신적으로 만들고, 참된 신 숭배를 헛된 의식에 빠뜨리는 점에서 나쁜 것입니다. 배타적이고 폭군적이 되어 사람들을 피에 굶주리고 편협하게 만드는 것은 여전히 나쁜 일입니다. 그래서 그는 살인과 학살만을 호흡하며, 자신의 신을 인정하지 않는 사람을 죽임으로써 신성한 행동을 하고 있다고 믿습니다. 이는 그러한 사람들을 다른 모든 사람들과의 자연스러운 전쟁 상태에 놓이게 하며, 그들 자신의 안전에 매우 해를 끼칩니다.

그러므로 인간의 종교, 즉 기독교가 남아 있습니다. 오늘날의 종교가 아니라 완전히 다른 복음의 종교입니다. 이 거룩하고 숭고하며 참된 종교를 통해 동일한 하느님의 자녀인 인간은 서로를 형제로 인정하며, 그들을 하나로 묶는 사회는 죽어도 해체되지 않습니다.

그러나 이 종교는 정치체와 특별한 관계가 없으며, 다른 어떤 것도 추가하지 않고 스스로 끌어내는 유일한 힘을 법에 남겨두기 때문에 특정 사회의 가장 큰 연결 고리 중 하나가 효력을 잃게 됩니다. 훨씬 더 시민의 마음을 국가에 결속시키기는커녕, 지상의 모든 것과 마찬가지로 시민을 국가로부터 분리시킵니다. 저는 이보다 더 사회정신에 어긋나는 것은 없다고 생각합니다.

우리는 참그리스도인의 백성이 상상할 수 있는 가장 완벽한 사회를 형성할 것이라고 들었습니다. 나는 이 가정이 매우 어렵다고 생각합니다. 그것은 참 그리스도인 사회가 더 이상 인간 사회가 아닐 것이라는 점입니다.

나는 심지어 이 가정된 사회가 그 완벽함에도 불구하고 가장 강력하지도, 가장 지속가능하지도 않을 것이라고 말합니다. 완벽하기 때문에 연결이 부족할 것입니다. 그 파괴적인 악덕은 매우 완벽할 것입니다.

모두가 자신의 의무를 다할 것입니다. 백성은 법을 준수하고, 지도자는 공정하고 온건하며, 행정관은 정직하고 청렴하며, 군인은 죽음을 경멸하고, 허영심도 사치도 없을 것입니다. 이것은 모두 매우 좋지만 좀 더 살펴보겠습니다.

기독교는 오직 하늘의 일에만 관심을 갖는 전적으로 영적인 종교입니다. 기독교인의 조국은 이 세상에 속한 것이 아닙니다. 그는 자신의 의무를 수행하지만, 자신의 보살핌의 성공 여부에 대해서는 전혀 무관심한 태도로 임무를 수행합니다. 자신을 책망할 일이 없다면 여기에서 모든 일이 잘되건 나쁘건 상관하지 않습니다. 국가가 번영하면 공공의 행복을 감히 누리기 어렵고 조국의 영광에 대한 자부심을 갖기도 두렵습니다. 국가가 쇠약해지면, 그 백성에게 임하는 하나님의 손을 축복하게 될 것입니다.

사회가 평화롭고 조화가 유지되려면 모든 시민이 예외 없이 똑같이 훌륭한 그리스도인이 되어야 합니다. 그러나 불행하게도 단 한 명의 야심찬 사람, 단 한 명의 위선자, 카틸린, 예를 들어 크롬웰이 있다면 그 사람은 틀림없이 그의 경건한 동포들에게 낮은 대가를 치르게 될 것입니다. 그리스도인의 사랑은 이웃을 나쁘게 생각하는 것을 쉽게 허용하지 않습니다. 그가 어떤 계략을 통해 그들에게 강요하고 공권력의 일부를 장악하는 기술을 발견하자마자 여기에 존엄성을 갖춘 사람이 있습니다. 하나님은 우리가 그분을 존경하기를 원하십니다. 곧 힘이 생깁니다. 하나님은 우리가 그분께 순종하기를 원하십니다. 이 권력의 소유자가 그것을 남용합니까? 그것은 하나님께서 그의 자녀들을 징벌하시는 채찍입니다. 우리는 찬탈자를 쫓아내는 것을 의식할 것입니다. 공공의 평화를 방해하고, 폭력을 사용하고, 피를 흘려야 할 것입니다. 이 모든 것은 그리스도인의 온화함과 잘 어울리지 않습니다. 그리고 결국 우리가 이 비참한 계곡에서 자유인인지 노예인지가 무슨 상관이겠습니까? 가장 중요한 것은 천국에 가는 것이고, 체념은 그것을 위한 또 하나의 수단일 뿐입니다.

외국 전쟁이 있습니까? 시민들은 쉽게 전투에 나섰고 그들 중 누구도 도망칠 생각을 하지 않았습니다. 그들은 의무를 다하지만 승리에 대한 열정은 없습니다. 그들은 정복하는 것보다 죽는 법을 더 잘 알고 있습니다. 그들이 승리하든 패배하든 그것이 무슨 상관이겠습니까? 신의 섭리는 그들보다 그들에게 필요한 것이 무엇인지 더 잘 알고 있지 않습니까? 오만하고 성급하며 열정적인 적이 그들의 금욕주의로부터 얼마나 많은 이점을 얻을 수 있는지 상상해 보십시오! 영광과 그들의 조국에 대한 열렬한 사랑으로 삼켜진 이 관대한 민족들을 그들 반대편에 두십시오. 스파르타나 로마 반대편에 있는 당신의 기독교 공화국이 있다고 가정해 보십시오. 경건한 기독교인들은 자신들을 알아볼 시간도 갖기도 전에 매를 맞고 압살되고 멸망될 것이며, 아니면 그들의 적들이 그들을 위해 잉태하는 멸시 덕분에 구원을 받을 것입니다. 내 생각에는 그것은 파비우스 병사들의 훌륭한 맹세였습니다. 그들은 죽거나 정복하겠다고 맹세하지 않았고, 승리하여 돌아올 것을 맹세했으며 맹세를 지켰습니다. 그리스도인들은 결코 그런 맹세를 하지 않았을 것입니다. 그들은 자신들이 하나님을 유혹하고 있다고 생각했을 것입니다.

그러나 내가 기독교 공화국이라고 말하는 것은 틀렸습니

다. 이 두 단어는 각각 다른 단어를 제외합니다. 기독교는 오직 예속과 의존만을 설교합니다. 그녀의 마음은 폭정에 너무 호의적이어서 항상 폭정으로부터 이익을 얻지는 못합니다. 참 그리스도인들은 노예가 되었습니다. 그들은 그것을 알고도 그것에 거의 감동받지 않습니다. 이 짧은 인생은 그들의 눈에 너무 가치가 없습니다.

기독교 군대는 훌륭하다고 우리는 듣습니다. 나는 그것을 부인한다. 그런 것들을 보여줘? 저는 기독교 군대를 전혀 모릅니다. 사람들은 십자군 전쟁을 언급할 것입니다. 십자군의 가치에 대해 논쟁하지 않고 나는 그들이 그리스도인이 되기는커녕 사제의 군인이었고 교회의 시민이었다는 점을 지적하고 싶습니다. 그들은 그녀가 어떤 식으로든 일시적으로 만든 영적 나라를 위해 싸웠습니다. 주의 깊게 살펴보면 이것은 이교주의에 해당됩니다. 복음은 국가 종교를 세우는 것이 아니기 때문에 그리스도인들 사이에는 어떤 신성한 전쟁도 불가능합니다.

이교도 황제 치하에서 기독교 군인들은 용감했습니다. 모든 기독교 작가들은 그것을 확신하고 있으며 나는 그것을 믿습니다. 그것은 이교도 군대에 대한 명예의 경쟁이었습니다. 황제가 기독교인이 되자마자 이러한 경쟁은 더 이상 존재하지 않았고, 십자가가 독수리를 몰아냈을 때 로마의 모든 용기는 사라졌습니다.

그러나 정치적인 고려는 제쳐두고 법으로 돌아가서 이 중요한 점에 대한 원칙을 확립해 봅시다. 사회 협약이 신민에 대해 주권자에게 부여하는 권리는 내가 말했듯이 공익의 한계를 초과하지 않습니다.[88] 따라서 주제는 다음 사항을 고려해야 합니다.

그러므로 순전히 시민적 신앙고백이 있는데, 그 조항은 정확하게 종교 교리가 아니라 사교성에 대한 감정으로 확립하는 것이 주권자에게 달려 있으며, 이것이 없이는 훌륭한 시민이나 충실한 신민이 될 수 없습니다.[89] 누군가에게 그

---

[88] 공화국에서는 모든 사람이 다른 사람에게 해를 끼치지 않는 한 완벽하게 자유롭습니다. 거기에는 변함없는 한계가 있습니다. 더 정확하게 포즈를 취할 수는 없습니다. 나는 대중에게 알려지지는 않았지만 사역 중에도 진정한 시민의 마음과 조국 정부에 대한 올바르고 건전한 견해를 보존했던 저명하고 존경받는 사람을 기리기 위해 때때로 이 원고를 인용하는 기쁨을 거부할 수 없었습니다.

것을 믿도록 강요할 수는 없지만, 그것을 믿지 않는 사람은 누구나 국가에서 추방될 수 있습니다. 그는 그를 불경건한 사람이 아니라 비사교적인 사람, 법과 정의를 진심으로 사랑할 수 없는 사람, 필요하다면 자신의 의무를 위해 목숨을 바칠 수 없는 사람으로 추방할 수 있습니다. 누구든지 이 동일한 교리를 공개적으로 인정한 후에도 그것을 믿지 않는 것처럼 행동하면, 그는 사형에 처해질 것입니다. 그는 가장 큰 범죄를 저질렀고 법 앞에서 거짓말을 했습니다.

시민종교의 교리는 설명이나 논평 없이 단순하고, 숫자가 적고, 정확하게 기술되어야 합니다. 강력하고, 총명하며, 자비로우며, 예견하고 제공하는 신성, 내세, 의인의 행복, 악인의 형벌, 사회계약 및 법률의 신성함이 긍정적인 교리입니다. 부정적인 교리에 관해서는 나는 그것들을 단 하나로 제한합니다. 그것은 편협함입니다. 그것은 우리가 배제한 종교에 적합합니다.

---

89) Caesar는 Catiline을 변호하며 영혼의 필멸 교리를 확립하려고 노력했습니다. 카토와 키케로는 그를 반박하기 위해 철학적인 일을 즐기지 않았습니다. 그들은 카이사르가 나쁜 시민으로서 말하고 국가에 유해한 교리를 제시했다는 것을 보여주는 데 만족했습니다. 실제로 이것은 로마 원로원이 판단해야 할 사항이지 신학적인 문제가 아닙니다.

내 생각에는 시민적 불관용과 신학적 불관용을 구별하는 사람들은 틀렸습니다. 이 두 가지 편협함은 분리될 수 없습니다. 우리가 저주받았다고 믿는 사람들과 평화롭게 사는 것은 불가능합니다. 그들을 사랑하는 것은 그들을 벌하시는 하나님을 미워하는 것입니다. 반드시 돌려받거나 고통을 당해야 합니다. 신학적 불관용이 인정되는 곳마다 민사적 효력이 없다는 것은 불가능합니다.[90] 그리고 일단 그것

---

[90] 예를 들어 민사 계약인 결혼은 민사적 효력이 있으며, 이것이 없으면 사회가 존재하는 것도 불가능합니다. 그러므로 성직자가 이 행위를 수행할 권리를 자신에게만 부여하는 지점에 이르렀다고 가정해 보겠습니다. 불관용적인 종교에서는 반드시 빼앗아야 하는 권리입니다. 그러므로 그가 교회의 권위를 올바로 주장함으로써 군주의 권위를 헛되게 만들 것이라는 점은 분명하지 않습니까. 군주는 성직자가 그에게 주기를 원하는 신민 외에는 더 많은 신민을 갖지 않을 것입니다. 사람들과 결혼하거나 결혼하지 않는 주인은 그들이 이런 저런 교리를 가질 것인지 가질 수 없었을 것인지에 따라, 그들이 이런 저런 형식을 인정할 것인지 거부할 것인지에 따라, 그들이 그에게 어느 정도 헌신할 것인지에 따라 신중하게 행동하고 확고하게 행동함으로써 그 사람만이 유산, 직위, 시민, 국가 자체를 처분할 것이라는 점은 분명하지 않습니다. 그러나 우리는 학대라고 부르고, 연기하고, 명령하고, 일시적인 것을 포착할 것이라고 말할 것입니다. 정말 안타깝습니다! 성직자들은 용기가 있는 한, 상식이 있는 한 그런 일이 일어나도록 내버려두고 자신들의 길을 갈 것입니다. 그는 그것이 호출되고, 연기되고, 포고되고, 압수되는 것을 침착하게 허용할 것이며, 결국 주인으로 남게 될 것입니다. 전체를 소유할 것이 확실할 때 일부를 버리는 것은 큰 희생이 아닌 것 같습니다.

을 갖게 되면 주권자는 현세에서도 더 이상 주권자가 아닙니다. 그때부터 제사장은 참된 주인이고 왕은 단지 그들의 관리일 뿐입니다.

이제 더 이상 배타적인 국가 종교가 없고 존재할 수 없으므로 우리는 그들의 교리가 시민의 의무에 어긋나는 것이 없는 한 다른 사람들을 용인하는 모든 사람을 용인해야 합니다. 그러나 감히 교회 밖에는 구원이 없다고 말하는 사람은 국가에서 추방되어야 합니다. 국가가 교회이고 군주가 교황이 아니라면 말이다. 그러한 교리는 신권 정부에서만 좋은 것이고, 다른 정부에서는 해롭습니다. 헨리 4세가 로마 종교를 받아들였다고 하는 이유는 정직한 사람, 특히 추론할 줄 아는 군주라면 누구나 로마 종교를 버리게 만들 것입니다.

09

결론
Conclusion.

정치법의 진정한 원칙을 정하고 그 기초 위에 국가를 설립하려고 노력한 후에도 국가는 대외 관계를 통해 국가를 계속 지원할 것입니다. 여기에는 국가법, 상업, 전쟁 및 정복법, 공법, 연맹, 협상, 조약 등이 포함됩니다. 그러나 이 모든 것은 나의 짧은 시력으로는 너무 광대한 새로운 대상을 형성합니다. 나는 그녀를 항상 나에게 더 가까이 두었어야 했습니다.

- 끝 -

장 자크 루소의 삶

장 자크 루소의 삶

"가장 독창적인 사상가로 평가받다

스위스 출신의 프랑스 철학자·소설가·교육학자·작곡가입니다. 태어나고 자란 제네바에서는 프랑스어가 사용되었고, 성년이 되기 전에 제네바를 떠나서 대부분의 활동을 프랑스에서 했으므로 프랑스 사람이라고 봐도 무방합니다. 루소는 이성적 문명이 오히려 감성의 퇴보를 불러왔다고 주장하여 '계몽주의를 비판한 계몽주의자'로 불리며, 18세기 계몽의 시대에 가장 독창적인 사상가로 평가받습니다.

무엇보다도 그는 정치철학사에서 매우 중요한 인물로서 사회계약은 자유와 평등에 기반해야 하므로 국가의 규칙인 법은 '일반의지'를 통해 결정되어야 한다는 인민주권[91]론을 주장하여 민주주의의 이론적 토대를 마련하였고, 이

후 이 사상은 프랑스 대혁명에 직접적인 영향을 끼침으로써 근현대 민주주의 형성에 거대한 기여를 하였습니다. 또한 고전주의 소설에서 벗어나 낭만주의 소설을 개척하여 당대에 어마어마한 유명세를 얻은 최초의 베스트셀러 소설 작가이기도 하고, 말년에는 자신의 숨기고 싶은 과거마저 솔직하게 보여주는 『고백록』을 써서 근대 자서전의 전형을 구축한 선구자이기도 합니다. 교육학적으로는 당시의 강압적인 직업 교육에 맞서, 개인의 독립성을 길러주는 자연주의적 교육을 주장하여 아동교육에 커다란 전환점을 가져온 인물입니다.

❝ 제네바에서 시계공의 아들로 태어나다

1712년 장 자크 루소는 스위스의 제네바에서 시계공의 아들로 태어났습니다. 당시 제네바는 칼뱅파[92] 개

---

91) **인민주권**(Popular sovereignty) : 국가의 주인은 인민(people)이고 인민에 의해 선출된 대표자가 국가와 정부를 다스리며 인민의 동의에 의해 만들어지는 개념을 의미한다.

92) 츠빙글리, 부처, 칼뱅을 비롯한 네덜란드, 스위스, 프랑스, 영국, 미국 종교개혁가들의 하나님의 절대주권에 관심을 두는 (하나님의 능력과 권한 그리고 영역을 크게 강조하는) 가톨릭 - 정교회 개혁 정신을 따르자는 개신교의 신학적 사조를 일컫는 말이다.

신교를 믿는 도시 국가였으며, 투표권을 가지고 있는 토착 상류층과 투표권이 없는 다수의 이주민들 사이에 계층간 대립이 있었습니다. 그의 아버지는 투표권이 있는 제네바 시민 계급이었지만 집안은 가난했으며 귀족 출신의 어머니는 그가 태어난 지 얼마 되지 않아 출산 후유증으로 죽었는데, 아내를 사랑했던 루소의 아버지는 어린 루소를 잡고 죽은 아내 이야기를 하며 눈물을 흘렸다는 이야기가 『고백록』에 나옵니다. 자신으로 인해 어머니가 죽었다는 사실은 그의 성격에 심한 균열을 만들었으며 그의 아버지 아이작 루소는 10여 년간 어린 루소를 키웠으며 루소는 어머니가 남긴 모험 소설과 『플루타르코스 영웅전』[93] 등의 책을 읽으면서 성장했습니다.

❝ 아버지가 루소를 버리고 제네바를 떠나다

루소가 10살이던 1722년 아버지는 귀족과 다퉜고 이에 당국이 개입하자 아버지는 어린 루소를 버리고 제네바를 떠납니다. 어린 루소는 외삼

---

93) **『플루타르코스 영웅전』**: 고대 로마 오현제 시기의 그리스 지역 작가이자 철학자였던 플루타르코스가 쓴 고대 그리스와 로마의 역사책이다.

촌에게 맡겨졌는데, 외삼촌은 다시 자신의 자식들과 함께 루소를 랑베르시에 목사에게 맡겨집니다. 목사와의 생활은 의외로 행복했으나 불과 2년 뒤 루소가 일할 나이가 되었다고 생각한 외삼촌은 루소를 조각가 아벨 뒤코묑에게 넘겨졌지만, 루소는 천성적으로 규율과 복종을 강요하는 그 도제 생활을 도저히 견디지 못했고 게다가 1726년 아버지가 재혼까지 하면서 자신은 버림받았다는 생각을 가지게 됩니다. 1728년 16살이 되었을 때 루소는 자신의 비참한 삶을 더는 참을 수 없었는데, 제네바 시의 야간 통행금지령(밤늦게 왔다가 도시의 성문이 닫혀서 못 들어가게 됨)을 어긴 것을 계기로 외삼촌마저 자신을 더 이상 챙기지 않는다는 사실을 깨닫고는 방랑 생활을 시작합니다.

어린 나이에 고향을 떠나 생계가 막막해진 루소는 개신교에서 가톨릭으로 개종하면 적당한 일자리를 소개시켜 준다는 어떤 신부의 소문을 듣고 근처 사르데냐 왕국[94]의 사보이아[95]로 발길을 돌립니다. 가톨릭 신부는 루소에게

---

94) **사르데냐 왕국**: 사르데냐 왕국 또는 사르데냐피에몬테 왕국은 1720년부터 1861년까지 토리노를 수도로 하여 존재했던 이탈리아의 왕국이다. 통일 이탈리아 왕국의 전신이 되는 국가이다.

95) 이탈리아어로 사보이아라 부르는 사부아는 현재 프랑스 오베르뉴론알

'개종자들을 도와주는 마음씨 좋은 귀족 부인이 있으니, 가서 도움을 받을 수 있게 소개장을 써주겠다'고 말했고, 그렇게 찾아간 샹베리에서 루소는 평생을 기억할 프랑수아즈-루이즈 드 바랑 남작 부인을 만나게 됩니다. 당시 루소는 16세였고 바랑 부인은 29세로 남편과 별거중이었습니다.

바랑 부인은 루소를 집사로 삼을 생각으로 루소에게 기본적인 교육을 시켰습니다. 이를 통해 루소는 많은 책들을 접하면서 견문이 넓혔으며 루소는 무엇보다도 앞으로 그의 인생에서 중요한 위치를 점하게 되는 음악 공부를 할 수 있었습니다. 루소는 아무것도 없는 고아인 자신을 거두어 교육까지 시켜준 바랑 부인을 내심 어머니로 여기고 있었지만, 바랑 부인은 루소를 단지 남자 집사로 보고 있었고, 급기야 부인은 루소를 애인으로 삼았습니다. 루소는 그것을 거절할 엄두도 못냈었다고 훗날 『고백록』에서 '그녀와의 관계는 근친상간의 죄를 저지르는 느낌이었다'고 고백합니다. 그러나 루소는 바랑 부인이 바랬던 집사에 전혀 소질이 없었고 그가 26세였을 때 부인은 다른 집사 겸 남자 애인을 만들면서 루소를 쫓아냅니다. 루소는 한동안 부인에

프에 속하나 이탈리아 통일 이전에는 통일 이탈리아의 전신인 사르데냐 왕국의 영토이자, 사르데냐 왕국의 왕실인 사보이아 가문의 발원지였다.

대한 사랑 때문에 괴로워하며 주변을 맴돌다 결국 포기하고 프랑스로 건너갑니다.

❝ 음악에 관심을 가지다

그 이후에도 방랑을 지속하던 루소는 파리에 정착하는데 그 계기는 음악이었습니다. 1742년 30살이 된 루소는 새로운 악보 표기법을 파리의 과학 아카데미에서 발표합니다. 악보를 숫자로 표기하는 형식이었는데 노래를 부르는 경우에는 편할지 몰라도 악기 연주자들 한테는 불편하다고 불평을 듣습니다. 큰 성공을 거두지는 못했지만, 이를 계기로 아카데미 사람들과 많이 만날 수 있게 되었고 그중 한 명인 드니 디드로입니다. 훗날 위대한 계몽철학자로 평가받는 디드로는 박식하면서도 열정적이고 격렬하게 대화를 하면서 주변을 휘어잡는 스타일이었고, 루소는 정반대로 대화에 서투르고 부끄러워 입을 달싹도 못했지만, 둘은 곧 절친이 되었습니다. 비슷한 처지였던 콩디야크, 달랑베르96)도 함께 친해져서 4명은 매주 술자리를 가지며 토론을 펼칩니다. 그들은 유

달랑베르

력 가문의 부인이 주최하는 살롱에도 드나들면서 지식과 인맥을 점차 넓혀나갔습니다. 1743년에는 한 귀부인의 도움을 받아 베네치아 주재 프랑스 대사의 비서로 채용되어 이탈리아 지역으로 갑니다. 이는 이탈리아 음악을 경험할 수 있는 좋은 기회였습니다. 루소는 그곳에서 이탈리아의 음악과 문화를 충분히 만끽했지만, 프랑스 대사는 지속적으로 월급을 체납했고 이 때문에 11개월 만에 비서직을 그만두고 파리로 돌아옵니다. 파리로 돌아온 루소는 친구들과 부유한 부인들의 도움을 받아 생활합니다. 그리고 이때부터 루소는 호텔의 세탁부였던 테레즈 르바쇠르와 사실혼 관계를 시작했습니다. 루소와 테레즈 르바쇠르의 관계는 지금의 관점에서는 이해하기 어려운 관계인데 루소는 그녀를 단지 가정부나 성적 보충물[97]로 취급하다가도 한편으로

---

96) **장바티스트 르 롱 달랑베르** : 그는 프랑스 계몽주의 시대의 백과전서파 인물 중 한 명으로 백과전서를 편찬할 때 서문과 수학편을 맡았다. 대표적인 업적으로 1743년 『역학론(Traité de dynamique)』을 저술하여 라그랑주 역학의 기초 원리가 되는 달랑베르의 원리를 발표한 것이 있다. 1744년 달랑베르의 원리를 유체에 적용하여 『유체의 평형운동론(Traité de l'équilibre et du mouvement des fluides)』을 출간한다. 1747년 『기류의 일반적 원인에 대한 고찰(Réflexions sur la cause générale des vents)』을 출간하면서 파동방정식을 푸는 방법을 제시했다. 이 책은 베를린 학술원의 상을 받았고 달랑베르는 베를린 학술원 회원으로 선정된다.

는 최고위급 귀족과의 단 둘이 하는 식사에 반려자인 그녀가 한자리를 차지해야 된다고 고집하여 미천한 가정부와 대등하게 식사를 한다는 것이 분했던 그 귀족의 감정을 상하게 만들었을 정도로 소중한 반려자로 대접했습니다. 그렇지않아도 복잡한 관계를 더 복잡하게 만든 건 루소와 테레즈 르바쇠르 사이에 태어난 5명의 아이들을 모두 다 고아원에 버렸다는 사실입니다. 그가 자식을 버린 이유는 아버지인 자신이 돈이 없는데 키워봐야 삐뚤어질 것이라는 핑계 때문입니다. 여러 해가 지나고 루소가 경제적으로 여유가 생겼을 때 뒤늦게 아이들을 찾아보려고 했지만 기록이 모두 없어져서 찾지 못했다고 합니다. 이후 루소는 그녀와 남은 생애를 함께 했지만, 굳이 다른 여자들과의 애정 관계를 거부하진 않았고 테레즈 르바쇠르도 간혹 찾아오는 다른 남자들과 애정 관계를 가졌습니다.

그러는 와중에도 음악에 꾸준히 관심을 가져서 1751년엔 디드로가 편집을 맡은 『백과전서』에 음악 관련 부문을 집필하였고, 1년 뒤엔 단막극 오페라 각본 『마을의 점쟁이

---

97) 루소는 육체적 욕구가 충족되는 상대나 행위를 '보충물'로 보았다. (리오 담로시 저, 이용철 역, 『루소: 인간 불평등의 발견자』, 서울, 교양인, 2011, p.277.)

(*Le Devin du village*)』를 완성했습니다. 이 짧은 오페라는 엄청난 인기를 끌었는데, 심지어 프랑스 국왕 루이 15세[98]도 그 음악을 매우 좋아하여 루소는 루이 15세를 알현할 기회를 얻게 되지만 무대공포증이 있

루이 15세

었던 루소는 긴장을 이기지 못했고 관계자에게 아무런 설명 없이 알현을 포기하고 집으로 돌아갑니다. 관계자와 주변 친구들은 이를 보고 기겁했지만 다행히 별다른 불이익은 없었다. 되리어 『마을의 점쟁이』는 점점 유명해졌고, 루소는 이제 어엿한 한 명의 음악가로서 프랑스 전역에 명성을 떨치게 된다. 이외에도 그의 작품들 중에는 대중적으로 널리 알려진 것들도 있는데, 대표적으로 개신교 찬송가에 『주여 복을 비옵나니(구하노니)』, 『예수님은 누구신가』 등이 있습니다.

---

98) **루이 15세** : 프랑스 왕국의 국왕. 부르봉 왕조의 제4대 왕이다. 루이 14세의 증손자로, 스페인 왕위 계승 전쟁 때 스페인 왕위 계승자였던 펠리페 5세의 조카였다.

❝ 부퐁논쟁에 뛰어들다

루소는 당시 프랑스에서 논란이 되었던 부퐁논쟁(Querelle des Bouffons)에 뛰어들기도 했습니다. 부퐁논쟁은 이탈리아 작곡가 조반니 페르골레시의 오페라인 『마님이 된 하녀』가 큰 성공을 거두자 이탈리아 음악과 프랑스 음악의 장점을 둘러싸고 벌어진 활발한 논쟁을 말합니다. 프랑스 음악을 대표했던 라모는 수학적으로 계산된 화음이 음악의 진정한 본질이라고 주장했는데, 이에 대해 이탈리아 음악을 옹호하는 루소는 화음이 아닌 단순하고 반복되는 선율(멜로디)이 음악이 가진 힘의 원천이며, 음악은 이성이 아닌 감정에 더 호소해야 되는 것이라고 주장하였습니다. 그 후 15년 뒤 1768년에 쓴 『음악사전(Dictionnaire de musique)』에서도 루소는 프랑스 풍의 바로크 음악을 '화성적으로 혼란스럽고 전조와 불협화음이 가득하고 노래는 굳어 있고 자연스럽지 못하며, 음정도 잡기 어렵고 움직임은 억지스러운 것'이라고 평가합니다.

❝ 계몽주의를 비판한 계몽주의자였다

루소의 사상가로서의 면모는 뒤늦게 나타납니다. 프랑스의 디종시 학술원은 "학문과 예술의 부흥은 도덕의 개선과 고양에 기여했는가?"라는 주제로 학술 논문 대회를 열었는데, 루소는 이 주제를 보자마자 그것에 대한 자신의 생각에 스스로 감동을 받아 순간 취기와 같은 현기증에 압도되면서 가슴이 두근거렸고 눈에선 눈물이 하염없이 흘러나왔다고 합니다. 그리고 1750년 루소는 자신의 생각을 정리하여 『학문예술론』을 발표했고 그 대회에서 1위로 입선합니다. 루소는 『학문예술론』에서 문명이 많은 이점을 가져온 것은 사실이지만 동시에 문명은 인간에게 파괴적이라고 주장합니다. 문명에 대한 이러한 접근법은 문명과 이성을 신봉했던 계몽주의[99]의 기본 가설을 내부에서부터 공격한다는 점에서 창의적이었습니다. 그에 따르면 "문명의 결점은 어쩌다 있는 예외가 아니라 문명의 장점이 가져오는 직접적인 결과다. 문명사회에서는 모든 것을 이성에 비추어 비교하고 평가함으로써 개인은 자기 자신 본연의 모습을 감추게 된다. 그리하여 문명은 안전과 복지를 제공하는 대신에, 개

---

99) **계몽주의** : 17~18세기 유럽에서 벌어진 사상 운동으로, 인간의 경험과 이성을 통해 중산층에게 더 나은 사회를 만드는 것을 목표로 했다. 계몽주의의 주요 요소로 뽑는 것은 자연법, 자유주의, 헌법에 기반을 두는 법치주의, 정교분리 등이 있다.

인의 진실된 자유를 질식시킨다는 것이다."라고 했습니다.

 루소가 명성을 얻자 1754년 루소의 고향인 제네바에서 루소를 초청합니다. 루소는 기꺼이 제네바로 돌아갔는데 당시에는 오직 칼뱅파 개신교도만이 제네바의 시민이 될 수 있었기 때문에, 루소는 다시 칼뱅파로 개종합니다. 이때쯤에 디종시 학술원이 "인간 불평등의 기원은 무엇이며, 이는 자연법으로 정당화되는 것인가"라는 주제로 논문 대회를 또 열었는데, 이에 대한 루소의 답변이 그 유명한 『인간 불평등 기원론』입니다. 이 저작에서 그는 자연 상태에서 인간은 사회를 이루지 않고 홀로 살았을 것이라고 가정합니다. 그 자연인은 삶이 비록 야만적이며 수명이 짧다고 하더라도, 그것을 알지 못했고 걱정하지도 않았습니다. 물론 자연 상태의 인간도 때때로 다른 사람과 마주쳤고 본능에 따라 짝을 짓기도 했지만, 그들에게 그 일은 단지 우연한 만남에 불과했습니다. 마찬가지로 어머니는 아이를 기르고 돌보지만 여기서도 관계는 어린 것들이 혼자 힘으로 살아갈 수 있게 되자마자 곧 끝날 것이었습니다. 그러나 인구가 증가하면서 식량 공급을 늘리기 위해 사람들이 모였고 농업과 산업은 그 필요에 따라 발달했으며 이에 따라 노동이 필요해졌고 사유재산이 도입됐으며 어떤 사람들은 다른 사람보다 더 부유해지면서 그 재산을 지키기 위해 정부가 수립되었고 다수가 소수에게 종속되기 시작합니다. 즉, 자연 상태에서 선량했던 인간은 사유재산을 지키기 위해 사회를 이루면서 노예제도와 빈곤 등의 불평등을 가지게 되었다는 것이 그의 주장입니다. 이는 비슷한 시기에 저술했던 『백과전서』의 『정치 경제론(De l'économie politique)』을 통해서도 거듭 설명됩니다.

1755년 루소는 자신의 논문을 당시 저명한 문필가이자 계몽주의 사상가인 볼테르[100]에게 보냈다. 볼테르는 책을 읽고는 분노에 떨면서 『인간 불평등 기원론』의 여백에 이렇게 휘갈겨 썼습니다. "부자들이 가난한 사람들에게 약탈당하는 것을 보고 싶어 하는 거지의 철학을 보라."[101] 부자였던 볼테르는 '사유 재산으로

볼테르

---

100) **볼테르**: 프랑스의 철학자, 희곡 작가, 소설가, 시인, 역사가, 계몽사상가. 18세기 유럽 문학계의 최고 유명 인사이자 당대 계몽사상을 대표하는 인물이다. 평생을 '종교의 광신과 배타성'을 타파하기 위해 싸웠으며, '종교적 관용'을 뜻하는 똘레랑스를 프랑스 정신의 일부분으로 만든 사람이기도 하다.

101) 리오 담로시 저, 이용철 역, 『루소: 인간 불평등의 발견자』, 서울, 교양인, 2011, p.351.

인해 불평등이 생긴다'는 루소의 주장이 못마땅했던 것이었다. 화가 난 볼테르는 루소에게 바로 편지를 써서, 인류에 반대하는 새 책에 감사한다고 말하고는, "불행히도 나는 네 발로 기어 다니는 습관을 포기했다."며 비꼬았습니다.

인간 이성을 통해 문명의 진보가 이루어질 수 있다고 보았던 볼테르 및 주류 계몽철학자들은 문명이 도리어 인간을 옥죄인다는 루소의 사상을 도저히 받아들일 수 없었습니다.

루소와 주류 계몽철학자들은 서로의 사상을 용납할 수 없었기 때문에 끊임없이 상대를 비판했고, 루소는 결국 그의 가장 중요한 친구였던 계몽철학자 드니 디드로[102]와도 멀어졌습니다. 또한 볼테르

디도르

와도 리스본 대지진[103]에 대해 반대 의견을 내면서 사이는

---

102) **드니 디드로** : 18세기 프랑스의 계몽주의 철학자. 백과전서파를 대표하는 인물이며, 극작가, 소설가, 미술평론가이기도 하다. 세상 모든 것의 실체는 물질이라는 유물론에 근거하여 무신론을 주장하였으며, 이를 바탕으로 종교와 교회의 비이성적 행동들을 비판했다. 그의 유물론은 무생물도 감성적 속성을 가지고 있다고 보는 '생물학적 유물론'이다. 도덕에 있어서는 유물론이 가져올 결정론적 사고의 위험성을 인지하고[2] 그 속에서 인간의 자유를 긍정하고자 하였다.

장 자크 루소의 삶

더더욱 틀어지게 됩니다. 1755년 포르투갈에 대지진이 일어나 많은 사람들이 당시 미사를 드리기 위해 성당에 모였던 수만 명의 신실한 사람들이 죽자, 볼테르는 "전지전능하면서도 한없이 선하다고 하지만 대지진을 막지 않은 신"에 대해 회의감을 드러냈는데 신을 믿는 루소가 볼 때 잘못이 있는 쪽은 그곳에 문명을 건설한 인간이었지 대지진을 일으킨 신이 아니었다고 했습니다.

  루소의 주장에 화가 난 볼테르는 자신을 해명하고 루소를 비꼬는 편지를 자신이 아는 수많은 저명 인사들에게 보냈습니다. 이에 루소와 볼테르의 사이는 더욱 험악해지고 이후로 둘은 이슈가 있을 때마다 매번 반대 의견을 내면서 부딪쳤는데 그중에서도 가장 큰 사건은 제네바 연극 금지

---

103) **1755년 리스본 대지진** : 1755년 11월 1일, 포르투갈 왕국의 수도 리스본을 쑥대밭으로 만들고, 이후 이어진 여진과 쓰나미와 화재로 인해 포르투갈 타 지역, 스페인, 모로코 등지에 큰 피해를 입혔던 대지진이다. 아조레스-지브롤터 단층이 이 지진과 1969년 포르투갈 대지진의 원인이다. 포르투갈의 경제사학자 아우베이루 샹투스 피이히이라는 200,000여 명으로 추산되는 리스본 인구 중 30,000~40,000명, 모로코 해안 등지에서 10,000여 명이 목숨을 잃었다고 추정하고 있으며, 지진과 이어진 여진, 쓰나미 및 화재로 인해 포르투갈, 스페인, 모로코 등지에서 사망한 사람의 수를 종합하면 40,000명에서 50,000명에 이를 것으로 추정하고 있다.

법률에 대한 것입니다. 당시 금욕적인 청교도 제도를 따르고 있던 제네바는 연극을 금지하고 있었는데, 극작가이기도 한 볼테르는 제네바의 연극 금지 제도를 해제하기 위한 전방위적 노력을 하고 있었던 중이었습니다. 이에 루소는 1758년 『달랑베르에게 보내는 연극에 관한 편지』에서 볼테르에 반대하며, 제네바의 연극 금지 제도를 찬성한다. 당시 연극은 상류층만이 즐기는 것이었기 때문에 평민들도 참여할 수 있는 대중적인 축제를 더 권장해야 된다는 것이 루소의 생각이었습니다. 당연히 볼테르는 분노했고 루소는 주류 계몽철학자들과 아예 갈라서게 됩니다.

❝ 공작 가문의 후원으로 저술에만 몰두하다

이후 루소는 공작 가문의 후원을 업고 저술에만 몰두합니다. 마침내 1761년 루소는 편지 형식의 연애 소설 『신 엘로이즈』[104]를 발

---

104) 『**신 엘로이즈**』: 프랑스어로는 누벨 엘로이즈라고 한다. 소설가이자 철학자로 유명한 장 자크 루소가 1761년에 위 작품을 원용해 지은 첫 소설로 서간체 연애 소설이다. 당대의 소설은 천박한 문학으로 분류되었기에, 루소는 이 소설을 쓸 때 자신은 순전히 편지를 편집한 편집자이며, 이야기들은 모두 실화라고 밝혀두었다. 루소의 신 엘로이즈는

표해서 엄청난 성공을 거둡니다.『신 엘로이즈』에서 루소는 육체적 사랑을 선동하는 것 같으면서도 그 열기를 진정시키면서 열광적이기보다는 애수 어린 분위기를 만들어 냈는데, 이런 낭만적인 방식의 소설은 그 당시에는 거의 존재하지 않았습니다. 이 소설은 18세기 유럽에서 가장 많이 팔린 소설로서 말 그대로 세기의 베스트셀러가 되었고, 루소는 일약 스타반열에 올라섭니다. 무수히 많은 팬레터를 받았으며 셀 수 없을 정도로 많은 사람들이 그를 직접 만나고 싶어 했습니다. 당시에 그 영향력과 유명세가 얼마나 어마어마했는지, 이 소설을 계기로 유럽의 소설은 한순간에 고전주의 양식에서 낭만주의 양식으로 바뀌어 버립니다.

다음해인 1762년 50살의 루소는 이후 세계를 뒤흔들 문제의 저작 둘을 연달아 내놓는데, 교육학 저서인『에밀』과 정치철학서인『사회계약론』입니다.

『에밀』에서 그는 불평등한 사회 속에서도 자신의 자연성을 잃지 않은 인간, 곧 자유로운 자연인을 길러내고자 하는 교육론을 펼칩니다. 당시 교육은 고분고분한 사회 구성원을 양성하는 것이 목표였고 존 로크[105]가 그랬듯이 권위

당대 귀족층 부인은 물론이고, 하층에까지 널리 읽혀 큰 반향을 불러일으켰다.

Du Contract Social ou Principes du droit politique

주의적 방식의 훈육을 강조했습니다

존 로크

"정말 자기 아이들을 지배하고자 하는 사람들은 아이들이 아주 어릴 때부터 시작해야 하며 아이들이 부모들의 의지에 완전히 따르도록 주의해야 합니다. 당신은 자식이 어린 시절을 지나서 부모에게 복종하도록 만들기를 원하십니까? 그렇면 아이가 복종할 수 있고 자신이 누구의 손 안에 있는지 이해할 수 있게 되자마자 아버지로서 권위를 확실히 세우도록 하십시오."

- 『존 로크의 교육에 대한 저술들(*The Educational Writings of John Locke*)』, Cambridge, Cambridge University Press) 중에서

하지만 루소에게 있어서 아이들이 권위를 두려워하도록 가르치는 것은 커다란 잘못이었습니다. 아이들은 어른의 마음에 들거나 처벌을 피하기 위해서가 아니라, 무엇을 해야 하는지를 이해하기 때문에 행위를 선택하도록 가르

---

105) **존 로크** : 영국의 철학자, 정치학자. 정부의 핵심적인 정당성이 '사유재산권'과 '동의'에 있으며, 이를 해치는 정부는 사람들이 무력으로 뒤집어 엎어야 된다는 '저항권'을 주장하여, 미국 독립 혁명과 프랑스 혁명에 직간접적인 영향을 끼쳤기 때문에 근대 자유주의의 시조라 불린다. 또한, 유명한 철학 저서 『인간오성론』에서 인간은 아무것도 각인되지 않은 백지 상태(타뷸라 라사)에서 태어나 경험을 통해 점차 지식을 획득해 나간다는 경험론을 주장하였다.

쳐야 합니다. 그렇기에 교육은 시간을 절약하는 것에 너무 집착하지 말고, 때때로 시간을 충분히 소비하는 것에 그 핵심이 있는 것입니다.

> "여기서 감히 내가 전체 교육에서 가장 훌륭하고 가장 중요하며 가장 유용한 규칙을 제시해도 될는지? 그것은 시간을 절약하라는 것이 아니라 시간을 소비하라는 것이다." - 『에밀(Émile)』 중에서

즉, 루소는 『에밀』에서 기존의 교사 중심의 전통적 교육관을 거부하고, 어린이의 흥미와 개성, 경험을 중시하는 아동 중심적 자연주의 교육사상을 전개합니다.

『사회계약론』에서 그는, 어떤 사회든 불평등과 착취가 생기기 때문에 개인에게 진정한 자유는 없지만, 그럼에도 사회 속의 개인은 타인에게 복종당하지 않을 방법이 있다고 주장합니다. 내가 정한 규칙을 내가 따를 때, 그 자신은 규칙을 따르지만, 그 누구에게도 복종하고 있는 것은 아닌 것처럼 모든 개인이 평등하게 그 사회 전체의 공공선에 대해 자신의 의견을 반영하여 법과 규칙을 정할 수 있다면, 개인은 자신이 속한 사회의 법과 규칙에 따르더라도 그것이 그 자신이 만든 규칙이기 때문에 타인에게 복종하는 것은 아니게 된다는 착상이었습니다. 이때 평등은 중요한데, 만

약 모든 개인의 의견이 평등하게 반영되지 않고, 어떤 특정 개인의 의견을 더 중요하게 여긴다면, 그렇게 정한 규칙은 더 이상 나머지 개인들에게 자신이 정한 규칙이 될 수 없을 것이기 때문입니다. 그렇다면 모든 개인이 평등하게 전체의 공공선에 대해 자신의 의견을 반영할 수 있는 방안은 무엇인가? 그건 바로 투표다. 투표를 통해 개인 의지들의 공통부분인 일반의지가 드러나고, 이러한 일반의지에 따라서 그 사회의 법과 규칙을 결정해야 '내가 정한 규칙'이라고 말할 수 있는 것이라고 루소는 주장했습니다. 다만 일반의지의 개념대로 사회의 모든 구성원 전체가 자신의 의지를 드러내며 정치에 참여한다는 것은 현실적으로 불가능하기 때문에 단지 우리는 우리의 법이 그 일반의지라는 이상형에 근접하고 있는지를 살펴볼 뿐입니다. 이는 권력의 정당성이 소수의 귀족이나 부자에게 있는 것이 아니라 일반 국민들에게 있다는 인민주권설[106]을 의미하는 것이었고, 이후 이러한 생각은 급진적인 민주주의 혁명사상으로 연결

---

106) 여기서 인민은 people(peuple)을 의미한다. 우리나라에서는 인민이라는 단어에 아직 부정적 뉘앙스가 남아있어서 절 사용하지 않기 때문에, 인민주권이라는 용어보다 people주권 또는 실질적 국민주권이라는 용어를 사용한다.

이 되어 루소 사후에 프랑스 혁명[107]을 촉발시키는 계기가 됩니다.

그러나 『에밀』과 『사회계약론』은 이후 루소의 삶을 나락으로 빠뜨렸습니다. 『에밀』에는 루소 고유의 자연 종교 원리가 담겨있어서 가톨릭과 개신교 양측 모두의 비위를 상하게 했으며, 『사회계약론』에서는 '기독교가 이승에서의 짧은 삶을 별 가치가 없다고 보기 때문에 사회결속에 부적당하다'고 주장하여 결국 로마 가톨릭교회의 금서목록에 포함됩니다. 비슷한 시기에 자신의 사상을 옹호한 『산에서 쓴 편지』에서는 한술 더 떠서 법을 자신에게 유리하게 해석하는 정부와 사법부에 대해 항의하는 시민들의 자유로운 집회를 강력하게 옹호했기 때문에 프랑스 정부는 이런 민주주의 사상을 퍼뜨리고 있는 루소가 위험하다고 생각했고 체포하기 위해 영장을 발부했습니다. 제네바 정부 역시 『사회계약론』과 『에밀』에 판매금지를 내리는 동시에 체포 명령을 내립니다. 사태가 심각하게 돌아가자 루소

---

[107] **프랑스 혁명** : 1789년 프랑스 왕국에서 발발하여 테르미도르 반동 전까지 지속되었던 혁명의 상징이 된 일련의 민란이다. 프랑스에서 일어났던 다른 혁명들과 구분하기 위하여 특별히 프랑스 대혁명이라고 부르기도 한다.

는 프로이센 왕국[108]으로 도피하였는데, 다행히 프리드리히 대왕은 루소를 보호하여 뇌샤텔[109]의 모티에 마을에 살도록 허락합니다.

프리드리히 2세

뇌샤텔의 모티에에서 3년간 망명 생활을 하던 와중에도 종교계는 그를 가만두지 않았습니다. 그들은 기어코 루소를 종교법정에 세웠지만 프리드리히 대왕[110]이 루소를 보호하자,[111] 현지 목사는 루소를 개인

---

108) **프로이센 왕국**: 1701년부터 1918년까지 존속한 독일 제국 내의 왕국. 신성 로마 제국 동북쪽의 브란덴부르크 선제후국에서 출발하여 독일 제국 수립의 주역으로 성장한 국가이다.

109) 오늘날 스위스의 칸톤. 1708~1806, 1814~1856의 기간 동안 뇌샤텔 지방은 프로이센 왕국과 동군연합 관계였다.

110) **프리드리히 2세(프로이센)**: 프로이센 왕국의 제3대 국왕이자 브란덴부르크 선제후 프리드리히 4세. 독일인에게는 프리드리히 대왕으로 불린다. 유럽의 대표적인 계몽주의 군주이다. 계몽 군주라는 단어 자체를 상징하는 인물이라고 할 수 있다. 내치에 있어서는 반(反) 마키아벨리론을 저술하여 군림하는 군주가 아닌 봉사하는 군주의 역할을 강조했으며, 국가와 신민에 대한 프리드리히의 봉사라는 의지를 실현하여 합리적인 국가 운영을 통해 프로이센의 국력을 크게 신장시켰다.

111) "뇌샤텔 최고 행정법원은 문제가 종결되기를 원했을 것이다. 왜냐하면 프리드리히가 자신이 루소를 보호한다는 사실을 존중하라면서 분노에 찬 전갈을 보냈고 루소도 논쟁적 화제로 다시는 글을 쓰지 않겠

적으로 쫓아낼 계획을 세웠고 지역 주민들을 선동해서 루소의 집에 돌을 던집니다. 루소는 공포에 질려 잠시 근처 비엔 호수의 생피에르 섬으로 몸을 피신했고 그 섬에서 느꼈던 고독을 너무나도 좋아했고 앞으로도 평생 기억하지만, 행복한 경험은 그것으로 끝이었습니다. 민주주의가 퍼져나가는 것이 두려웠던 베른 통치 기관은 결국 루소에게 떠나라는 명령을 내렸고, 루소는 영국으로 망명을 결정합니다.

영국에서는 예전부터 안면이 있었던 데이비드 흄[112]이 돌봐주었으며 생활도 안정적이었지만 흄이 루소를 영국으로 데리고 온 것은 그

데이비드 흄

다고 약속했기 때문이다." (리오 담로시 저, 이용철 역, 『루소 : 인간 불평등의 발견자』, 서울, 교양인, 2011, p.560)

112) **데이비드 흄** : 영국 스코틀랜드 출신의 철학자, 역사학자, 경제학자이다. 당시 영국의 경험주의를 완성시켰다고 평가받으며, 애덤 스미스와 함께 스코틀랜드 계몽주의 운동을 대표하는 인물이다. 모든 앎은 강렬함으로 느껴지는 감정적 '인상'에 불과하며, 이성적으로 얻어지는 것으로 보이는 관념조차 사실은 인상에서 왔기 때문에, 지식은 이성적 추론에 의해서 얻어지는 것이 아니라 경험적으로 '얼마나 더 그럴듯한가'에 대한 개연성에서 얻어지는 것이라고 주장하였다. 또한 도덕의 선악 판단은 '그 도덕이 얼마나 감정적으로 유용한가'에 달려있다고 주장하여, 이후 공리주의 사상에 큰 영향을 끼쳤다.

의 공명심이 컸습니다. 흄은 "유럽의 왕과 군주들의 절반이 보낸 초대를 거절하고 내 보호 아래 들어온 유명한 루소"를 보면서 스스로를 뿌듯하게 생각했습니다. 반면 루소는 영어를 할 수 없었기 때문에 점점 고립되었고 외부와 연락할 수 있는 수단인 편지도 흄이 검열한다는 사실을 알게 되자, 의심에 사로잡힙니다. 흄은 외교관이었는데 영국 정부를 위해서 자신을 감시하는 것이 아니냐는 의심이었습니다. 게다가 흄은 루소와 다투게 되자, 루소와 자신 사이에 오간 모든 편지를 프랑스어로 번역해 책으로 출간했는데, 루소는 흄이 자신을 해치려고 영국에 불러들인 것이 틀림없다고 생각했습니다. 볼테르와 계몽주의자들은 신나서 이 이야기를 사방에 퍼 날랐고 루소를 지원하는 협력자와 친구들도 점차 그에게서 등을 돌립니다. 루소는 완전히 깊은 나락으로 떨어졌으며 결국 1767년 영국을 떠나 다시 프랑스로 돌아옵니다.

" 1778년 7월 2일 파리 교외의 에름농빌에서 세상을 떠나다

프랑스에서도 예전에 그에게 내려졌던 체포 명령은 아직 유효했지만, 힘을 잃은 노인에 불과한 루소를 당국은 가만히 내버려두었습니다. 그가 순교자가 되는 것을 원하지 않았기 때문입니다. 모든 명예를 잃어버린 루소는 도리어 마음이 편했고 공원을 산책하고 극장에 가고 체스를

팡테옹에 묻혀 있는 루소의 무덤

두거나 식물 채집을 하면서 자신의 삶을 즐깁니다. 1768년에는 그동안 자신을 꾸준히 지지해줬던 테레즈 르바쇠르와 20년 만에 정식으로 결혼합니다. 그러나 한 가지 중요한 걱정거리가 그대로 남아 있었습니다. 그것은 자신의 삶이 왜 그렇게 고통스러운지를 이해하는 일이었습니다. 영국에서부터 집필한 자서전『고백록』을 1769년에 완성했고, 1776년에는『루소, 장 자크를 재판한다』를 발표하고, 그해 말에『고독한 산책자의 몽상』을 쓰기 시작합니다. 모두 자신에 대한 내용이지만, 마지막 책은 결국 마무리를 짓지 못하고 1778년 7월 2일 파리 교외의 에름농빌에서 뇌출혈로 쓰러진 뒤 점심 무렵 숨을 거뒀습니다. 그의 나이 66세였습니다. 사망한 이후 11년 뒤 일어난 프랑스 혁명의 사상적 지주가 되었고 1794년 그의 유해는 팡테옹[113]으로 옮겨져서 볼테르와

나란히 묻혔습니다.

> **"자연 상태에서 인간의 감성적인 모습에 초점을 맞추다**

로크는 자연 상태에서 인간의 이성적인 모습에 초점을 맞췄지만, 루소는 자연 상태에서 인간의 감성적인 모습에 초점을 맞추었습니다. 루소는 자연 상태에서 독립된 인간은 소박한 자기 보존의 욕구와 타인에 대한 순수한 동정심을 가지고 있다는 점에서 순수했습니다. 하지만 이성의 힘으로 사회가 만들어지고 문명이 발달하면서 생존은 쉬워진 반면에 감성은 점차 타락한다고 했습니다. 즉, 사유 재산이 생기면서 경쟁이 생기고 경쟁은 시기와 질투 등의 이기심을 유발하여 인간의 감성은 더 이상 순수할 수 없게 되어버린다고 했으며 그렇다고 사회를 버리고 다시 자연 상태로 돌아갈 수는 없는 노릇이므로 인간은 자연주의적이고 시민적인 교육을 통하여 개인의 자유로운 감성을 최대한 지키면서도 타인에 대한 상호 존중의 마음을 발달시키고 공통

---

113) **팡테옹** : 프랑스의 위인들이 안장되는 국립묘지이다. 비슷한 성격의 건물로, 군사적인 업적을 가진 위인들이 안장되는 앵발리드가 있다.

의 이익을 추구하게끔 해야 된다는 것이 루소의 주장입니다. 따라서 루소의 정치철학은 자유롭고 독립적인 개인의 동정심에서 발전한, 관용적인 시민의식을 가진 인간들이 평등한 권리를 가지고 공동체의 의사를 결정하고자 한다는 데서 시작합니다. 루소는 스스로 자신의 가장 중요한 책이라고 말한 『에밀』에서 사회관계의 교육을 설명하면서 청년기에 동정심을 먼저 강조하고 이후에야 성년기에서 시민의식을 강조한다. 따라서 자유롭고 독립적인 개인의 동정심이, 사회 관계를 이루면서 관용적 시민의식의 감정으로 발전해나간다는 것이 루소의 정치철학이며 무턱대고 일반의지를 내세워 개인은 다수의 의견에 무조건적으로 따라야 하는 것이 루소의 정치철학이라고 주장한다면, 그것은 루소를 너무 『사회계약론』에 국한해서 살펴보는 것이라 할 수 있습니다. 따라서 일부 학자들이 말하듯이 이기적 사익의 교집합이 공익이고 그런 공익을 추구하는 것이 일반의지가 아니라, 자신과 동류인 인간이 누구나 다 고통에 가슴 아파한다는 사실을 깨닫고, 그 공통된 비참함으로 하여금 우리를 사랑으로 결집시킬 수 있게 하는 동정심에서 비롯된 도덕적 개인들이 추구하는 공익이 바로 루소가 말하는 일반의지입니다. 물론 민주주의 체제의 정당성을 정립했다는 측면에서 '사회계약의 권리' 그 자체도 소홀히 해서는 안 되겠지만, 그 계약 이면에 전제되어 있는 감정, 즉 자유롭고 독립적인 개인의 동정심에 기반한 관용적인 시민의식을 말하지 않고서 루소의 정치철학을 논해서도 안 됩니다. 이런 시민의식은 교육을 통해 길러지므로, 루소가 자신의 교육학 저서인 『에밀』을 중요시한 것도 이런 까닭이 있어서이다. 루소는 일찍이 『인간 불평등 기원론』, 『에밀』, 『사회계약론』이 서로 연관되어 있다고 말한 바가 있으며, 특히 『에밀』과 『사회계약론』은 같은 시기에 지어진 책으로 둘 사이를 억지로 구분하는 것은 타당하지 않습니다. 심지어 루소는 『사회계약론』 내에서도 시민들의 가슴 속에 새겨져 있는 풍습, 관습, 여론의 중요성을 강조하며, 정치종교를 고려함에 있어서 시민종교의 폭력성을 비판하고 사회성의 신조는 관용적이어야 한다고 주장합니다.

"루소는 전체주의의 시조인가?

버트런드 러셀[114]은 자신의 유명한 저서 『서양철학사』에서, "루즈벨트와 처칠은 로크의 후예, 히틀러는 루소의 후예"라고 말합니다. 로크는 → 고전적 자유주의[115]

---

114) **버트런드 러셀** : 영국의 수학자, 논리학자, 철학자, 역사가, 사회 개혁 운동가, 사회주의자, 평화주의자이다. 다방면에 걸쳐 업적을 남긴 대학자일 뿐 아니라 루트비히 비트겐슈타인과 같은 걸출한 제자를 배출한 교육자였으며 말년에까지 지치지 않고 사회운동(반핵, 반전 운동 등)을 계속했던 당대 최고의 명사이기도 했

버트런드 러셀

다. 1950년 노벨문학상 수상자다. 또한 현대의 주류 철학적 흐름인 분석철학을 창시하였다. '시드니 훅'은 러셀을 가리켜 500년 만에 한 번 나올까 말까한 천재라 평하였다.

115) **고전적 자유주의** : 고전적 자유주의(classical liberalism)는 17세기~19세기에 서유럽을 중심으로 나타난 정치 이데올로기로, 천부인권과 경제적 자유에 기반한 법치주의 국가를 추구하는 자유주의 사상이다.[5] 19세기 이전에는 자유주의라고 하면 보통 이 이념을 가리켰지만 19세기 이후 사회자유주의 등의 개량적 자유주의 이념이 등장하면서, 이전의 전통적인 자유주의를 구분하기 위해 고전적 자유주의라고 부르고 있다. 이게 좀 급진화된 개념을 자유지상주의로 보기도 한다. 고전적 자유주의는 시민 혁명의 기반이 된 사상이며, 근현대 의회민주주의 국가 탄생에도 큰 영향을 미쳤다. 고전적 자유주의는 영국의 존 로크(1632~1704)로부터 기원했다고 보는 것이 일반적이고, 몽테스키외(1689~1755), 볼테르(1694~1778)와 같은 프랑스의 계몽주의자들이 로크의 사상을 계승하였다. 이후로는 고전파 경제학을 확립하는데 기

→ 근현대 영미권 정치학 → 루즈벨트와 처칠로 이어지고, 루소는 → 칸트116)와 헤겔117) → 전체주의 → 히틀러로 이어졌다는 것으로 루소는 전체주의118)의 시조라고 했습니

여한 애덤 스미스(1723~1790)와 데이비드 리카도(1772~1823), 그리고 제러미 벤담과 존 스튜어트 밀(1806~1873)로 대표되는 공리주의자들에 의해 발전되었다.

116) **칸트** : 프로이센 왕국 출신의 철학자. 서양 근대 철학사에서 대륙의 합리주의와 영국의 경험주의를 종합하여 '선험적 종합 판단'이라는 '코페르니쿠스적 혁명'을 일으켰다고 평가받으며, 인식론, 형이상학, 윤리학, 미학 등 분야를 막론하고 서양 철학의 전 분야에 큰 발자취를 남겼다. 칸트가 남긴 저작 중 3대 비판서인 『순수이성비판』, 『실천이성비판』, 『판단력비판』이 유명하다. 사망한 지 200년이 흐른 지금도 근현대 철학의 중심 인물로 평가받는다. 칸트의 영향력은 자신이 살았던 시대의 근대 철학에 국한되지 않으며, 현대 철학에서도 칸트의 영향력을 쉽게 찾아볼 수 있다. 특히 칸트의 윤리학은 밀의 윤리학과 더불어 현대 윤리학의 중요한 두 축 중 하나이다.

칸트

117) **헤겔** : 프로이센 왕국(현재 독일)의 철학자이다. 칸트, 피히테, 셸링 등의 독일 관념론 철학을 계승하여 완성시켰다. 존재와 사유, 주관과 객관의 모순을 하나의 체계 안에서 일치시키려고 했으며, 논리학·법철학·역사철학·미학·종교학을 아우르는 거대한 체계를 구상해, 후대에 어마어마한 영향력을 행사했다.

118) **전체주의** : 전체주의는 전체를 개인보다도 우위에 두고 개인이 전체의 존립과 발전을 위해서만 존재한다는 이념 아래 개인의 자유를 억압하는 극단적 형태의 국가주의, 즉 초국가주의라고 볼 수 있는 사상

다. 러셀은 루소가 설파한 일반의지론이 근현대적 의미의 급진적 민주주의를 정립하여 중우정치의 위협을 키웠다고 주장합니다.

헤겔

이러한 주장은『사회계약론』에서 루소가 "각 회합원은 자신의 모든 권리와 함께 공동체 전체로 완전히 양도된다.", "이것은 아무것도 남겨 두지 않는 양도여서, 최대로 완전한 결합이 이루어지며 어떤 회합원도 요구거리를 가질 수 없다."고 말한 것에 기인합니다. 하지만 이 문장은 추상적인 권리인 일반의지에 복종하라는 말이지, 개인의 자유를 억압하는 특정한 정치권력에 무조건적으로 복종해라는 뜻은 절대 아닙니다. 만약 루소의 주장이 정치권력에 무조건적으로 복종하라는 뜻이었으면 정부에 반대하는 집회[119]를 왜 루소가 강력하게 주장하겠는가? 물론 정부가 법을 공정하게 시행하면 그 법을 따르겠지만, 정부가 법을 공정하게 시행하지 못하면 집회에서의 투표를 통해 정부 자체를 바꿔라는 것이 루소의 주장이며, 심지어

및 체제를 말한다.

119) 루소는『산에서 쓴 편지』에서 민주주의와 집회의 자유를 옹호한다.

그 집회가 상설화 되어야 한다고 주장합니다. 이는 정부가 개인의 모든 자유를 통제하려고 하는 전체주의와 상반된 개념입니다.

무엇보다도 루소는 『에밀』의 사회교육에 관련해서 청년기에 동정심을 먼저 강조하고 이후에 성년기에서 시민의식을 말함으로써 둘 사이에 긴밀한 연관관계가 있다는 것을 알 수 있는데,[120] 루소의 정치철학도 이렇게 동정심에서 발전한 시민의식으로 살펴본다면 그런 시민의식은 전체의 이익을 위해 자신이나 다른 인간들을 고통스럽게 만드는 전체주의를 결코 용납하지 않을 것이라는 점입니다. 자신과 동류인 인간이 고통 겪는 것을 보는 것에 대한 선천적인 혐오감에서 발생하여 우리를 고통받는 자의 입장에서 보게 하는 보편적이고 인류애적 감정이 바로 루소가 말하는 동정심이기도 하고,[121] 그러한 인류애적 감정에 기반

---

[120] 루소의 교육철학과 정치철학을 구분해서 살펴봐야 한다는 의견도 있지만, 『에밀』과 『사회계약론』은 같은 시기에 지어진 책으로, 둘 사이를 억지로 구분하는 것은 학술적으로도 타당하지 않다. 루소는 스스로 두 책이 연관되어 있다고 말했고, 『에밀』에서 시민의식을 설명할 때 루소는 직접 『사회계약론』을 요약해 넣기도 했다.

[121] 루소의 사상은 동정심이라는 인류애적 감정에 기반을 두고 있기 때문에, 전체주의의 특징 중 하나인 자신의 공동체를 위해서 타 공동체에

해 그 고통을 함께 극복하고자 협력하는 전체의 힘은 부분에 대한 강요가 아니라 부분(개인)의 자발성에 달려있기 때문입니다. 물론, 여기서 '폭력을 막기 위한 외부의 폭력에 대한 자기 보존을 위해 요구되는 강요는 부분적으로 정당화됩니다. 소위 루소가 말하는 "강제로 자유롭게 한다."는 것도 여기에 포함됩니다.

사실 러셀의 주장은 한동안 영미철학자들 사이에 무비판적으로 전승되면서 루소에 대한 고질적인 편견을 만드는데 일조했으나, 최근 수십년간 루소전공 학자들에 의해 꾸준히 반박되어오면서 인식이 서서히 바뀌고 있긴 합니다. 학자들에 따르면, 루소는 근대의 전체주의에 기여했다는 비난을 받아 왔지만, 루소가 전체주의만큼 혐오스러워 한 것은 없었을 것이라 말합니다. 루소가 살아 있었을 때 루소를 비판하는 사람들은 그의 사상이 전체주의의 반대 방향, 즉 아나키즘으로 향하는 것으로 보았고, 잘해야 괴물 같은 민주주의를 지향하는 것으로 보았습니다. 또한 루소

폭력을 저지르는 일을 정당화할 수 없다. 이는 『사회계약론』에서도 확인할 수 있는데, 루소는 다른 공동체의 인민들을 고통에 빠지게 만든다는 이유로 폭력적인 시민 종교를 비판하며, 그렇기에 시민의식에 관용이 있어야 된다고 주장한다.

Du Contract Social ou Principes du droit politique

가 목적한 바도 개인의 자유를 억압하는데 있지 않습니다. 루소가 의도한 것은 근대의 경찰국가가 자행하는 감독과 사상 통제와는 완전히 다른 것이었고, 대신에 그는 '공동체의 선에 자발적으로 헌신'하는 것을 상상했었습니다. 그는 인민들의 분리된 자아를 일종의 집단적 자아로 승화시키면서 그들에게 자기 자신의 이기심을 극복할 동기를 부여하려고 했을 뿐이지 개인의 자유를 억압하는 전체주의를 말하려는 건 결코 아니었습니다. 루소는 동시대 인물 중 그 누구보다도 개인의 자유에 민감하게 반응했던 사람이었습니다.

❝ 루소의 사상은 직접민주주의인가?

"영국 인민은 오직 자유롭다고 생각한다. 크게 착각하는 것이다. 그들은 오직 의회 구성원을 선출하는 동안만 자유롭다. 선출이 끝나면 그 즉시 인민은 노예이고, 없는 것이나 마찬가지다."라는 루소의 말은 직접민주주의를 표현하는 말로 유명합니다. 다만 루소가 모든 부분에 있어서 직접민주주의를 해야 한다고 주장한 것은 아니었습니다. 우선 루소는 인민의 '대표'를 원하지 않지만, 간사(지도자 or 입법자)는 허용합니다. 게다가 루소는 다음과 같은 얘기를 합니다.

> "지도자의 명령은 주권자가 자유롭게 반대할 수 있는데도 그렇게 하지 않는 한에서 일반의지로 간주될 수 있다. 이런 경우 보편적 침묵으로부터 인민의 동의를 추정해야 한다.", "침묵은 암묵적 동의로 추정되며, 법을 폐지할 수 있는데도 그렇게 하지 않는다는 사실에 의해 주권자는 법을 끊임없이 비준하는 것으로 가정된다."

즉 지도자의 명령에 반대하지 않는다면 직접 민주주의적 요소는 없으며 인민들이 더 이상 침묵하지 않고 집회에 나설 때 인민들은 그 자신의 정부를 바꾸기 위해서 직접민주주의적 투표를 하게 되는 것입니다. 물론 직접민주주의적 집회에 대해 많은 분량을 들어 설명하면서 집회가 법적으로 상설화되어야 한다고 말하긴 했지만, 루소에게 있어서 직접민주주의적 요소가 진정한 의미에서 그 뜻을 드러내는 것은 최초의 계약을 구성할 때 또는 타락한 정부나 법을 전복시킬 때 같이 지금으로 치면 특수한 경우임에 분명합니다. 따라서 루소의 사상을 단순히 직접 민주주의라고 단정지을 수만은 없습니다.

루소는 주권과 정부를 구분하면서 포괄적인 법의 제정

(입법)은 주권이 하게 하고 개별적인 법의 적용(행정)은 정부가 하게 한다고 했습니다. 이는 정부가 그 역할을 제대로 할 때야 성립하며 정상적인 상황에서 직접민주주의적 요소는 주권에만 관련된 것이지 정부(행정)에 관련된 것은 아닌 것입니다. 루소에 따르면 "입법권에서 인민이 대표될 수 없는 것은 분명하나 행정권에서는 인민은 대표될 수 있고 대표되어야 한다."고 했습니다.

실제로 루소는 『산에서 쓴 편지(*Lettres de la montagne*)』에서 "이제 국가(= 주권)와 정부는 아주 다른 것이라는 점을 기억해야 합니다. 그것을 혼동해서는 안 됩니다. 정부 가운데 가장 좋은 정부는 귀족정부이며, 주권 가운데 가장 나쁜 주권은 귀족주권입니다."라고 말했습니다. 여기서 루소가 말하는 귀족정이란 소수로 구성된 정부를 뜻하고, 민주정은 인민 모두로 구성된 정부를 말합니다. 루소는 『사회계약론』에서 민주정의 경우 인민 전체가 정부의 구성원이 되면 서로가 서로의 재판관이 되므로 그런 정부는 불가능하다고 주장한 바 있습니다. 정부는 복잡한 공무를 수행하고 그런 일은 똑똑한 사람만이 할 수 있으므로 정부는 소수로 구성된 귀족정이 가장 알맞다고 주장하는 것입니다. 반면에 주권(투표권)은 반대입니다. 최초의 사회계약에서 모두가 기꺼이 합의할 수 있는 지속 가능한 계약은 구성원 각각이 전체의 부분으로서 자신의 의견을 일반의지에 반영할 수 있는 권리 즉 주권이 있을 때야 성립할 수 있으므로, 사회계약의 원리에 따라서 자신의 시민적 자유(선택)를 보장할 수 있는 가장 최상의 주권은 민주주권(인민주권)이 되고, 사회계약의 원리를 무시한 채 소수의 특권만을 강조하는 주권인 귀족주권 122)은 가장 나쁜 주권이 되는 것입니다.

하지만 정상적인 상황이 아니라면 즉 정부나 법관이 자신들의 이익을 위해서 법을 자의적으로 해석하고 판결을 내린다면 최초의 사회계약이 깨진 셈이므로 그 타락한 정부와 법을 전복시키기 위해 그러한 정부에 직접 민주주의적 요소가 적용됩니다. 즉, 정부가 법 앞에서의 평등을 시행하지 않는다면 한 사람이 다른 사람에게 복종하는 꼴이 되므로 그들은 법을 위탁받은 사람이 아니라 법 위의 특권층이 되고 인민들은 직접민주주의적 집회를 통해 그러한 정부를 교체할 수 있습니다.

루소는 로크와 마찬가지로 입법과 행정(사법 포함)을 구분합니다. 로크와 다른 점은 입법 과정에 일반의지와 인민주

---

122) 여기서 귀족주권이란, 엘리트들에게만 '투표권'을 주는 것을 말한다.

권의 개념을 도입한 것이다. 곧 인민이 법을 만드는 주체입니다. 입법의 주체라는 뜻이며 입법할 수 있는 투표권을 가진 존재라는 것입니다. 만약 그 법이 잘못된 법이라고 인민 다수가 동의만 한다면 그 법은 인민들에 의해 바꾸어져야 하는 것입니다. 즉, 루소의 직접 민주주의는 입법에만 적용됩니다. 하지만 그렇다고 인민이 모든 법을 일일이 정해야 된다는 말은 아닙니다. 루소에 따르면, 입법에 있어서 보통의 경우에 인민들은 간사의 명령에 따른다. 인민들은 침묵함으로써 암묵적 동의를 하는 것입니다. 단, 루소는 나쁜 정부는 공포를 통해 인민들의 침묵을 조장하기도 한다면서 인민의 침묵이 어떤 경우에서는 암묵적 동의가 될 수 없음을 밝히고 있습니다. 이는 인민들이 정부에 대해 더 이상 침묵하지 않을 때(지도자에 대한 불만이 쌓였을 때) 진정한 의미에서 직접민주주의적 투표가 진행된다는 것을 의미합니다. 그리고 루소는 그 직접민주주의적 투표를 통해서 자의적으로 법을 행사하는 그 정부의 구성원을 바꾸어 정부를 쇄신할 수 있다고 주장합니다.

반면에 로크의 경우, 모든 사람은 법을 지켜야 합니다. 심지어 통치자조차도 말입니다. 그래서 로크에 따르면 정부가 법에 근거하지 않고 비합법적으로 행동한다면 시민들은 법을 지키지 않은 그 정부를 무력으로 뒤집어엎을 수 있습니다.

❝ 루소는 다수결을 무조건 옳다고 생각했는가?

루소는 자유와 평등에 기반한 최초의 사회계약을 만장일치로 통과하고 나면 그 이후의 공동체의 선택은 계약 자체의 결과로서 다수의 의견에 따라야 된다고 주장합니다. 따라서 나와 반대되는 의견이 우세하다면 그것은 내가 일반의지로 여겼던 것이 일반의지가 아니었다는 사실을 입증할 뿐이다 라고 했습니다. 이것은 일반의지의 모든 특징이 어쨌든 다수성에 있음을 보여줍니다.

> "인민의 공적 심의가 언제나 똑같이 올바르다는 것은 아니다. 우리는 언제나 자신에게 좋은 것을 원하지만, 자신에게 좋은 것이 무엇인지 항상 아는 것은 아니다. 인민은 부패하는 법은 없어도 자주 속긴 한다."

여기서 루소는 전체의지와 일반의지를 구별합니다. 루소에 따르면 일반의지는 오직 공익에 대한 의사를 말하는 것이지만, 전체의지는 사익에 몰두하는 개별의지의 합일 뿐입니다. 사람들이 마음속으로 사적인 이익만 추구하면서 뻔뻔하게 공공선이라는 신성한 이름으로 자신을 치장한다면, 그런 사람이 많을수록 그 사회는 결속이 느슨해지고 국가가 약화되기 시작하여 공익을 추구하는 일반의지는 결국 사익을 추구하는 전체의지에 의해 가려지게 됩니다.

그러므로 개인들의 마음속에서 공익을 추구하는 마음이 사라지면, 그럴수록 점점 더 그 투표에서의 다수결은 일반의지라고 말할 수 없게 됩니다. 따라서 루소는 다음과 같이 말합니다.

> "일반의지는 언제나 바르지만, 일반의지를 인도하는 판단이 언제나 밝은 것은 아니다. 인민이 대상을 있는 그대로 보게 해야 하고, 때로는 보아야만 하는 방식으로 보게 해야 한다. 인민이 찾고 있는 바른 길을 보여 주어야 하고, 개별의지의 유혹으로부터 인민을 보호해야 한다. 공간과 시간을 가로질러 보게 해야 하고, 쉽게 인지되는 현재 이득의 유혹과 숨겨져 있는 먼 해악의 위험을 저울질해 주어야 한다."

즉, 투표에 있어서 눈앞의 사익이 아니라 장기적인 미래의 공익까지 추구하게끔 '공중의 계몽'을 해줄 안내자(입법자)가 필요합니다.

루소가『사회계약론』의 제일 마지막 장에서 정치종교를 고려하는 것도 이러한 이유에서입니다. 일반의지가 잘 드러나는 투표를 할 수 있으려면 무엇보다도 공익을 향한 시민의식이 사람들 각자의 마음 속에 자리잡고 있어야 한다는 것입니다. 도덕적인 시민 의식이 있어야 사람들이 투표에서 공익을 추구할 것이기 때문입니다. 하지만 루소는 국가를 신으로 삼아 국가에 대한 애국심을 강조하는 시민종교(religion du citoyen)의 경우, "배타적이고 폭정을 행하는 종교가 됨으로써 유혈을 즐기는 불관용적인 인민을 만든다."는 점에서 나쁘다고 주장합니다.

> "그 결과 인민은 살인과 학살만을 열망하고 누구라도 그들의 신을 인정하지 않으면 죽이면서 그 자신은 성스러운 행위를 하고 있다고 믿기 때문에 인민은 다른 모든 인민과의 자연적 전쟁 상태에 놓이게 되며 이런 상태는 그들 자신의 안전에 매우 해롭다."

　그래서 공익을 추구하는 시민 의식에서 무엇보다도 필요한 것은 관용이어야 한다고 루소는 주장합니다. 이러한 부분은 루소가 전체주의의 위험성을 조심했다는 근거가 됨에 충분하다. 그러나 러셀은 이러한 루소의 주장을 거꾸로 받아들이고 그를 전체주의로 몰아감으로써, 루소에 대한 잘못된 인식을 키우는데 큰역할을 했다.

❝ '빵이 없으면 케이크를 먹으면 되지'의 유포자였나?

마리 앙투아네트[123] 왕비가 '빵이 없으면 케이크를 먹으면 되지'[124]라는 말을 했다는 악의적인 소문이 고백록에 등장하는 것으로 보입니다. 이 글이 마리 앙투아네트를 가리키는 것이란 주장은 애초에 시간적으로 불가능합니다. 왜냐하면 장자크 루소는 1766년 회고록을 쓰면서 1740년에 있었던 일화를 떠올린다는 식으로 언급하기 때문입니다.

> 최종적으로 나는 빵이 없다는 농부들의 말에 대한 고귀한 공주의 임시 방편- 그들에게 브리오슈를 먹이자!-에 대해 떠올렸다.
>
> — 장자크 루소, 참회록(1978년 출판)

---

[123] **마리 앙투아네트** : 합스부르크 제국의 공주이자, 프랑스의 국왕 루이 16세의 왕비이다. 국고 낭비, 반역죄, 국가 안보에 대한 음모죄를 유죄로 인정하여 마리 앙투아네트에게 사형이 선고되었다. 또한 같은 혐의로 루이 16세의 여동생이자 루이 17세의 고모인 엘리자베트 필리프 마리 엘렌 공주도 사형 판결을 받고 몇 개월 후 처형당했다.

[124] 빵이 없으면 케이크를 먹으면 되지 : 프랑스 부르봉 왕조의 국왕 루이 16세의 왕비 마리 앙투아네트가 말했다고 잘못 알려진 유명한 망언. 즉, 실제로 한 말이 아니다.

그것도 무슨 정치적 비판을 하려는 의도도 아니고, 술 마시려고 빵을 찾다가 문득 저 이야기를 떠올리고는 브리오슈를 안주로 술마셨다는 이야기. 심지어 회고록을 쓴 시점 기준으로 봐도 1755년에 태어난 마리 앙투아네트의 나이는 이때 12살이고 프랑스에 시집가기로 결정한 건 1770년으로 책이 나오고도 4년 뒤입니다. 그래서 일각에선 루소가 염두에 둔 고귀한 공주는 마리 앙투아네트의 모친인 마리아 테레지아일 가능성이 높다는 말도 하는데, 정작 앙투아네트의 딸인 마리 테레즈 샬로트의 이야기에 따르면 어머니는 사치의 대명사처럼 알려진 후대의 이미지와는 달리 사생활에서 꽤 검소한 모습을 보였고 빈민들의 삶에도 신경을 썼다니 대혁명 시기에 붙은 나쁜 이미지가 현재까지 내려온 영향도 있다고 볼 수 있습니다.

마리 앙투아네트

“ 루소의 사상은 사회에 준 영향은 엄청나게 크다

루소의 사상이 이후의 사회에 준 영향은 엄청나게 크다.『인간 불평등 기원론』과『사회계약론』을 통해 나타낸 그의 민권사상이 프랑스 혁명의 사상적 지주가 되었으며, 훗날 로베스피에르125) 등의 혁명가에게 영향을 주었습니다. 로베스피에르는 로마 공화정의 이상적인 모습, 루소와 카토, 키케로의 사상에 매료되어 공화주의자가 되었고 루소와는 직접 만나본 적도 있다고 합니다. 루소가 근현대 민주주의 발전에 기여한 공로는 이루 말할 수 없습니다.

로베스피에르

그는 독자의 마음을 울리는 방식의 글쓰기는 낭만주의126) 문학의 서막을 열었으며 괴테127)와 실러128) 등에게

---

125) **막시밀리앙 드 로베스피에르** : 프랑스의 변호사, 혁명가, 정치가이자 제26·45대 국민공회 의장이다. 프랑스 혁명 시기 자코뱅파의 주요 지도자 중 한 명이었으며 혁명을 주도한 부르주아 중에서도 급진파에 해당하는 인물로, 앙시앵 레짐의 모든 유산을 청산하려는 급진적 개혁을 추진했다. 또한 공포정치를 주도한 독재자이기도 했다. 혁명을 반대하는 반동 세력에 대한 탄압뿐만 아니라 혁명 세력 중에서도 혁명성이 의심되는 인물에 대해서도 예외 없이 무자비한 숙청을 가한 단두대 매니아로서 공포정치가 무엇인지 제대로 보여주었고, 그 대가로 결국 자신도 똑같이 단두대로 처형당했다.

126) **낭만주의** : 개성이 없는 고전주의에 반발하여, 창작자 자신의 감정을 드러내기 시작한 문학 작품·그림·음악·건축·비평·역사편찬의 특징을 이루는 정신적 자세나 지적 동향. 자유로운 공상의 세계를 동경하기도 한다. 18세기에서 19세기에 걸쳐 유럽을 중심으로 발달했으며, 위

영향을 주었습니다. 또한 개신교 신학과 문장 양식에 끼친 영향도 큽니다. 18세기에 이전까지 신의 존재를 논리적으로 증명하고자 하는 노력은 거의 한계에 도달하고 있었는데, 루소의 이성보다 감정에 호소하는 방식으로 신의 존재

에서 쓴 바와 같이 고전주의와 대립되는 사상이다.

127) **괴테** : 독일의 대표적인 소설가이자 시인이다. 또한 연극감독, 도서관장, 철학자이며 광물학, 식물학에서 두각을 나타낸 귀재이며 독일을 대표하는 천재로 이름을 알리고 있다. 그는 작센바이마르 공국의 재상이었고 여러 위인과 예술인의 중심에 있었다. 근현대 독일의 가장 위대한 문인이며 같은 문인들에게는 윌리엄
괴테
셰익스피어, 미겔 데 세르반테스, 단테 알리기에리에 버금가는 문학의 신화로 여겨진다. 살아있을 당시는 물론 현대에까지 독문학을 넘어 서양 문학을 논할 때 절대 **빼놓을** 수 없는 인물이다.

128) **프리드리히 실러** : 1759년 11월 10일에 독일 서남부 뷔르템베르크 공국의 마르바흐 암 네카어에서 태어났다. 군의관의 아들로 태어나 머리가 좋았던 실러는 본래 신학교에 진학하고자 했으나 당시 영주인 오이겐 공작의 눈에 띄어 강권 끝에 뷔르템베르크군 사관학교에 입학했으며, 법학을 전공했으나 16살에 전공을 의학으로 바꿨다. 실러는 엄격한 전제주의적 생활에 치를 떨며, 존경하던 10년 연상의 선배 작가 괴테를 멀리서나마 보면서 언제나 억압적인 폭군 오이겐 공작이 괴테라는 작가 하나를 정중히 모시는 것에 놀라움을 금치못했다. 셰익스피어의 오셀로, 괴테의 젊은 베르테르의 슬픔 등을 읽고 감명을 받아 익명으로 첫 작품인 『도적들』을 발표한다.

를 설명하는 글은 매우 효과적이었기 때문에 많은 개신교 목사들이 이를 참조했었습니다. 예를 들어 해가 뜨면서 빛이 어둠을 몰아내는 모습을 보면 구름이 흩어지듯이 의심이 없어지며 신의 존재를 깨닫게 된다는 식이었습니다.

연애소설『신 엘로이즈』는 19세기 낭만주의의 선구로 일컬어지고 있습니다. 괴테의 소설『젊은 베르테르의 슬픔』이『신 엘로이즈』의 영향을 받았습니다. 그 밖에 애인 사이에 생긴 5명의 아이를 차례차례 버렸다고 고백한 자서전인『고백록』이 있습니다.

순자

순자[129]의 성악설을 토머스 홉스[130], 고자의 성무선악

---

129) **순자** : 전국시대 후기의 철학자. 이름은 황. 경칭으로는 순경 또는 손경자로도 불린다. 15세부터 직하학궁에서 공부하였고 훗날 그 좨주를 세 차례 역임하였다. 초나라 춘신군의 부름을 받아 난릉령에 임명되기도 하였으나, 춘신군이 살해당하면서 파직된 이후로는 제자 양성과 저술에 전념하며 여생을 마쳤다.

130) **토마스 홉즈** : 영국의 정치철학자이다. 대표적인 저서로『리바이어던』이 있다.『리바이어던』에서 홉스는, 법이 없는 상태의 사람들에게 만인에 대한 만인의 투쟁이 일어나므로, 이 공포에서 벗어나기 위해 사람들은 자발적으로 그들의 마음대로 할 수 있는 자유의 권리를 주권자[5]에게 양도하는 계약을 맺게 된다고 주장한다. 이 계약으로 인해 사람들은 주권자의 명령인 '법'에 절대적으로 복종할 의무를 가지게 되는데, 그런 복종의 힘이 하나로 합쳐진 것이 바로 국가다. 홉스는 이

설은 존 로크에 비견하듯이 맹자의 성선설과 루소의 철학을 비견합니다. 다만 루소철학과 맹자[131)]의 성선설은 성선만 같고 이에 대한 관점과 결론은 상이합니다. 루소는 인간이 문명 국가를 만들기 이전인 자연 상태에서는 선했고 모두가 평등했지만,[132)] 사유재산이 생기면서 악해졌고, 따라서 사람들이 재산을 포함한 모든 권리를 무조건적으로 공동체에 양도한다면 진정

토머스 홉즈

러한 논리를 통해, '주권자에 대한 복종 의무'와 '국가의 설립'을 정치철학적으로 설명함으로써 근대 국가 체제의 사상적 시발점을 마련한 것으로 높이 평가된다.

131) **맹자** : 전국시대의 유학자, 정치사상가이다. 주요 저서로는 『맹자』가 있다. 주자는 그를 진秦나라 이전 유학의 마지막 적통으로 평가했는데, 그 영향으로 인해 오늘날까지 흔히 공자와 묶여 공맹孔孟으로 언급되어 유교의 대표 인사로 꼽히고 있다. 때문에 그를 표현하는 호칭 역시 공자에 준하는 아성亞聖으로 불린다. 원 문종 3년에 추국아성공으로 추봉되었고, 이것이 현재 성균관 대성전 등지의 공문 사당 위패에 표기되는 공식 존호이다.

맹자

132) 루소가 설명한 이러한 상태를 고상한 야만인이라고 부르는데, 루소가 생각했던 것은 석기 시대의 원시인이 아니라 고대 그리스 시대의 스파르타인이나 유럽인이 도착하기 이전의 북아메리카 원주민과 같은 삶이었다.

한 자유와 선을 회복할 수 있을 것이라고 보았습니다.

루소는 18세기 계몽주의 시대의 사상가라서 계몽주의자로 엮이기도 하지만 그는 이성과 감성의 조화와 자연권의 강조 등을 통해 이성의 진보만을 믿던 계몽주의와는 궤를 달리하였습니다. 그의 정치사상은 프랑스 혁명의 결정적인 요인이 되었고 교육학에 있어서도 혁명적인 전환을 이룩하게 하여 아동 중심 자유교육·생활 중심 교육·노작주의 교육 등 19세기부터 교육학을 이끌어가는 대부분의 교육 사조에 영향을 주었습니다. 그리고 문학에 있어서도 기존의 고전주의 문학에서 19세기를 이끄는 낭만주의 문학 사조로의 변화를 이끈 선구자적 인물로 평가되고 있습니다.

다만 그의 철학적 바탕이 평등과 자유이었음에도 불구하고, 여성을 낮게 보았던 당시 보편적인 사회 분위기에서 벗어나지는 못했습니다. 『에밀』 5편에서 "여성에게는 주권이 없으니 교육을 시킬 필요도 없다."며 "정치에 참여시켜서도 안 된다."고 말합니다. 그가 만인 평등 사상을 주장했던 것과 비교하면 분명한 모순이었지만, 당시 루소를 포함한 대부분의 계몽주의자들은 여성을 평등한 권리를 누릴 권리가 있는 인간으로 정의하지 않았기 때문에 루소의 저서 『에밀』은 최초의 페미니즘 도서로 알려진 『여성의 권리 옹호』[133])에서도 엄청나게 공격을 받습니다. 다만 루소의 다른 저작에서는 여성의 역할을 치켜세워주는 내용도 있으며 루소가 원래 여기서는 여자를 비하하고 저기서는 남자를 비하해서 상호 비하를 통해 평등적 사유를 역설적으로 표현하는 작가였습니다.

에드먼드 버크도 루소의 사상을 비판했는데 그의 자연론적 사상을 보면서 "그렇게 평등하다던 원시시대에 왜 인간이 후에 스스로 정부를 만들고 국가를 만드는가?"라고 비판하였습니다. 하지만 루소는 자신의 책에서 원시시대의 인간은 혼자서 자기보존을 할 수 없는 상황에 어쩔 수 없이

---

[133] **『여성의 권리 옹호』**: 본서는 여성 또한 감성이 아닌 이성을 추구하는 것이 덕목이 되어야 하며, 이를 위해 교육의 양성평등이 필요함을 제시하는 계몽주의 사상서이다. 본서는 페미니즘이라는 개념 자체가 없던 시절에 쓰인 책이기 때문에, 일차적으로 여성 계몽의 중요성을 납득시키고자 노력하며, 이로 인해 "여성이 훌륭한 어머니와 훌륭한 아내가 되기 위해서라도, 여성은 계몽되어야 한다." 와 같은 성 역할을 긍정하는 면모도 많이 보인다. 또한 여성 교육을 핵심 의제로 삼기는 하되, 그 외에도 모성애 이슈나 서프러제트 같은 참정권 관련 아이디어 등이 본서에서 이미 예견되고 있다. 그러나 무엇을 주장하든 간에, 결국 여성이 어디서 무엇을 하든 탁월하게 해내기 위해서는 일단 이성을 깨우쳐야 한다는, 일종의 "기승전계몽"(…)의 논리에서 벗어나지 않는다.

놓이면서 그것을 극복하기 위해 공동체를 형성한 것이라고 말하고 있어서 버크는 이후 루소전문가들에게 두고두고 틀렸다고 지적받게 되지만, 버크의 말은 일반 대중들에게 유명해져서 루소를 공격하는 말의 대표로 종종 쓰이곤 합니다.

『에밀』은 서구 교육에 가장 큰 영향을 미쳤다

『에밀』은 루소가 자신의 저서 중 가장 뛰어나고 중요하다고 여겼던 작품입니다. 그러나 20년의 성찰과 3년의 작업을 치르게 했던 이 작품은 출간 당시부터 파리 고등법원으로부터 분서령을 받는 등 많은 논란을 불러일으켰습니다. 그러나 그 때문에 오히려 루소의 책은 더 유명해졌고 대단한 성공을 거두게 된다. 맥이천(J.A. McEachern)이 집계한 바에 따르면 1762년에서 1800년에 이르기까지 『에밀』은 해적판과 번역본을 포함해서, 약 60여 판이 출판됐습니다. 이에 따라 『에밀』에서 소개된 방법대로 아이들을 키우려는 시도도 셀 수 없이 많아집니다. 전류와 자기장의 관계를 나타내는 '앙페르의 법칙'을 발견한 프랑스 물리학자 앙페르와 베네수엘라의 독립 혁명 지도자 볼리바르 등도 루소의 저서에서 쓰인 대로 키워진 사례입니다. 프랑스의 왕세자 루이 16세도 언젠가 높은 신분에서 추락할 경우를 대비해서 기술을 가르치라는 루소의 조언대로 아이 때 열쇠공 훈련을 받기도 했었습니다.

후대의 많은 인물들이 『에밀』의 사상에 빠져듭니다. 임마누엘 칸트는 매일 3시 30분이 되면 산책을 해서 사람들이 그를 보면서 시계를 맞추었다는 일화로 유명한데 딱 두 번 산책을 빼먹은 적이 있다고 합니다. 그중 한 번이 루소의 저서 『에밀』을 읽다가 놓친 것입니다. 그리고 또 한 번은 프랑스 혁명을 보도한 신문을 읽다가 빼먹었은 것이라고 합니다. 괴테는 "호주머니에는 언제나 호메로스를, 그리고 머리에는 언제나 『에밀』에 대한 생각을 담고 있었다."라고 말할 정도였습니다. 나폴레옹 또한 자신의 진중 문고에 『에밀』을 꼭 챙겨 다녔다고 합니다.

『에밀』은 서구 교육에 가장 큰 영향을 미친 기념비적인 저작입니다. 교육사가 보이드는 『에밀』의 교육사적 의미를 다음과 같이 높이 평가합니다.

> "『에밀』은 18세기의 교육적 저작 중에서 비길 만한 것이 없을 정도로 중요한 것이며, 그것이 교육의 이론과 실제에 끼친 영향으로 판단한다면 인류 역사 전체를 통틀어 가장 중요한 교육적 저작이라고

말해도 좋을 것이다."

　18세기 후반 프레빌이나 드블레 같은 교육자는 『에밀』의 영향을 받아 역사책이나 산수책을 새롭게 만들어냈고, 또 다른 교육자들은 루소의 교육관에 동조하면서 무엇보다 어린이를 교육 활동의 중심에 두는 교육을 시도하려고 노력하였습니다. 바제도는 루소의 영향을 받아 독일의 교육을 개혁하기 위해 많은 노력을 했으며 자연 학습·체육·수공 교육 등 실제적 활동을 학교 교과에 도입했습니다. 또한 체벌과 언어 학습에서 기계적인 암기 방식을 없애야 한다고 했습니다. 그가 1774년에 데사우(Dessau)라는 곳에 설립한 '모범 학교(Philanthropinum)'는 어린이들로 하여금 자신의 행복을 누릴 수 있게 함과 동시에 공공의 이익 증진, 국가에 봉사할 수 있는 애국적인 생활을 영위하게 하려는 목적에서 만들어진 실험 학교입니다.

　페스탈로치[134]는 루소의 『에밀』을 읽고 감동하여 '왕

---

134) **페스탈로치**: 스위스의 교육학자, 사상가, 교육자. 주로 고아들의 대부로 알려져 있으며 어린이들을 하나의 인격체로서 존중한 것으로 유명하다. 일찍이 루소의 영향을 받아 계몽주의에 심취했고 대학생 때 야학을 운영하기도 했다. 그는 목사였던 할아버지를 따라 신학을 전공했지만, 자유주의 단체인 애국단에서 활동한 게 문제가 되어 체포되

좌에 있으나 초가에 있으나 모두 같은 인간'이라는 신념으로 어린이 교육에 일생을 바쳤습니다. 지능·신체·도덕의 조화로운 발달을 교육의 목표로 삼았는데 무엇보다 그는 때 묻지 않은 자연 속에서 어린이들이 공동으로 학습할 때야말로 공감과 신뢰에 기초한 아름다운 인간애가 나타날 수 있으며, 그를 통해 민중 역시 교화할 수 있다고 믿었습니다. 19세기 신인문주의 교육자 가운데 한 사람인 프뢰벨135)은 페스탈로치와의 만남을

페스탈로치

기도 했다. 학업을 마친 페스탈로치는 귀농해서 노이호프에 농장 겸 대안학교를 열어서 1778년까지 고아와 아이들을 가르쳤는데, 노이호프 시절에는 인식 부족 및 재정난 때문에 학교 문도 닫아야 했고 첫아들 야코프와 아내인 안나도 요절하는 등 고생을 많이 했다. 노이호프 학교가 폐교된 뒤에는 교육학을 연구하고 저서를 출판하며 초야에 묻혀 지냈다. 프랑스 혁명이 일어나고 유럽 대륙이 혁명에 휘말리면서 고아 문제가 부각되자 페스탈로치도 다시 주목받게 되었다. 그는 슈탄츠에서 잠시 고아원장을 맡은 뒤 부르크도르프에 학교를 세웠으며, 기반을 확실히 다진 뒤에는 이베르동으로 옮겨서 1825년까지 근무했다. 부르크도르프 및 이베르동에서 일한 기간이 페스탈로치의 전성기였으며, 유럽 곳곳에서 페스탈로치가 일하는 이베르동으로 자녀를 유학 보내는 학부모도 여럿 있었다. 이후 이베르동 학교가 너무 유명해져서 초심을 잃었다고 판단한 페스탈로치는 이베르동을 나와 따로 학교를 차리기도 했으며, 그 학교가 문을 닫자 노이호프로 귀향한 뒤 1827년에 노환으로 사망했다.

통해 루소의 교육철학에 공감하여 자신의 교육 운동을 전개했습니다. 무엇보다 그는 억압적인 교육 방식을 물리치고 어린이가 놀이와 노작 활동을 통해 자신의 세계를 만들고 독립적이고 협력적인 사

프뢰벨

회 주체로 성장하기를 원했습니다. 프뢰벨은 초등학교에 취학하지 전에 해당하는 아이들을 위한 교육에 일생을 바쳤으며 그가 만든 킨더가르텐은 오늘날의 유치원에 실천적 골격을 제공한 것이라 할 수 있습니다.

미국의 진보적 교육 운동의 대표자 존 듀이도[136] 루소의

---

135) **프리드리히 프뢰벨**: 독일의 교육학자이자 교사이다. 어린이 이해와 유아교육 전반에 지대한 영향을 준 유치원 및 유아교육학의 아버지로 평가받는다. 유아교육 역사 중 대표적 이름으로 그의 이름이 제시되고 있으며, 요한 하인리히 페스탈로치의 사상을 계승하여 포괄적이고 독창적인 교육철학과 유아교육 이론을 발전시켰다.

136) **존 듀이**: 미국의 철학자이자 교육학자. 학습자의 상황과 사회적 맥락을 생각하지 않고 정제된 지식을 단순히 주입시키는 것을 죽은 교육으로 비판하였으며, 교육은 실제 생활 속에서 이루어져야 하며 개인의 삶과 사회 생활에 실용적인 측면에서 실제로 도움이 되어야 함을 주장하였다. 이를 통해 듀이는, 종래의 교사 중심적이고 교과 중심적인 교육이론을, 교사와 학습자 간의 상호소통 중심의 교육이론으로 바꾸어 놓았다. 그는 93세까지 살면서 엄청난 양의 저술과 사회 활동을 지속하였고, 미국의 진보주의 교육운동을 이론적으로 주도하며 미국 사회

교육철학에 엄청난 관심을 가졌습니다. 그는 전통적 지식관이나 학교관을 비판하면서 다양한 실험학교를 설립하였고 학교 교육의 주된 목적은 민주사회의 실현에 기여할 수 있는 시민을 양성하는 데

존 듀이

있다고 보았습니다. 교육에 대한 그의 생각은 주로 『학교와 사회』, 『민주주의와 교육』에 나타나 있는데, 그에 따르면 교육이란 "경험의 끊임없는 개조이며, 미숙한 경험을 지적인 기술과 습관을 갖춘 경험으로 발전시키는 것이다. 따라서 학생들에게 일방적으로 지식을 주입시키거나, 반대로 학생들의 자발성에만 의존하면 불충분하므로 여러 가지 경험에 참여시킴으로써 창조력을 발휘시킬 수 있는 계획을 마련할 필요가 있다. 이 일을 위하여 학교는 현실사회의 모델일 뿐만 아니라, 사회 개조의 모체가 될 수 있는 이상사회로서 제시되어야 한다."고 주장했습니다.

루소는 20세기의 모든 교육 개혁가들에 영향을 미쳤다. 스위스의 심리학자 클라파레드를 비롯해 페레·프레네·일리치·섬머일 학교의 닐 등 자유롭고 창의적인 교육을 고민

와 교육에 지대한 영향을 끼쳤기 때문에, '현대 교육학의 아버지'로 평가된다.

한 모든 사람은 루소에게 경의를 표하고 그들의 사유에 루소가 이룩한 성과를 인정했습니다.

"16살 때 갑자기 알 수 없는 충동에 휩싸이다

루소는 8살 때 아버지에게 버림받고 어머니는 루소가 태어나자마자 산후 후유증으로 사망하였습니다. 랑베르시에 목사와 그의 누이 밑에서 2년 동안 살았습니다. 이때 루소는 대수롭지 않은 잘못을 저질렀고 서른 살의 랑베르시에 양에게 볼기를 맞았는데, 루소는 그 고통 속에서 일종의 즐거움을 느꼈다고 합니다. 이게 그 유명한 볼기 맞기 사건입니다. 루소는 『고백록』에서 "지배적인 애인에게 무릎을 꿇고 그녀의 명령에 복종하고 그녀에게 용서를 빌어야만 하는 것이 내게는 매우 달콤한 즐거움이었다."라고 말합니다. 이 일화는 현대에 들어와 많은 해석을 불러일으켰습니다. 그의 마조히즘[137]적 태도는 어린 시절에 형성된 것이며 이를 자신의 자서전에 솔직히 적어놓은 것은 일종의 정신분석과 같다고 하여, 장

---

137) **마조히즘** : 피학성애나 피학성음란증은 특정 상황에서 고통받거나 학대당하는 것을 좋아하는 사람이다. 반대말은 가학성애이다.

콕토[138]는 이렇게 말합니다.

"장 자크의 엉덩이는 프로이트[139]의 떠오르는 태양인가?"

---

138) **장 콕토** : 프랑스의 시인, 소설가, 극작가, 영화 감독. 전문적이지는 않았지만 그림을 그리기도 했다. 다재다능하여 여러 예술 방면에서 두각을 드러냈다. 1889년 파리에서 약 20㎞ 떨어진 메종-라피트라는 소도시에서 사회적 명성이 있는 조르주 콕토와 외제니 르콩트 사이에서 태어났다. 부유한 가정에서 태어났기에 콕

장 콕도

토는 어릴 적부터 사교계와 접촉할 기회가 많았다. 아버지 조르주는 변호사였는데, 장이 9세일 때 자살했다. 19세 때 "알라딘의 램프"라는 시집을 발간한 콕토는 이후 여러 시를 발표하면서 조금씩 문학계에서 이름을 알리기 시작했다. 장 콕토는 1932년 "시인의 피"를 감독하면서 영화 경력을 시작했다. 초현실주의적인 접근법을 취한 일종의 아방가르드 실험영화였는데, 시와 영화 예술을 결합한 시도였다는 평을 받는다. 이후 1950년 작 "오르페", 1960년작 "오르페의 유언"을 만들었는데, 이 작품들을 묶어서 "시인 삼부작"으로 부르곤 한다.

139) **지그문트 프로이트** : 오스트리아 제국 모라비아 변경백국 출신의 정신과 의사, 의학자, 생리학자, 심리학자, 철학자이며 정신분석학의 창시자이다. 거의 모든 이론을 성적욕구와 연관지어 설명했으며, 인간의 무의식을 체계적으로 정립한 사람이다. 20세기 사상사에서 빠지지 않는 중요한 학자이며, 심리학은 물론이고

프로이트

근현대 철학에서도 의심의 세 대가로 함께 묶이는 카를 마르크스, 프리드리히 니체와 함께 깊게 다뤄지는 학자로, 현대 인문학 전반에 가장 큰 영향을 끼친 학자이기도 하다. 오이디푸스 콤플렉스와 엘렉트 루소가 16살 토리노에 있을 때 그는 갑자기 알 수 없는 충동에 휩싸여 한 무리의 젊은 여성들이 모여 있는 우물 근처에서 자신의 엉덩이를 노출시킨 적이 있었습니다. 매체에는 루소가 음부노출증이라고 나오는데, 정확히는 엉덩이를 딱 한번 노출한 것이고, 그것도 지금으로 치면 중학생이 지나친 장난을 친 것이지, 다 큰 성인으로서 그런 행동을 한 것은 아닙니다.

❝ 5명의 자식을 고아원에 버리다

 루소에게 있어서 가장 충격적인 논란은 테레즈 르바쇠르와의 사이에서 얻은 아이 5명 모두를 고아원에 맡겼다는 사실입니다. 더군다나 루소는 교육학의 명저인 『에밀』의 저자였기 때문에 살아있을 당시에도 비판은 끊이지 않았습니다. 특히 볼테르가 집요하게 이 약점을 공격했습니다. 직접적인 비판은 아니지만 빅토르 위고의 『레 미제라블』 4권에서도 이 내용이 언급됩니다. 등장

라 콤플렉스란 개념을 만든 사람이 바로 프로이트다. 최면이 당연시되던 정신분석학계에 자유연상을 제안한 것 역시 프로이트의 업적이다. 그 외에도 정신분석학계에서 프로이트가 새로이 도입한 개념은 셀 수 없이 많다.

인물 중 한 명이 "장 자크 루소는 이보다 더 한 일도 했다."면서 자신의 행위를 정당화할 때 간접적으로 나옵니다.

다만 당시에는 그런 행동을 파리의 1/4 이상이 하였고 당대의 유명한 수학자 달랑베르도 귀족 출신 어머니에게 버려진 후 나중에 아버지에 의해 적당한 가정에 들여보내졌을 정도로 흔한 일이었습니다. 루소도 그럴 작정으로 고아원에 맡겼다가 10년이 지난 후 자신의 아이들을 찾기 시작했지만 찾지 못했습니다. 심지어 부유한 계급의 여자들도 종종 임신 마지막 몇 주 기간에는 파리를 떠나 여행하는 척하면서 아기를 고아원에 맡겼는데, 파리의 고아원에는 대략 1년에 6천 명의 아이들이 들어왔습니다. 물론 당시에 고아원에 맡긴다는 것은 아기의 죽음을 의미했을 정도로 고아원이 열악했습니다. 그 사실을 알고 그런 행동을 했는지는 그만이 알겠지만, 그랬다면 분명한 그의 잘못입니다. 그는 고백록에서 '나중에 찾아 보았다'는 말로써 그 사실을 알지 못했다는 암시를 주고 있습니다. 지인들에게 보낸 편지에 의하면 경제적 여력이 안 돼서 당시로서는 흔한 일을 행했던 것이지만, 루소는 『고백록』에서 이 부분에 있어서는 솔직하지 못했고 "자신의 아이를 고아원에 보냈던 것은 자유로운 교육의 일환"이라고 변명하므로서 욕을 먹습니다.

이 잘못에 대한 속죄의 의미로 루소가 『에밀』을 쓴 것도 사실이기도 하고 보통사람과 다를바 없는 가난한 천재의 굴욕적인 변명에 친근감을 느끼는 사람도 분명 많아서 루소를 평가하는 사람의 성향에 따라 호불호가 극심하게 갈리는 부분입니다.

또한 볼테르가 비판했듯이 루소가 말과 행동이 다르다고는 볼 수 없습니다. 루소는 『에밀』을 쓰고나서 잘못을 저지른 것이 아니라, 사실은 잘못을 저지른 이후에 그에 대한 참회의 심정으로 『에밀』을 쓴 것이기 때문입니다. 루소는 개인적으로 서신을 교환했던 지인에게 이렇게 말하기도 했습니다.

> "아직 나에게는 책을 써서 속죄를 해야 하는 오래된 죄가 있습니다. 대중은 그 후에 나를 결코 용납하지 못할 것입니다."

훗날 루소가 이 잘못에 대해 후회했다는 사실은 의심의 여지가 없는데 이 후회가 루소로 하여금 『에밀』을 쓰도록 고무하는 데 일조했습니다.

❝ 루소는 여성혐오주의자였나?

최초의 페미니스트라고 불리는 메리 울스턴크래프트는 1792년 『여성의 권리 옹호』라는 자신의 책에서 루소가 다음과 같은 말을 했다고 합니다.

> "모든 인류는 평등하다. 그가 우리 프랑스인이든, 독일인이든, 국왕이든, 노예이든, 학자이든, 귀족이든, 평민이든, 저 미개한 아프리카 원주민조차도 우리와 똑같은 천부인권을 가지고 있다. 단 하나 여성은 예외다. 여성에게는 인권이 없다. 그러므로 교육을 시킬 필요도 없으며, 정치에 참여시켜서도 안 된다."

그러나 실제로는 루소는 이런 말을 한 적이 없습니다. 이는 울스턴크래프트가 보기에 이런 식으로 루소가 말을 했다는 것인데, 그것이 진짜 루소가 한 말로 둔갑된 것입니다.

미개한 아프리카 원주민까지 들먹이면서 기어코 여성을 깎아내리고 인권이 없다고 명확하게 말하는 점이 이상하게 보입니다. 루소는 『에밀』에서 '여성은 남성을 위해서 순종적이고 온순하게 교육을 받아야 되며 가정에 충실해야 된다'거나 '여성은 시민에 해당되지 않는다'라고 주장합니다. 후대의 페미니스트들은 루소가 남성에게만 독립성을 부여하고 여성을 남성 의존적인 존재로 격하시켰으며

성 역할 분담론을 통해 남성만이 시민으로 공적 영역에 참여하고 여성은 가정 내에서 부인과 어머니의 역할에만 충실해야 한다고 주장했다며 공격을 가하기도 하고, 극단적인 여성의 종속을 용인하고 조장한 가부장적인 성차별주의자로 비난을 퍼붓기도 했습니다. 하지만 루소가 그런 말을 하지 않았던 것입니다.

중요한 것은 그의 말이 정확히 어떤 의미를 지니는지를 살펴보는 것일테다 흥미로운 사실은 루소의 작품들이 나올 당시의 정기간행물이나 서간집을 분석해 보면 루소에 대한 공격은 이른바 페미니즘을 반대하는 자들로부터 나왔고 루소가 거둔 성공은 여성들과 페미니스트적 성향을 갖는 남성들 덕분이라는 것입니다. 또한 프랑스 대혁명 동안 제3신분의 여성들이 사회적인 권리를 요구하기 위해 쓴 팸플릿의 내용을 보면 여성의 지위에 대한 루소의 사상이 여성들에게 커다란 영향을 미쳤음이 입증되고 있습니다. 오늘날에는 반동적으로 보이는 루소의 여성론이 어떻게 그 당시에는 해방적인 것으로 받아들여질 수 있었을까? 따라서 여성에 대한 루소의 이런저런 단편적인 담론을 가지고 루소를 여성혐오자라고 단정지어 판단하는 것은 유익하지도 않고 바람직한 일도 아닙니다. 루소의 여성론은 18

세기의 시대적 상황과 그의 전반적인 사상적 맥락 내에 위치시켜 이해할 때 비로소 그 온전한 의미가 드러납니다.

루소는 자연 상태에서 인간은 홀로 독립적이며 자기 충족적 삶을 살았고, 양성의 차이는 두드러지게 나타나지 않았으며 나타날 수도 없었습니다. 양성의 차이는 현실적 조건의 변화에서 생겨난 것이며 따라서 지금과 다른 현실적 조건이 나타난다면 양성의 차이 혹은 양성의 불평등은 소멸될 수 있을 것입니다. 하지만 '여성은 군인이 될 수 없다'는 것이 '자신이 살던 시대의 현실적 조건'이라고 루소는 생각했고 그런 이유에서 루소는 여성에게 시민의 지위를 부여하지 않았던 것이었습니다. 루소에게 시민으로서의 의무 혹은 자격은 공동체를 지키는 군인으로서의 임무와 불가분의 것인데 공동체의 시민이 지켜야 할 의무들 중 가장 중요한 의무인 군인으로 복무한다는 것은 당시 여성으로서는 생각도 못하는 위험한 일로 간주되었기 때문에 루소는 당시 현실적 한계로서 역할분담론을 제시했던 것입니다. 즉, 루소의 논리에 따르면 만약 전쟁이 없는 평화로운 국제관계가 만들어진다면 이러한 역할분담론은 필요없게 돼서 자연스레 사라질 것이었습니다. 심지어 루소는 현재의 타락한 사회에서 여성이 군복무를 포함한 공적 영역에서 배제되는 것이 박탈이 아니라 오히려 특권이라고 생각했습니다.

　물론, 루소의 여성에 대한 이러한 시각은 '여성은 군인이 될 수 없다'는 그 시대의 편견을 공유하고 있습니다. 특히, 소피의 교육에 대해 구체적으로 언급하는 『에밀』 5권의 발언은 지금의 시각으로 바라본다면 여성의 공분을 사기에 충분하지만, 루소는 성역할분담론을 통해 "여성이 남성을 지배할 것"이라고도 말하기 때문에 단순히 성역할분담론이 여성비하에 사용되었다기 보다는 그 시대 인식과 상황의 현실적인 한계를 보여준다고 보아야 할 것입니다. 또한 보팅이 말하듯이 루소가 가족 구성원들 모두에 대한 근본적 자존감에 대해 존중할 것을 주장하고 시민의 교육자로서 어머니에게 힘을 실어 주고 무엇보다도 육체적 자유와 도덕적 자율성을 목표로 하는 교육 체계를 예고하고 결혼은 가족과 계급에 기초한 합의보다는 사랑과 자유 선택에 기초하여야 한다고 역설한 것은 여성의 권리를 신장시키는 데 큰 기여를 한 것도 사실입니다.

"자연으로 돌아가라?

"자연으로 돌아가라"는 세상에 널리 알려진 루소의 이 명언은 일반적으로 문명이 아닌 자연으로 돌아가라는 의미로 이해되고 있지만 그 정확한 진의가 무엇인지에 대해서는 논란의 여지가 많습니다. 사실 루소는 어느 저서에서도 이런 말을 남기지 않았습니다. 루소는 『사회계약론』에서 "인간은 자유롭게 태어났지만, 사회속에서 쇠사슬에 묶여 있다." 함으로써 그 철학의 본질을 유추할 수 있게 해주는데, 루소는 문명을 거부한 것이 아니고 자유롭고 평등하지 못한 문명사회의 부조리와 모순을 비판하고 새로운 대안을 제시했습니다. 자연철학자도 아니고 사회계약론을 쓴 민주주의자이자 사회철학자인 루소가 자연으로 돌아가라고 했을 때는 자연의 중층적 의미도 새기지 않을 수 없습니다. 자연(natura)은 서구어로 본성이라는 의미도 있는 만큼 인간의 천부적 자연권인 자유와 평등의 보장을 무엇보다 강조한 것으로 볼 수 있는 것입니다. 따라서 그는 이 말을 통해 자연의 낭만성과 야성이 아니라 평화롭고 자유로운 평등한 사회의 원형을 복원할 것을 세상에 강력히 주장했다고 할 수 있습니다.

❝ 종교 개혁에 관한 평가는 비판적이었다

폴 존슨 (작가)은 그의 책 『지식인』에서 루소를 칼뱅주의자로 불렀지만, 그의 종교개혁에 관한 평가는 매우 비판적이었습니다. 즉, 로마 가톨릭교회에서 나온 프로테스탄트의 성경 중심 해석은 어떤 교회에서도 교리적으로 조직화 할 수 없다고 하며, 어떠한 교리도 부정하였습니다. 즉, 성경은 개인의 해석에 따라야 하며, 자연종교를 옹호하는 평가를 하였습니다. (2013년 12월 4일. 2021년 1월 15일에 원본 문서에서 보존된 문서. 2021년 1월 4일에 확인함.)

❝ 19세기의 대표적 작가로서 계몽사상가 중 한 사람이었다

루소에 대한 평가는 다채로운데 평생 루소의 초상화를 서재에 걸어놓고 그를 흠모했다는 대철인인 칸트에 의하면 "나는 인식에 대한 무한한 갈증을 느낀다. 그것만이 인류에게 명예를 줄 수 있다고 믿었다. 그런 나를 루소가 옳은 길로 인도했다."

그의 특색은 18세기적인 사회 윤리를 가장 독창적으로 탐구한 점에 있으며, 근본 사상은 "자연은 인간을 선량·자유·행복하게 만들었다. 그런데 사회가 인간을 사악·노예·불행으로 몰아넣었다."라는 명제로 요약됩니다. 그가 쓴 모든 저작도 이 원리에 기초하여 개인과 사회를 회복하는 방법을 나타낸 것입니다. 그의 영향은 철학·정치·교육·문학 전반에 걸쳐 깊이와 넓이에 있어서 그 유례를 찾아볼 수 없습니다. 그의 문학적 지위는 프랑스 낭만주의 문학자 볼테르와 함께 19세기의 대표적 작가로서 계몽사상가 중 한 사람입니다.

루소의 저서

『근대음악론(Dissertation sur la musique moderne)』, 1736
『학문예술론(Discours sur les sciences et les arts)』, 1750
『희극 나르시스(Narcisse ou l'Amant de lui-même)』, 1752
『마을의 점쟁이(Le Devin du Village: an opera)』, 1752
『인간 불평등 기원론(Discours sur l'origine et les fondements de l'inégalité parmi les hommes)』, 1754
『정치경제론(Économie politique)』, 1755
『달랑베르에게 보내는 연극에 관한 편지(Lettre à d'Alembert sur les spectacles)』, 1758
『신 엘로이즈(Julie, ou la nouvelle Héloïse)』, 1761
『에밀(Émile ou de l'éducation)』, 1762
『사보이 사제의 신조(The Creed of a Savoyard Priest)』, 1762

『사회계약론(Du Contrat Social ou Principes du droit politique)』, 1762
『말제르브에게 보내는 편지(Four Letters to M. de Malesherbes)』, 1762
『피그말리온(Pygmalion: a Lyric Scene)』, 1762
『산에서 쓴 편지(Lettres de la montagne)』, 1764
『고백록(Les Confessions, 1770, published)』, 1782
『코르시카 헌법 초안(Lettres sur la législation de la Corse)』, 1772
『폴란드 정부론(Considerations on the Government of Poland)』, 1772
『언어 기원에 관한 시론(Essai sur l'origine des langues, published)』, 1781
『고독한 산책자의 몽상(Rêveries du promeneur solitaire, incomplete, published)』, 1782
『루소, 장 자크를 심판하다 - 대화(Dialogues: Rousseau Judge of Jean-Jacques, published)』, 1782

루소의 어록

- 인간은 자유롭게 태어났지만 어디서나 쇠사슬에 묶여 있다.
- 법은 항상 가진 사람들에게는 이롭고, 아무것도 가지지 못한 자들에게는 해롭다.
- 영국 국민들은 그들이 자유롭다고 생각한다. 하지만 이는 잘못된 생각이다. 그들은 오직 의원을 선출하는 기간 동안만 자유롭다. 선출이 끝나면, 그들은 다시 노예가 되고 아무것도 아니게 된다.
- 한 땅에 울타리를 치고 "이것은 내 것이야."라고 말할 생각을 해내고, 다른 사람들이 그 말을 믿을 만큼 순진하다고 생각한 최초의 인간이 문명사회의 실제 창시자다.
- 한 포기의 풀이 싱싱하게 자라려면 따스한 햇볕이 필요하듯이 한 인간이

건전하게 성장하려면 칭찬이라는 햇살이 필요하다.
- 오류를 피하는 유일한 방법은 무지다.
- 자신감은 영혼을 키운다.
- 가장 많이 산 사람은 가장 오래 산 사람이 아니라 인생을 가장 많이 느낀 사람이다.
- 악센트는 언어의 영혼이다. 그것은 느낌과 진실을 모두 제공한다.
- 다른 사람을 행복하게 만든다는 것은 자신이 행복할 자격이 있다는 것이다.
- 자유로운 인민은 복종은 하지만 예종되지는 않으며, 지도자는 두지만 주인은 두지 않는다. 자유로운 인민은 오직 법에만 복종하며, 다른 사람에게 예속하도록 강제될 수 없는데, 이것은 법의 힘 때문이다.
- 인내는 쓰나 그 열매는 달다.
- 가장 장수한 사람이란 가장 많은 세월을 살아온 사람이 아니라 가장 뜻깊은 인생을 체험한 사람이다.
- 적게 아는 사람은 보통 말을 많이 하고 아는 사람은 말을 적게 한다.
- 과실을 범함을 부끄러워하라.
- 그러나 과실을 바로잡는 것은 부끄러워 말라.
- 산다는 것은 호흡하는 것이 아니라 행동하는 일이다.
- 자연이 가리키는 방향을 따르면 남녀는 협동하여 활동해야 하는 것이지만 같은 일을 해서는 안 된다.
- 청년 시대는 지혜를 연마하는 시기이며 노년은 그것을 실천하는 시기이다.
- 10세에는 과자에 움직이고, 20세에는 연인에 움직이고, 30세에는 쾌락에 움직이고, 40세에는 야심에 움직이고, 50세에는 탐욕에 움직인다.
- 인간은 어느 때나 오직 예지만을 추구하게 될 것인가.